Belli da leggere

ANTOLOGIA PER IL PRIMO BIENNIO

SIMONA BRENNA MARILENA CAIMI PIERLUISA SEREGNI

Competenze per la scuola e la cittadinanza

Edizioni Scolastiche Bruno Mondadori

Belli da leggere

Leggere può essere bello. Leggere è un'esperienza che arricchisce e dà strumenti per capire il mondo ed esprimere noi stessi. Ecco perché questa antologia mette al centro l'esperienza di lettura e l'"oggetto libro" da vivere come occasioni di emozione, di scoperta, di crescita, di condivisione.

Racconti, racconti, racconti... Leggere **storie brevi e compiute** è un buon modo per appassionarsi alla lettura: per questo l'antologia propone un'intera sezione di racconti e ne segnala chiaramente la presenza in tutti i percorsi.

Storie inventate e storie vere «È una storia vera?» Spesso ci facciamo questa domanda davanti a un'opera letteraria o a un film. Oltre a essere una curiosità istintiva, sapere se una storia è realmente accaduta è un elemento importate per comprendere le caratteristiche e gli scopi della narrazione. Per questo l'indice dell'antologia distingue chiaramente tra storie inventate (***fiction***) e storie vere (***non fiction***).

Coinvolgimento e motivazione Un'antologia deve affascinare e trasmettere la voglia di leggere non soltanto durante gli anni di scuola, ma per tutta la vita. Per raggiungere questo obiettivo il progetto propone alcune idee originali.

- Ogni testo è introdotto da un'immagine "**copertina**" che ne evoca i contenuti e dalla rubrica ***Lo leggo perché...*** che stimola la curiosità del lettore.
- La rubrica ***A te la parola*** fornisce spunti per sperimentare in concreto che il testo letterario può essere un'occasione di riflessione e confronto. Anche la rubrica ***Un'occasione per...*** valorizza le potenzialità del testo per proporre attività di scrittura, esposizione orale, discussione, rielaborazione personale.
- Dei libri si può parlare: le schede ***Belli da leggere*** offrono suggerimenti per la lettura di opere integrali, riportando il commento anche di altri lettori.
- Per favorire lezioni interattive e coinvolgenti le parti teoriche dedicate agli strumenti per la lettura del testo narrativo e poetico (*Il laboratorio*

dello scrittore e *Il laboratorio del poeta*) presentano numerosi ***esempi attivi*** che richiedono la partecipazione diretta della classe.

- Anche gli spunti per fare lezione in modalità "**classe capovolta**" e le attività di **apprendimento cooperativo** offrono un'occasione per innovare la didattica, sempre nell'ottica di un maggiore coinvolgimento degli studenti.

Non solo letteratura

In un mondo sempre più complesso, è importante acquisire strumenti per capire la realtà che ci circonda. I **testi non letterari** proposti nei ***Temi del presente*** aprono una finestra sull'attualità e stimolano lo sviluppo del pensiero critico e la discussione collettiva.
Le schede ***Con gli occhi dell'arte*** permettono di vedere come uno stesso concetto, uno stesso sentimento, uno stesso tema si possono comunicare attraverso linguaggi diversi.

Lessico

La **padronanza lessicale** è un requisito fondamentale per diventare cittadini consapevoli e capaci di espressione autonoma.

- Oltre a esercizi di lessico presenti in tutti i brani, ciascun percorso antologico propone un testo dedicato al rafforzamento del vocabolario relativo a uno specifico campo semantico (***Dal testo al lessico***).
- Nel volumetto *Competenze per la scuola e la cittadinanza*, gli esercizi di lessico lavorano invece sui **linguaggi settoriali**, a partire dalle letture tematiche della sezione ***Storie di vita e di mestieri***.

Competenze

- Numerose attività nel volume base, oltre a due ampi capitoli nel volumetto *Competenze per la scuola e la cittadinanza*, sviluppano la capacità di **riassumere** e quella di **argomentare**, competenze fondamentali a scuola (anche in prospettiva del nuovo Esame di Stato) e fuori di essa.
- I **compiti di realtà** (nelle pagine *Competenze in azione*) offrono la possibilità di integrare competenze disciplinari e competenze trasversali.
  Inoltre, nel volumetto *Competenze per la scuola e la cittadinanza*, si lavora specificamente sullo sviluppo delle cosiddette ***employability skills***, cioè quelle competenze di iniziativa personale e di carattere relazionale e cooperativo necessarie in una prospettiva di vita e lavoro futuri.
- Il volumetto propone anche alcuni percorsi operativi di educazione alla **cittadinanza digitale** per essere fruitori della rete pienamente consapevoli delle sue potenzialità e dei suoi rischi.

Successo formativo e inclusione

Le mappe e le sintesi (***In sintesi***) in carattere ad alta leggibilità, l'**audiolettura** dei testi e il volumetto ***Imparafacile*** sono utili strumenti per il **ripasso**, il **recupero** e la **didattica inclusiva**.

LE RISORSE DIGITALI DELL'OPERA

LIBRO LIQUIDO

Il libro liquido per studiare e approfondire

- Studia su computer, tablet e smartphone: il testo è liquido, si adatta a qualsiasi dispositivo.
- Approfondisci gli argomenti delle pagine del libro con i numerosi contenuti multimediali (video, slideshow, audioletture, audiosintesi, testi aggiuntivi).
- Utilizza gli strumenti del menu per personalizzare la lettura, ascoltare ed evidenziare il testo, inserire note e segnalibri.
- Usa il libro liquido online o scaricalo sul tuo dispositivo.

Attiva il codice studente in copertina su pearson.it/place

MY APP

L'app per studiare e ripassare che attiva le risorse digitali a partire dalle pagine del libro

- Inquadra i QR code colorati per accedere ai contenuti multimediali (video, slideshow, audioletture, audiosintesi).
- Utilizza i Preferiti e la Cronologia per una consultazione rapida e immediata.
- I colori dei QR code indicano il tipo di attività:

VERDE
Per iniziare

BLU
Per studiare e approfondire

ARANCIONE
Per mettersi alla prova

Scarica l'app su smartphone o tablet da Apple Store per iOS o Google Play Store per Android

LIMBOOK

Il libro digitale interattivo sfogliabile per la lezione in classe con la LIM

Uno strumento per il docente pensato per:

- fare lezione tradizionale e capovolta
- personalizzare la didattica utilizzando i numerosi contenuti multimediali a disposizione.

Il docente può richiedere il LIMbook all'Agente di zona

IN PIÙ

- **ITE**, il libro digitale interattivo sfogliabile dell'*Imparafacile*.
- **Didastore**, l'ambiente online semplice e organizzato, con i contenuti digitali integrativi per l'apprendimento, per la creazione e l'assegnazione di attività didattiche.

MY PEARSON PLACE

In un unico luogo, tutte le tue risorse digitali. Per utilizzarle bastano tre semplici e veloci passaggi.

1. Registrati come studente sul sito pearson.it/place. Se sei già registrato, effettua il login.
2. Attiva il codice studente che trovi sulla copertina del libro cartaceo che riporta il prezzo.
3. Utilizza i tuoi prodotti digitali. Li troverai tutti su My Pearson Place, la tua pagina personale.

Per maggiori informazioni: **pearson.it/prodotti-digitali.html**

Indice

SEZIONE 1

Saper scrivere 9

1 Riassumere 10

1 Che cosa vuol dire "riassumere" • 2 Riassumere un testo narrativo • 3 Riassumere un articolo di cronaca • 4 Riassumere testi informativi e argomentativi • 5 La revisione del riassunto

■ 10 CONSIGLI PER SCRIVERE UN RIASSUNTO 11

IN PRATICA 12

COMPETENZE IN AZIONE 20

2 Descrivere 24

1 Che cosa vuol dire "descrivere" • 2 Gli "ingredienti" della descrizione: i dati sensoriali • 3 L'ordine delle descrizioni • 4 Gli scopi dei testi descrittivi • 5 La tipologia dei testi descrittivi • 6 La revisione della descrizione

■ 10 CONSIGLI PER ELABORARE UNA DESCRIZIONE 25

IN PRATICA 26

COMPETENZE IN AZIONE 36

3 Raccontare: il tema personale 40

1 Che cosa vuol dire "scrivere un tema" • 2 Analizzare e comprendere la traccia di un tema • 3 La ricerca e l'organizzazione delle idee da sviluppare in un tema • 4 Caratteristiche del tema narrativo • 5 Caratteristiche del tema espressivo • 6 La revisione del tema personale

■ 8 CONSIGLI PER SCRIVERE UN TEMA PERSONALE 43

IN PRATICA 44

COMPETENZE IN AZIONE 49

4 Informare: la relazione 50

1 Che cos'è una relazione • 2 Le tipologie della relazione • 3 Gli oggetti della relazione • 4 La struttura della relazione • 5 La lingua e lo stile della relazione • 6 La revisione della relazione

■ 8 CONSIGLI PER SCRIVERE UNA RELAZIONE 51

IN PRATICA 52

COMPETENZE IN AZIONE 57

5 Argomentare 60

1 Che cos'è un testo argomentativo • 2 Organizzare un'argomentazione • 3 Argomentare a partire da un dossier di documenti • 4 Scrivere un testo argomentativo • 5 La revisione del testo argomentativo

10 CONSIGLI PER SCRIVERE UN TEMA ARGOMENTATIVO 62

IN PRATICA 63

COMPETENZE IN AZIONE 75

6 Scrivere il curriculum 76

1 Che cos'è il curriculum • 2 Struttura e contenuti del curriculum • 3 La lettera di accompagnamento

5 CONSIGLI PER SCRIVERE IL CURRICULUM 78

IN PRATICA 79

COMPETENZE IN AZIONE 82

Che cos'è l'Alternanza scuola-lavoro 84

CONTENUTI DIGITALI INTEGRATIVI

Laboratori interattivi Scrivere un riassunto • Scrivere un testo descrittivo • Scrivere un tema • Scrivere un testo argomentativo

SEZIONE 2

Storie di vita e di mestieri 91

ALIMENTAZIONE

MARC AUGÉ **Sapori d'Italia** (da *Momenti di felicità*) SAGGIO 92

TU E IL TESTO • Comprendere 95

LINGUAGGIO SETTORIALE • La pasta 96

EMPLOYABILITY • Sviluppare le competenze chiave 97

SILVANA LA SPINA **Pranzo di nozze** (da *Il delitto è servito*) RACCONTO 98

TU E IL TESTO • Comprendere 104

LINGUAGGIO SETTORIALE • La cucina 105

EMPLOYABILITY • Sviluppare le competenze chiave 106

MADE IN ITALY **Cibo di qualità? Italiano, naturalmente** 108

LAILA WADIA **Curry di pollo** (da *Pecore nere*) RACCONTO 110
TU E IL TESTO • Comprendere 118
LINGUAGGIO SETTORIALE • La cucina etnica 118
EMPLOYABILITY • Sviluppare le competenze chiave 120

OSPITALITÀ

VICKI BAUM **Nella hall di un grande albergo** (da *Grand Hotel*) ROMANZO 121
TU E IL TESTO • Comprendere 125
LINGUAGGIO SETTORIALE • L'albergo 126
EMPLOYABILITY • Sviluppare le competenze chiave 127

PIERO CHIARA **Tommasino degli schiaffi** (da *Le corna del diavolo*) RACCONTO 129
TU E IL TESTO • Comprendere 132
LINGUAGGIO SETTORIALE • La sala e la cucina 132
EMPLOYABILITY • Sviluppare le competenze chiave 133

PAOLO TEOBALDI **Il senso della misura** (da *Confesso che ho bevuto*) RACCONTO 135
TU E IL TESTO • Comprendere 141
LINGUAGGIO SETTORIALE Osterie, bar, enoteche 141
EMPLOYABILITY • Sviluppare le competenze chiave 143

STEFANO BENNI **Conosco un posticino...** (da *Bar Sport*) RACCONTO 144
TU E IL TESTO • Comprendere 148
LINGUAGGIO SETTORIALE Il ristorante 148
EMPLOYABILITY • Sviluppare le competenze chiave 149

MADE IN ITALY **Turismo "goloso": enogastronomia e territorio** 150

VIAGGIO

PAOLO RUMIZ **Viaggio in bicicletta** (da *È Oriente*) DIARIO DI VIAGGIO 152
TU E IL TESTO • Comprendere 155
LINGUAGGIO SETTORIALE Il viaggio 156
EMPLOYABILITY • Sviluppare le competenze chiave 156

MARCO LODOLI **Noi, i ragazzi in gita scolastica** (da *Il rosso e il blu*) RACCONTO 157
TU E IL TESTO • Comprendere 160
LINGUAGGIO SETTORIALE Il bagaglio 160
EMPLOYABILITY • Sviluppare le competenze chiave 161

MADE IN ITALY **Turisti sì, ma responsabili** 162

CONTENUTI DIGITALI INTEGRATIVI

Audiolettura dei testi

SEZIONE 3

Cittadini digitali 165

1 L'impronta digitale 166

TEST Quanto so elaborare le informazioni? 167

SCHEDA OPERATIVA La tua impronta 169

2 La sicurezza online 172

TEST Quali competenze ho in materia di sicurezza online? 173

SCHEDA OPERATIVA Tutelare la salute e il benessere online 175

3 Per un uso consapevole della rete 177

TEST Quanto so comunicare e collaborare in rete? 178

SCHEDA OPERATIVA Social network e privacy 180

COMPITO DI REALTÀ • CLIL

L'inglese in rete 184

COMPITO DI REALTÀ

Realizzare un glossario del lessico digitale 185

COMPITO DI REALTÀ

Come difendersi dal cyberbullismo 188

SEZIONE 1

Saper scrivere

Questa sezione è dedicata all'apprendimento delle tecniche e delle modalità proprie delle **forme di scrittura** che si praticano a scuola: si tratta di una preparazione di base e di un allenamento per le occasioni di scrittura che sarete chiamati a praticare nella vostra **vita personale e professionale**.

Infatti, qualunque scelta lavorativa compirete, sarà inevitabilmente necessario sapersi esprimere per iscritto con correttezza e con proprietà di linguaggio, di registro, di forma testuale, a seconda del destinatario e del contesto della vostra comunicazione.

COMPETENZE LINGUISTICHE

- leggere, comprendere e interpretare testi scritti di vario tipo
- produrre testi di vario tipo in relazione ai diversi scopi comunicativi

COMPETENZE CHIAVE

- imparare a imparare
- progettare
- comunicare
- collaborare e partecipare
- agire in modo autonomo e responsabile
- risolvere problemi
- individuare collegamenti e relazioni
- acquisire e interpretare l'informazione
- pensiero critico
- creatività
- competenza digitale

SAPER SCRIVERE 1

Riassumere

1 Che cosa vuol dire "riassumere"

■ Riassumere un testo significa **elaborare un testo più breve**, in cui vengono esposti, in modo conciso ma esauriente, i contenuti del testo iniziale. Per fare un riassunto, quindi, è necessario **selezionare le informazioni irrinunciabili** ed eliminare quelle secondarie; le informazioni principali vanno **sintetizzate senza modificare i concetti fondamentali e senza esprimere opinioni personali**.

■ Il livello di sintesi – cioè in sostanza quanto dovrà essere lungo (o meglio breve) il riassunto – dipende da molte variabili, in particolare dallo **scopo** e dal **destinatario**: per esempio, se vuoi fornire la trama di un romanzo a un amico il riassunto potrà essere molto breve, mentre se devi scrivere la scheda di un libro per la scuola il riassunto sarà più lungo. Lo stesso testo può essere sintetizzato in 1000, 300 o 100 battute riuscendo comunque a comunicarne il contenuto essenziale: l'importante è saper valutare con attenzione ciò che va assolutamente salvato e ciò che può essere eliminato senza "tradire" il testo iniziale.

■ Quando scrivi un riassunto devi usare un **registro formale** e un **lessico semplice e chiaro**; puoi scegliere il **tempo presente** o i **tempi passati**, ma devi mantenere la tua scelta costante in tutto il testo.

2 Riassumere un testo narrativo

■ Per riassumere un testo narrativo – soprattutto se lungo – può essere utile **individuare le sequenze**, cioè l'insieme dei blocchi di testo omogenei per contenuto. Una sequenza inizia quando si verifica un **cambiamento significativo**: per esempio quando entra o esce di scena un personaggio, quando c'è una variazione temporale (segnalata da espressioni come *il giorno dopo*, *l'anno seguente* ecc.), quando cambia il luogo, quando si passa da una parte narrativa a una descrittiva oppure a un dialogo. Spesso, ma non sempre, una sequenza inizia con un **capoverso**.

■ Diviso il testo in sequenze, dai un **titolo** a ciascuna oppure sintetizzala in una **breve frase**: l'insieme di tali titoli o frasi costituirà una **scaletta** che servirà da punto di partenza per la stesura del riassunto. Attenzione: soprattutto nei testi di una certa lunghezza, ci sono sequenze secondarie (per esempio quelle descrittive) che possono essere eliminate del tutto.

■ In ogni sequenza procedi alla **selezione delle informazioni principali**, evidenziandole attraverso la sottolineatura: otterrai così lo scheletro del riassunto, che andrà rielaborato creando collegamenti grazie all'uso di adeguati **connettivi** (→ p. 62) e, quando necessario, riformulando le frasi. Una tecnica utile è quella della **generalizzazione**, che consiste nel riunire in una sola parola o in un'espressione di carattere generale un elenco oppure una frase con molti particolari (per esempio la frase "Nella biblioteca di mio padre ci sono romanzi, libri di storia e di filosofia, saggi di critica letteraria" può diventare "Nella biblioteca di mio padre ci sono libri di ogni tipo").

■ Se il testo contiene discorsi diretti, seleziona solo quelli che consideri essenziali e trasformali in **discorsi indiretti**. Tieni presente che i lunghi dialoghi possono essere riassunti in poche frasi.

■ Se il testo è scritto in prima persona, cioè ha un narratore interno o si tratta di un'opera autobiografica, devi operare una trasformazione così da avere un riassunto in **terza persona**.

3 Riassumere un articolo di cronaca

■ La cronaca è un testo dalla struttura sostanzialmente narrativa che riferisce lo svolgimento di un fatto. Essa è costruita in modo da rispondere a cinque domande fondamentali, le famose "**5 W**":

- ***Who?*** Chi è il protagonista?
- ***Where?*** Dove è successo il fatto?
- ***When?*** Quando si è verificato?
- ***What?*** Che cosa è accaduto?
- ***Why?*** Perché è avvenuto?

■ Se devi riassumere un articolo di cronaca, puoi usare come **scaletta** queste cinque domande, verificando che il riassunto, in modo più o meno sintetico, fornisca le relative risposte.

4 Riassumere testi informativi e argomentativi

■ Il ▶ **testo informativo** ha lo scopo di **dare informazioni**, il più possibile esaurienti e oggettive, su un determinato argomento, per aumentare la conoscenza dei lettori. Si serve spesso di elenchi di dati, tabelle, grafici per facilitare la comprensione. Il ▶ **testo argomentativo** ha lo scopo di **convincere il lettore** della validità di un'opinione (la tesi) su un certo tema, sostenendola con argomenti e prove a favore e con dimostrazioni che le opinioni contrarie (le antitesi) non sono valide.

■ Per riassumere efficacemente i testi informativi e argomentativi evidenzia le **idee centrali** e/o le **parole chiave** e utilizza gli **schemi** e le **tabelle** più opportuni per sintetizzare i concetti fondamentali e mettere in rilievo i **nessi logici**.

5 La revisione del riassunto

■ Dopo aver scritto il riassunto, bisogna procedere alla revisione del testo dal punto di vista sia contenutistico sia formale. Dovrai perciò controllare che:

- nessuna **informazione fondamentale** sia stata dimenticata;
- la **sequenza delle informazioni** sia corretta e sorretta da un adeguato uso di **connettivi**;
- l'**ortografia**, la **sintassi** e la **punteggiatura** siano corrette.

MEMO

Testi informativi e argomentativi

Sono **testi informativi** le enciclopedie, i libri scolastici, gli articoli giornalistici di cronaca, le riviste divulgative o specialistiche ecc.
Sono **testi argomentativi** i saggi, gli articoli giornalistici d'opinione (cioè di commento a eventi di attualità), le recensioni (cioè testi che illustrano e giudicano criticamente film, libri, mostre, spettacoli) ecc.

INCLUSIONE

10 CONSIGLI PER SCRIVERE UN RIASSUNTO

1. **Leggi attentamente** il testo da riassumere, anche più volte, sino a che ne avrai compreso perfettamente il contenuto e i rapporti logici che legano le parti del testo.
2. Cerca sul **dizionario** parole ed espressioni che non conosci.
3. Se non ti viene esplicitamente richiesta una determinata **lunghezza**, stabiliscila tu in base al destinatario e allo scopo del testo.
4. Sottolinea le **informazioni principali** ed elimina quelle secondarie.
5. Se devi riassumere un **testo narrativo**, soprattutto se il testo iniziale è lungo, puoi dividerlo in **sequenze**, dando a ciascuna un titolo. L'insieme dei titoli può servirti da traccia per il riassunto.
6. Se il testo narrativo contiene **discorsi diretti**, seleziona quelli che consideri essenziali alla comprensione e trasformali in discorsi indiretti.
7. Se il testo narrativo è scritto in prima persona, scrivi il riassunto in **terza persona**.
8. Nel caso di **testi informativi o argomentativi**, evidenzia le **idee centrali** o le **parole chiave** e utilizza **schemi** e **tabelle** per rilevare i concetti fondamentali e i nessi logici.
9. Dopo aver scritto il riassunto, rileggilo con attenzione verificando che non siano state tralasciate **sequenze e informazioni essenziali** o che, al contrario, non siano state mantenute parti superflue e che il testo sia **coerente e coeso**.
10. Controlla infine che **ortografia, sintassi e punteggiatura** siano corrette.

IN PRATICA

LABORATORIO INTERATTIVO

1 IMPARARE A SELEZIONARE LE INFORMAZIONI

TESTO INFORMATIVO
articolo di giornale

La siccità non fa solo danni

Il caldo e la siccità hanno decimato le produzioni agricole, ma ne hanno esaltato le caratteristiche qualitative, dalla raccolta di supergrano con straordinari contenuti proteici alla frutta dolcissima cui le condizioni climatiche hanno garantito un elevato grado zuccherino e di sostanze antiossidanti[1] (vitamine, antociani e betacaroteni) [...].

Tutti i vegetali con il grande caldo mettono in atto meccanismi di difesa per contrastare le alte temperature e la siccità, con una riduzione della produzione ed una elevata perdita di acqua per traspirazione, con concentrazione dei succhi organici ed elevato tenore zuccherino.

Si attendono, dunque, minori raccolti ma di qualità elevata, anche perché per l'eccessivo calore non si sviluppano le patologie fungine[2] che attaccano le piante e che sviluppano tossine (micotossine)[3] pericolose per la salute.

adatt. da www.coldiretti.it/economia/caldo-coldiretti-non-solo-danni-supergrano-e-frutta-dolcissima, 17 luglio 2017

1. **antiossidanti:** composti che rallentano o impediscono il processo di ossidazione.
2. **patologie fungine:** malattie provocate da funghi, che si sviluppano in ambienti umidi.
3. **micotossine:** muffe che crescono sui cibi e che possono avere effetti tossici su uomini e animali.

1 Nel primo periodo dell'articolo sono sottolineate alcune parole che fanno "saltare all'occhio" le informazioni principali. Prosegui tu, sottolineando due o tre **parole significative** nei periodi successivi.

2 IMPARARE A SELEZIONARE LE INFORMAZIONI

TESTO NARRATIVO
romanzo

Bram Stoker Ma dove sono arrivato?

Fermatosi il calesse, il cocchiere è balzato a terra, porgendomi la mano per aiutarmi a scendere [...]. Poi ha preso il mio bagaglio, mettendolo a terra ai miei piedi, di fronte a un grande portone di pietra massiccia. 1

Mentre me ne stavo lì, il cocchiere è rimontato a cassetta[1] e ha scosso le redini; i cavalli sono ripartiti. Sono rimasto in silenzio, non sapendo cosa fare. Non vi era traccia di campanello o di battente; ed era improbabile che la mia voce potesse penetrare quelle arcigne mura del castello. Il tempo che sono rimasto in attesa mi è parso interminabile, e mi sentivo assediato da dubbi e paure. A che razza di luogo ero mai approdato, e tra che gente? Che tetra avventura era quella in cui mi ero imbarcato? Ho cominciato a stropicciarmi gli occhi, a pizzicottarmi, tanto per vedere se ero davvero sveglio.

Ero proprio sveglio, e tra i Carpazi,[2] e altro non mi restava che pazientare e attendere il mattino. 2

Ero appena giunto a questa conclusione, quando ho udito un passo pesante venire alla mia volta di là dal gran portone e, attraverso le fessure, è filtrato il raggio di una luce che s'avvicinava. Poi, lo strepito di catene, il clangore[3] di pesanti catenacci tirati. Una chiave ha girato con l'acuto stridore di un lungo disuso,[4] e il grande battente si è spalancato. 3

Dentro, stava un vecchio alto, accuratamente sbarbato a parte i lunghi baffi bianchi, e nerovestito da capo a piedi, senza una sola macchia di colore in tutta la persona. In mano reggeva una vetusta lucerna d'argento, la cui fiamma ardeva senza tubo di vetro né globo di sorta, proiettando lunghe, oscillanti ombre come palpitava[5] nello spiffero dell'uscio aperto. Con la destra, il vecchio m'ha rivolto un cortese cenno d'invito, dicendo in un ottimo inglese, ancorché di singolare cadenza: – Benvenuto nella mia casa! Entrate libero e franco![6] 4

Non appena ho varcato la soglia, con gesto istintivo s'è fatto avanti, e stendendo la mano ha afferrato la mia con un vigore tale da farmi sobbalzare, un effetto per nulla diminuito dal fatto che mi è parsa fredda come il ghiaccio – più la mano di un morto che di un vivo.

E ha ripetuto: – Benvenuto nella mia casa. Entrate libero e franco. 5

Ho domandato: – Il conte Dracula?

Quegli ha abbozzato un compìto[7] inchino, rispondendo: – Sono Dracula. E vi do il benvenuto, signor Harker, in casa mia. Entrate: l'aria notturna è fredda, e avrete certo bisogno di mangiare e di riposarvi. 6

B. Stoker, *Dracula*, trad. it. di F. Saba Sardi, A. Mondadori, Milano 1979

1. **cassetta:** sedile di una carrozza dove siede il cocchiere.
2. **Carpazi:** catena montuosa dell'Europa orientale.
3. **clangore:** suono forte e stridente.
4. **disuso:** non utilizzo.
5. **come palpitava:** ogni volta che ondeggiava.
6. **franco:** sicuro di non subire imposizioni o danni.
7. **compìto:** cortese, ben educato, garbato.

1 Scrivi il **riassunto** del testo seguendo le fasi elencate:
- individua in ciascuna delle sequenze numerate le informazioni che ritieni essenziali per ottenere una sintesi del brano;
- rielabora le informazioni che hai sottolineato unendole tra loro con connettivi logici o temporali;
- rileggi il tuo riassunto e fai un confronto con il testo originale, rispondendo alle seguenti domande:
  - Il mio riassunto è più corto del testo iniziale? sì no
  - Nel mio riassunto è chiaro lo svolgersi della vicenda? sì no
- se hai risposto sì a entrambe le domande hai raggiunto il tuo obiettivo; altrimenti fai le opportune correzioni.

3 IMPARARE A SUDDIVIDERE IN SEQUENZE

TESTO NARRATIVO
racconto

Antonia Arslan Un'avventura di guerra

Sequenza 1
Una donna sicura di sé

La mia spavalda mamma Vittoria, cresciuta a Roma, si divertiva molto a mostrarsi una ragazza sveglia, molto più moderna delle scialbe[1] signore padovane.

Un giorno dell'inverno 1943[2] si avviò con la macchina e l'autista a cercare cibo in campagna. Riuscì a farsi dare da certi contadini amici suoi un mezzo maialino, una vera fortuna a quei tempi, e stava tornando trionfante a Dolo,[3] dove eravamo sfollati.[4] Era incinta, ma ancora non si vedeva molto.

1. **scialbe:** prive di vivacità, insignificanti.
2. **inverno 1943:** il racconto si svolge durante la Seconda guerra mondiale; dopo l'armistizio con le forze alleate anglo-americane dell'8 settembre 1943 l'Italia fu occupata dai tedeschi.
3. **Dolo:** cittadina della pianura veneta, presso Venezia.
4. **eravamo sfollati:** ci eravamo rifugiati in campagna abbandonando la città, più pericolosa in tempo di guerra.

Procedevano piano, cautamente. Giunta a una svolta, scorse da lontano una pattuglia che bloccava la strada. L'autista stava per fermarsi, spaventato. Il maialino sarebbe stato sequestrato e sarebbero stati entrambi arrestati per contrabbando.[5] Allora lei afferrò il pacco grondante sangue e se lo sistemò sotto il cappotto. Poi disse: «Prosegui piano, ma non fermarti. Se ti fermi ti uccido» cercando di spaventarlo più dei tedeschi.

E quando arrivarono, gonfiò le guance e disse: «Non mi posso fermare, sto partorendo. O mi lasciate andare o vi faccio il bambino qui».

E poi sempre ci raccontava che il soldato tedesco – che era molto giovane – la guardò spaventato, guardò il sangue che macchiava il cappotto e disse, pallido: «Preco, muofersi in fretta».

E fu così che madre, autista e maialino arrivarono a Dolo sani e salvi, per la gioia di tutti.

A. Arslan, *Il cortile dei girasoli parlanti*, Piemme, Milano 2011

5. **contrabbando:** attività illegale di compravendita di merci; qui ci si riferisce in particolare al cosiddetto mercato nero o borsa nera, cioè il commercio clandestino di beni che in tempi difficili, di carestia o di guerra, vengono razionati dallo stato.

1 Suddividi in **sequenze** il racconto e a ciascuna assegna un **titolo**, scrivendolo nel colonnino a fianco del testo. L'esercizio è avviato.

2 APPRENDIMENTO COOPERATIVO Confrontati con i tuoi compagni: avete individuato lo stesso numero di **sequenze**? Le sequenze comprendono parti identiche? Le **titolazioni** sono uguali? Quali titoli di sequenze sono più sintetici ed efficaci?

3 Scrivi un brevissimo **riassunto** del racconto procedendo così:
- sintetizza ogni sequenza in una breve frase (non più lunga di due righe);
- collega tra loro le frasi con adeguati connettivi temporali (*poi*, *in seguito*, *infine* ecc.) o causali (*quindi*, *perché*, *perciò* ecc.).

4 Il **titolo** di un racconto costituisce spesso una vera e propria sintesi, è anzi la più sintetica delle sintesi. Assegna un tuo titolo al racconto che hai appena letto.

4 IMPARARE A ELIMINARE DISCORSI DIRETTI

TESTO NARRATIVO
romanzo

Robert Louis Stevenson Un duello di sguardi

Il furore del vecchio lupo di mare[1] fu terrificante. Balzò in piedi, estrasse un coltello a serramanico da marinaio, lo aprì. Il dottore non si scompose.

«Se non rimettete immediatamente in tasca quel coltello, vi prometto sul mio onore che sarete impiccato.»

Seguì un duello di sguardi tra i due, ma il marinaio si arrese ben presto: abbassò gli occhi, ripose l'arma e si rimise a sedere, brontolando come un cane bastonato.

1. **lupo di mare:** marinaio molto esperto.

«E ora, signore» riprese il dottore «ora che so che nel mio distretto c'è un tipo come voi, potete star certo che vi terrò d'occhio giorno e notte. Io non sono soltanto un medico, sono anche un magistrato, e se mi giungerà all'orecchio la benché minima lamentela sul vostro conto, fosse anche un comportamento villano, prenderò provvedimenti per farvi acciuffare e farvi filare via. E che questo vi basti.»

R.L. Stevenson, *L'isola del tesoro*, trad. it. di E. De Angeli, Loescher, Torino 1987

1 Dopo aver letto il testo, trasforma in **discorsi indiretti** le due battute pronunciate dal dottore.

a. Il dottore, senza scomporsi, disse al lupo di mare di ....

....

b. Il dottore riprese a parlare, dichiarando che ....

....

5 IMPARARE A PASSARE DALLA PRIMA ALLA TERZA PERSONA

TESTO NARRATIVO
autobiografia

Giovanni Allevi Il mio primo concerto

È il 9 aprile del 1991, giorno del mio ventiduesimo compleanno. Sono arrivato qui a Napoli da solo, dopo un lungo viaggio in treno, per fare il mio primo concerto lontano da casa. Mentre mi portano in camerino, il mio sguardo cade su un pezzo di carta, appeso con lo scotch sulla porta a vetri della piccola sala da concerto: "Serata jazz. Giovanni Allevi. Pianoforte".

Serata jazz? Suonerò la *Partita in do minore* di Bach, diversi brani di Chopin, cinque studi di Scriabine, Ravel[1] e alcune mie composizioni. Serata jazz?

In camerino mi vesto. Eccomi, sono pronto. La camicia è bianca con il colletto ben stirato, lo smoking è nuovo comprato apposta per l'occasione, le scarpe sono nere lucide e ho un po' di gel sui capelli corti. Lavo gli occhiali, come ultima cosa.

L'organizzatrice, con una voce un po' imbarazzata, mi dice che iniziamo alle nove in punto. Perché è imbarazzata? Faccio un sospiro e attendo.

Viene a prendermi. È seria e guarda per terra. Ci dirigiamo in silenzio verso la porta di vetro. Me la apre e mi invita a entrare. Ora so che passare quella porta significava iniziare un'altra vita.

Ecco il pianoforte, le sedie, ma... non c'è nessuno! Conto solo cinque persone. Sedute, per giunta, in seconda fila. Ecco perché l'organizzatrice è imbarazzata: non è venuto nessuno a sentirmi.

– Buonasera, mi chiamo Giovanni Allevi. Grazie per essere venuti al mio primo concerto a Napoli.

Ho la voce tremante. Ho recitato la frase a memoria con il sorriso sulle labbra, ma dentro sto morendo. Aveva ragione mio padre quando mi diceva: «Ma chi te lo fa fare». Chi glielo dice che non c'è nessuno? Vorrei sprofondare dalla vergogna. Una signora del pubblico, con il sorriso dolcissimo, prende la parola e con il massimo della gentilezza mi dice che se voglio, posso anche non suonare. Forse immagina la mia umiliazione.

– Ma no, già che ci siamo... – rispondo con leggerezza. In realtà, sul treno ho ripassato ogni no-

1. la *Partita*... Ravel: si tratta di pezzi di musica classica, non jazz.

ta del concerto centinaia di volte e non posso credere che tutta la mia attesa spasmodica si risolva in una bolla di sapone. Suonerò lo stesso. Ci tengo a questo concerto e lo porterò a termine!

Inizio a eseguire Bach con piglio aggressivo, come se la rabbia volesse scacciare la vergogna. Durante la lenta *Sarabanda*, nonostante sia concentratissimo sulla musica, ho la sensazione di poter percepire il singolo respiro di ognuna di quelle cinque persone, di poter monitorare ogni centimetro di quella sala da concerto. Dalla porta a vetri che è davanti ai miei occhi proprio in quell'istante entra una coppia molto elegante. Il signore con i baffi si guarda intorno e dice in modo plateale. – Ma non c'è nessuno! – Si gira e se ne va. Non dimenticherò mai il suo sguardo stupito e il rumore della porta alle sue spalle.

Ho una stretta al cuore. Eseguo il *Capriccio* finale cercando di scacciare i pensieri negativi, concentrandomi il più possibile sulle note. Quasi mi aggrappo a loro, come fossero la mia salvezza, anche se il linguaggio di Bach è impervio e difficoltoso. Suono l'ultimo accordo con grande intensità. Le dita restano premute sui tasti e prima ancora che le note finiscano di echeggiare nell'aria, parte l'applauso.

L'applauso... è forte.

I "miei cinque" sono pochi, ma applaudono forte, con un sorriso aperto, e non vogliono sapere di smettere. Vengo investito da un'emozione violenta e inaspettata, un'intensa commozione. Ho quasi il magone a vederli! Mi stanno applaudendo. Sono cinque, ma che importa? Sono il mio primo pubblico. Mi stanno ripagando del viaggio, del coraggio, delle ore passate a focalizzare le note nella mente. Solo ora mi accorgo della paura che ho avuto, della tensione che mi ha accompagnato in queste settimane. Il loro applauso scaccia la vergogna e al suo posto arriva un irrefrenabile entusiasmo.

G. Allevi, *La musica in testa*, Rizzoli, Milano 2008

1 Riassumi il testo, tratto dall'autobiografia di un popolare pianista italiano. Dovrai passare **dalla prima alla terza persona**. Puoi iniziare così: *Il pianista Giovanni Allevi ci racconta come è avvenuto il suo primo concerto. Il giorno del suo ventiduesimo compleanno, egli arrivò a Napoli...*

6 IMPARARE A APPLICARE IL METODO DELLE "5 W"

TESTO INFORMATIVO
articolo di cronaca

Mario Gasperetti Il cavallo che disse "no" al Palio di Siena

Siena. Con il sole che gli illumina la criniera, quel cavallo nero sembra davvero un mitico destriero. Un ippogrifo[1] senza ali, fiero e orgoglioso, ribelle e luciferino.[2] A un tratto alza lo sguardo, ti fissa negli occhi e hai la sensazione che ti sussurri qualcosa: «Vi ho fregato tutti, ma non diventerò una bistecca». E non solo perché i regolamenti del Palio[3] vietano che un cavallo sia spedito al macello, ma perché Tornasol, cavallo della contrada della Tartuca,[4] è proprio un tipo furbo e tosto e ha un padrone con le spalle larghe, Mark Getty, nipote del milionario Jean Getty.

1. **ippogrifo:** creatura leggendaria originata dall'incrocio tra un cavallo e un grifone con testa e ali di aquila, zampe anteriori e petto di grifone e il resto del corpo da cavallo.
2. **luciferino:** diabolico, demoniaco.
3. **Palio:** gara tra i rioni di una città disputata con cavalli o altri animali. In questo caso si tratta del famoso Palio di Siena.
4. **contrada della Tartuca:** a Siena, è una delle diciassette suddivisioni storiche della città all'interno delle mura medievali. Ogni contrada ha un nome.

È già passato alla storia, Tornasol. Non solo per aver paralizzato per un'ora e mezzo con il suo "no" i quindicimila e forse più presenti in Piazza del Campo,[5] tutta Siena e mezza Italia incollata alla diretta televisiva, ma per aver "gridato", con un linguaggio di un ronzino, che è lui il re del Palio. Scalciando, sbuffando e sgroppando alla curva del Casato e rifiutandosi di partecipare alla corsa. E tutto questo è accaduto nel giorno del suo debutto, il 2 luglio del 2017. Alla fine, dopo un consulto tra veterinari ed esperti, lo hanno escluso dalla corsa per i suoi "attacchi di panico" che ai più sono apparsi una sfida e non un atto di paura. Tanto da farlo diventare in pochi minuti il Bucefalo[6] dei social network.

– Non ci sorprende. Tornasol ha coraggio da vendere, una sensibilità e un'intelligenza fuori dal comune – dicono alla scuderia di Valiano, la prima frazione del comune di Castelnuovo Berardenga, a un paio di chilometri da Siena. Dove ieri il cavallo si è goduto biada, acqua fresca a volontà e anche una galoppata in solitaria, senza fantini sulla groppa. E adesso che cosa farà? Non correrà più in Piazza del Campo. – Ma siccome è un ottimo cavallo non avrà problemi a partecipare ad altre corse – dicono alla scuderia. Mentre gli animalisti sperano che un giorno possa riacquistare "la libertà perduta".

M. Gasperetti, *Tornasol, il cavallo che ha rifiutato di correre*, in "Corriere della Sera", 3 luglio 2017

5. **Piazza del Campo:** piazza centrale di Siena dove si svolge il Palio.

6. **Bucefalo:** nome del cavallo preferito da Alessandro Magno.

1 Rileggi con attenzione l'articolo e inserisci nella tabella le **informazioni** che rispondono a ciascuna domanda.

"5 W"	informazioni
Who? Chi?	
Where? Dove?	
When? Quando?	
What? Che cosa?	
Why? Perché?	

2 Utilizzando le informazioni inserite nella tabella dell'esercizio precedente, scrivi un **brevissimo riassunto** dell'articolo letto, cercando di non superare le 20 parole.

3 Scrivi ora un **riassunto più ampio** del precedente, utilizzando max 30 parole.

7 IMPARARE A SCHEMATIZZARE UN TESTO INFORMATIVO

TESTO INFORMATIVO
articolo di cronaca

Sara Gandolfi Gli elefanti perduti

Lo spacciavano per pesce surgelato. Ma quando i doganieri di Hong Kong hanno spostato i cartoni ittici, in fondo al container di 12 metri hanno scoperto un tesoro bianco: 7,2 tonnellate di zanne di elefante, per un valore di mercato pari a 8 milioni di euro (e a circa 700-1000 animali uccisi). ▶

È il sequestro più importante degli ultimi trent'anni. Hong Kong è il più famoso centro di lavorazione d'avorio al mondo e la metropoli resta un crocevia strategico dei trafficanti di zanne, per la sua posizione geografica e a causa del mercato legale dei manufatti (ci sono 370 commercianti e 72 negozi autorizzati). Ora, nell'ex colonia britannica, che gode di semi-autonomia, è in fase di approvazione una messa al bando dell'avorio entro il 2021, mentre la Repubblica popolare cinese ne ha già vietato il commercio, ordinato la chiusura di tutte le fabbriche e dei negozi specializzati entro la fine del 2017. In Cina, che detiene il 70% del mercato dell'avorio, le zanne d'elefante sono utilizzate nella medicina tradizionale e per produrre gioielli e statuine molto apprezzate. Il mega-sequestro di questa settimana confermerebbe il tentativo in extremis dei contrabbandieri di far entrare a Hong Kong quanto più avorio possibile prima del bando definitivo.

Il commercio di avorio è stato bandito con un trattato internazionale nel 1989: la popolazione mondiale di elefanti era crollata da 27 milioni del XIX secolo ai 5 milioni di inizio XX, fino a meno di 600.000. Attualmente si stima che vivano allo stato libero circa 350.000 esemplari, ma il numero continua a scendere dell'8% l'anno, a causa del bracconaggio.

S. Gandolfi, *Gli elefanti perduti di Hong Kong, mega-sequestro di zanne*, in "Corriere della Sera", 10 luglio 2017

1 Completa le seguenti frasi che riassumono le informazioni del testo e inseriscile nello schema, in modo da mettere in evidenza i **legami logici** tra esse.

a. Gli elefanti erano 27 milioni nel ...., sono diventati .... nel .... e poi sono scesi a ....

b. Hong Kong alla fine del 2017 metterà al bando ....

c. È stato portato a termine un mega-sequestro di ....

d. Attualmente gli elefanti sono circa .... ma continuano a diminuire a causa del ....

e. La Cina utilizza .... nella medicina .... e per ....

f. Nel 1989 ....

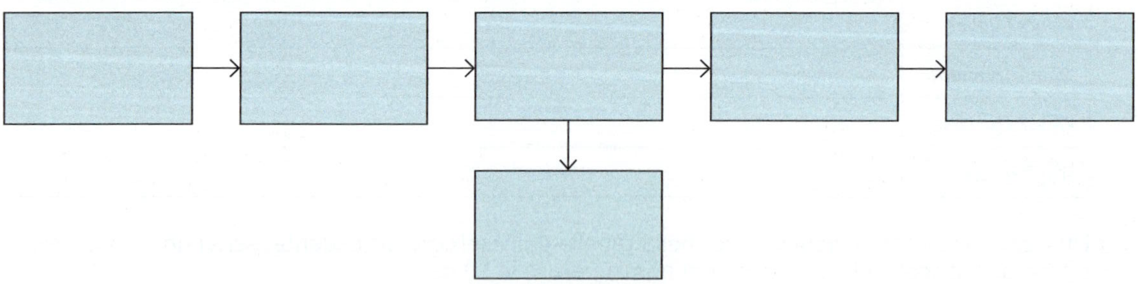

2 Scrivi il **riassunto** del testo in 2 o 3 frasi, collegando opportunamente le parole dello schema con i connettivi più adeguati.

8 IMPARARE A SINTETIZZARE TESI CONTRAPPOSTE

TESTO ARGOMENTATIVO
articolo di opinione

Umberto Veronesi I vegetariani vivono più a lungo

Credo che siamo destinati a un'alimentazione vegetariana, per ragioni etiche e di salute. Sono convinto che stia nascendo una nuova etica della solidarietà e con essa una nuova coscienza. La tolleranza e il rispetto sono princìpi che si applicano oggi non soltanto ai rapporti tra uomini ma anche a quelli tra tutti gli esseri viventi. Sempre più persone amano gli animali, li ritengono una componente essenziale dell'armonia del pianeta, e per questo si rifiutano di ucciderli e mangiarli. Si sta anche diffondendo il concetto di alimentazione responsabile. Ci si rende conto che il consumo di carne gioca un ruolo importante nell'assurda ingiustizia alimentare che fa sì che una parte del mondo muore di fame e soffre di denutrizione e un'altra parte si ammala e muore per eccesso di cibo. I prodotti agricoli a livello mondiale sarebbero in realtà sufficienti a sfamare tutti, se venissero equamente divisi, e soprattutto se non fossero in gran parte utilizzati per alimentare gli animali da allevamento. Basta un dato: trentasei dei quaranta paesi più poveri del mondo esportano cereali negli Stati Uniti, dove il 90% del prodotto importato è utilizzato per nutrire animali destinati al macello.

Ridurre la carne fa anche bene alla salute: i vegetariani vivono più sani e più a lungo. Attraverso tutti gli alimenti che ingeriamo, immettiamo nel nostro organismo una certa quantità delle sostanze tossiche solubili disperse nell'ambiente. Queste sostanze si accumulano più facilmente nel tessuto adiposo, dove rimangono per molto tempo esponendoci più a lungo ai loro effetti tossici. Frutta e verdura sono alimenti poverissimi di grassi e ricchi di fibre: queste, agevolando il transito del cibo ingerito, riducono il tempo di contatto con la parete intestinale degli eventuali agenti tossici presenti nella dieta quotidiana. Non è così per gli alimenti di origine animale. Quando ingeriamo una quantità eccessiva di calorie sotto forma di proteine, grassi e zuccheri, queste vengono convertite in molecole di trigliceridi e accumulate nel tessuto adiposo come depositi di riserva. È proprio qui, nel grasso corporeo, che più facilmente si accumulano le sostanze dannose presenti nell'ambiente. Ecco perché esiste una correlazione tra diete ricche di grassi saturi (provenienti da fonti animali) e molte malattie gravi, tra cui alcuni tumori.

Frutta e verdura, invece, oltre a contaminarci molto meno degli altri alimenti, sono scrigni di preziose sostanze come vitamine, antiossidanti e così via. Non solo quindi non sono dannose, ma hanno un effetto protettivo.

U. Veronesi, *Elogio della vita verde*, in "Sette - Corriere della Sera", 19 novembre 2010

1 Nel testo il famoso medico Umberto Veronesi (1925-2016) esprime le ragioni che, a suo parere, dovrebbero portare l'intera umanità a prediligere una dieta vegetariana. A sostegno della propria tesi, egli porta argomentazioni sia di carattere etico sia di carattere medico: sintetizzale nello **schema** seguente.

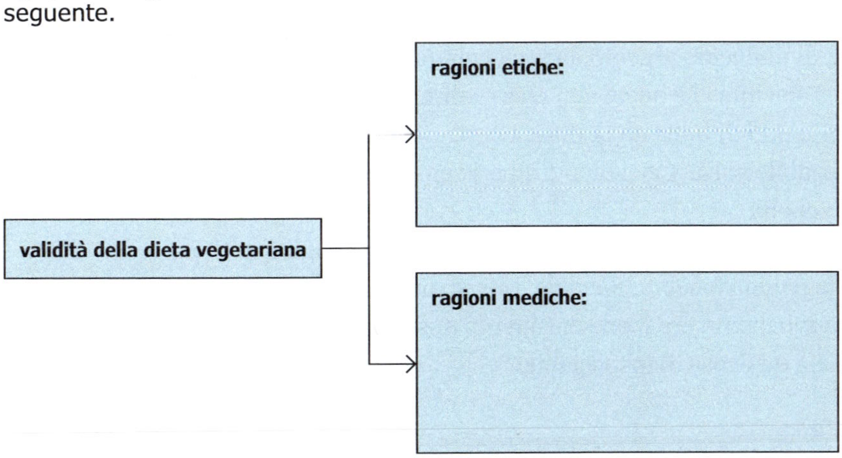

2 Utilizzando come traccia lo schema che hai completato, sintetizza il testo in **4 frasi**.

COMPETENZE IN AZIONE

ESERCITAZIONE 1 COMPETENZA LINGUISTICA • produrre testi

Leggi il seguente racconto fantastico dello scrittore francese Guy de Maupassant (1850-93) e svolgi le attività proposte.

Guy de Maupassant La rivolta degli oggetti

Su questa terra siamo divisi in due categorie: quelli che hanno bisogno degli altri per distrarsi e venir intrattenuti, e che la solitudine fa soffrire e stanca come l'ascensione di un tremendo ghiacciaio o la traversata del deserto; e quelli invece che con il prossimo si annoiano, si imbarazzano e si esauriscono, mentre l'isolamento li calma e permette loro di fantasticare liberamente.

Io sono sempre stato un solitario, un sognatore, un filosofo. Non che rifiuti la compagnia, la conversazione, il pranzo con un amico, ma se questi durano troppo a lungo vengo colto da una specie di vertigine, da un malessere intollerabile.

Il risultato è la mia grandissima affezione[1] per gli oggetti inanimati che assumono per me l'importanza di esseri reali: la mia casa, prima che succedessero i fatti che sto per raccontare, era diventata un intero universo in cui vivevo una vita solitaria e felice in mezzo a mobili e oggetti che contemplavo con tenerezza come volti amici.

Avevo fatto costruire la mia dimora in un giardino isolato, e posto a dormire i miei domestici in un padiglione in fondo al parco circondato da un alto muro. In questa casa nascosta, sommersa dal fogliame dei grandi alberi, trascorrevo un'esistenza così riposante che la sera rimanevo alzato a lungo per goderne ancora un poco la pace.

Quel giorno tornavo a piedi dalla città, dove m'ero recato a teatro. Era buio, ma talmente buio che distinguevo appena la strada. Verso l'una di notte il cielo cominciò a schiarire un poco, poi spuntò la malinconica falce dell'ultimo quarto di luna. La luna crescente è chiara, allegra, di un lucido argento, la luna calante è rossastra, tetra, inquietante. La sua luce è così sbiadita che quasi non crea ombre.

Per la prima volta, scorgendo di lontano la massa cupa del mio giardino, sentii sorgere nel cuore un'inspiegabile ansia. Quel buio d'alberi sembrava una tomba nella quale la mia casa giacesse sepolta.

Apersi il cancello ed entrai nel viale a volta,[2] fiancheggiato da cespugli fioriti, dai colori indistinti sotto quella pallida tenebra. Silenzio. Non so perché, ero terribilmente inquieto, anche se non avevo paura; era il presentimento misterioso che coglie l'uomo quando sta per assistere a qualcosa di inspiegabile?

1. **affezione:** attaccamento.
2. **viale a volta:** viale alberato in cui le fronde delle piante si toccano, formando come una volta.

Quando fui più vicino alla mia vasta dimora, con tutte le imposte chiuse, sentii il bisogno di concedermi qualche minuto prima di entrare. Così sedetti su una panca sotto le finestre del salotto. Stavo lì, con la testa appoggiata alla parete e gli occhi spalancati nell'ombra, quando avvertii una specie di ronzio, che crebbe e crebbe fino a diventare un frastuono confuso che con certezza proveniva dall'interno della casa. Era piuttosto un'agitazione, come quando si spostano i mobili, facendoli strisciare sul pavimento. Applicai l'orecchio all'imposta e non ebbi più dubbi: un rumoroso disordine, anormale e incomprensibile, regnava nella mia casa.

Immobilizzato dallo stupore, attesi. Attesi a lungo, senza saper che fare, col cuore in tumulto. Il rumore aumentava, si faceva violento, come una misteriosa rivolta.

All'improvviso provai vergogna per la mia paura: scelsi dal mazzo di chiavi quella giusta, la infilai nella toppa e spalancai con violenza la porta, così che il battente andò ad urtare rumorosamente contro la parete.

Il colpo risuonò come una schioppettata, e in risposta venne, da tutte le stanze della casa, un assordante frastuono. Era uno scalpiccìo incredibile, giù per i gradini della scala, sui pavimenti, sui tappeti, ma non uno scalpiccìo di scarpe, di piedi umani, bensì come di stampelle di legno e di metallo che vibravano simili a sonagli. E improvvisamente sulla soglia si presentò una poltrona, la grande poltrona sprofondata nella quale usavo leggere, e se ne uscì dondolandosi. Attraversò il giardino seguita dalle quattro poltroncine del salotto, poi dai divani che si trascinavano sulle corte zampotte come coccodrilli, dalle sedie che saltellavano come capre e dagli sgabelli che trotterellavano come conigli.

Quella visione mi sconvolse. Mi nascosi in una macchia[3] dove mi accucciai, sempre seguendo la sfilata dei miei mobili che se ne andavano, chi lento e chi veloce, a seconda del loro peso e della loro forma. Il mio grande pianoforte a coda passò al galoppo come un cavallo pazzo, emettendo folli sonorità dal ventre. Gli oggetti più piccoli – spazzole, vasi, cristalleria – strisciavano come formiche sulla sabbia, dove il chiaro di luna ne traeva fosforescenze[4] di lucciole.

Gli arazzi si allargavano sul terreno come piovre marine e a un certo punto vidi andarsene anche il mio scrittoio, portandosi via le lettere d'amore e le fotografie di una vicenda che mi aveva fatto tanto soffrire!

L'ira fu più forte della paura: mi buttai su di lui cercando di trattenerlo come fosse un ladro, ma quello non si fermò, anzi mi travolse nella sua corsa inarrestabile. Rotolammo insieme lottando, ma fui trascinato nella sabbia mentre i mobili che lo incalzavano mi andavano calpestando e coprendo di lividi: infine passarono sul mio corpo come una carica di cavalleria schiaccia un soldato caduto di sella.

A stento, quasi impazzito dal terrore, riuscii a trarmi fuori dalla fiumana, in coda alla quale zampettavano gli oggetti più piccoli e modesti.

Quando la casa fu completamente deserta, resa sonora dal vuoto, le porte sbatterono richiudendosi ad una ad una, con un frastuono disordinato e pauroso.

Allora fuggii correndo verso la città, e riuscii a calmarmi solo nelle strade ancora

3. macchia: boscaglia di arbusti.
4. fosforescenze: bagliori.

popolate da qualche nottambulo. Suonai a un albergo dov'ero conosciuto, dicendo d'aver perso il mio mazzo di chiavi. Mi tirai le coperte del letto sugli occhi, ma non riuscii a prender sonno.

Alle sette bussò alla mia porta il mio cameriere che nel frattempo avevo fatto avvertire. Era sconvolto.

«Stanotte è successa una disgrazia» disse.

«Cioè?»

«Hanno rubato i mobili della casa e tutto il resto, fino ai più piccoli oggetti.»

Non mi tradii neppure per un istante. «Bisogna avvertire la polizia» dissi soltanto.

L'inchiesta durò cinque mesi, ma nulla venne scoperto, né i ladri né gli oggetti scomparsi. Se avessi rivelato quello che avevo visto, avrebbero rinchiuso me, come pazzo, anziché i ladri.

G. de Maupassant, *L'altra faccia della realtà. Racconti fantastici*,
Bruno Mondadori, Milano 2000

- Scrivi il riassunto del racconto procedendo secondo quanto hai imparato:
  - utilizzando il colonnino, dividi il testo in sequenze e assegna a ciascuna di esse un titolo; realizzerai così una sorta di scaletta del riassunto;
  - trasforma il testo dalla prima alla terza persona;
  - trasforma i discorsi diretti in discorsi indiretti oppure eliminali, se non essenziali alla narrazione.

ESERCITAZIONE 2

COMPETENZA LINGUISTICA • produrre testi
COMPETENZE CHIAVE • acquisire e interpretare l'informazione • collaborare e partecipare

Leggi il seguente articolo di giornale di Luigi Ripamonti (1964), giornalista che si occupa di temi che riguardano la salute, e svolgi le attività proposte.

Luigi Ripamonti La lettura crea empatia e socialità

Chi ama leggere molto è una persona che ama stare "per conto suo", che non socializza. Insomma, è poco empatico[1] e magari anche un po' antipatico. Ecco un mito da sfatare![2] È proprio il contrario: se c'è un'attività che sviluppa l'empatia è proprio la lettura. I lettori di libri sono anche "lettori" della mente altrui, sanno capire meglio gli altri. In uno studio pubblicato sulla rivista scientifica "Science", ricercatori dell'Università di Oxford hanno messo in evidenza come il leggere un testo e il leggere un'emozione abbiano molti aspetti in comune. In entrambi i casi il significato deriva da segni (tracce sulla carta, espressioni, movimenti, posture, eccetera) che vengono decrittati[3] da strutture cerebrali dedicate e, almeno in parte, specifiche. I parallelismi individuati dagli studiosi britannici si aggiungono ad altre prove sperimentali[4] che indicano come la lettura di libri aumenti la nostra capacità di "metterci nei panni

1. **empatico:** in grado di comprendere immediatamente stati d'animo e pensieri di altre persone.
2. **da sfatare:** di cui dimostrare la falsità.
3. **decrittati:** decifrati, decodificati.
4. **prove sperimentali:** prove che si basano sull'esperienza o ottenute grazie a esperimenti scientifici.

degli altri". Tant'è vero che diversi pedagogisti[5] sostengono che possa essere opportuno, se non proprio leggere, almeno insegnare ai bambini ad amare i libri fin da piccolissimi, perché molte competenze si acquisiscono entro i primi anni di vita e la lettura ha ricadute preziose per il benessere mentale e le capacità di relazione. Questo, ovviamente, a patto che non sia un'imposizione e i bambini la vivano con piacere. Un risultato che si può ottenere, per esempio, con la lettura quotidiana di storie da parte dei genitori, creando un clima sereno da associare alla lettura per trasmettere l'amore per i testi. Un amore che, comunque, si può imparare anche da adulti.

Ai libri è possibile addirittura attribuire quasi una valenza psicoterapeutica.[6] Ne spiega bene la ragione, sebbene in un contesto specifico, Silvano Fausti nel suo *Per una lettura laica della Bibbia* (Edb 2008): «Perché provo piacere a leggere un libro?» scrive Fausti. «Il piacere è legato all'interesse. Interesse significa "essere dentro, in mezzo"... leggo con interesse quando ciò che leggo mi legge dentro, evoca ricordi, consci, inconsci, personali, collettivi... mi suggerisce quanto ho nel cuore, soprattutto se archiviato in stati profondi da risultare nascosti ad altri...»

Un buon libro ci può dare molto più di un momento di piacere o di crescita culturale. È qualcosa che, volenti o nolenti, ci mette in relazione con noi stessi, all'opposto di molti media[7] che, invece, per scopo dichiarato, vogliono distrarci, allontanarci cioè dal nostro nucleo profondo. La letteratura è il contrario della droga, perché ci mette in contatto con la nostra realtà raccontandocene altre, mentre la droga ci getta dentro una nostra personale irrealtà per negare la realtà fuori (e dentro) di noi.

L. Ripamonti, *Per capire gli altri, diamoci ai romanzi*,
in "Sette - Corriere della Sera", 29 aprile 2016

5. **pedagogisti:** esperti che si occupano dell'educazione e della formazione di bambini e giovani.

6. **valenza psicoterapeutica:** valore di terapia psicologica, un effetto simile a una cura con uno psicologo.

7. **media:** o mass media, mezzi di comunicazione di massa (quotidiani, televisione, radio, cinema, internet ecc.).

ATTIVITÀ INDIVIDUALE

- Leggi il testo con attenzione, sottolineando le **idee** essenziali e/o le **parole chiave**.
- Scrivi un **riassunto** del testo, strutturandolo in tre parti:
  - obiettivi e finalità che si propone l'autore;
  - le tesi che sostiene;
  - le tesi o le affermazioni che confuta.

APPRENDIMENTO COOPERATIVO

- In gruppi di tre, confrontate i vostri riassunti, evidenziando i **punti comuni** e le **differenze**.
- Scegliete il riassunto che vi sembra migliore e concordate correzioni e integrazioni in modo da arrivare a un **riassunto di gruppo** (per deciderne la lunghezza, tenete presente che la finalità è di esporlo alla classe e che l'esposizione non dovrà durare più di un minuto).
- Discutete nel merito le tesi dell'autore, elaborando il vostro punto di vista: possibilmente cercate di raggiungere una **valutazione comune** del gruppo; se non ci riuscite, concordate almeno su quali sono i punti di dissenso.
- Esponete alla classe sia il riassunto sia la valutazione, e confrontate le vostre opinioni in una **discussione collettiva**.

SAPER SCRIVERE 2

Descrivere

1 Che cosa vuol dire "descrivere"

■ Il testo descrittivo ha la funzione di rappresentare e **visualizzare**, attraverso un'accurata scelta di parole, l'**immagine** di ambienti, luoghi, oggetti, animali e personaggi appartenenti sia al mondo reale sia al mondo fantastico. Quando si tratta di persone o di animali, ovviamente, una descrizione può delineare non solo le caratteristiche esteriori e fisiche, ma anche quelle psicologiche e comportamentali.

■ Raramente le descrizioni sono testi autonomi: nella maggior parte dei casi esse sono collocate all'interno di **vari tipi di testi** (narrativi, argomentativi, informativi, poetici), diventandone un ingrediente importante. Nei **testi narrativi**, in particolare, è possibile individuare una notevole presenza di descrizioni, che possono essere costituite da poche righe o da più pagine e che hanno la funzione di introdurre i personaggi, presentare i luoghi in cui si svolgono le azioni, rallentare il ritmo narrativo, comunicare sentimenti, suscitare emozioni, creare suspense.

2 Gli "ingredienti" della descrizione: i dati sensoriali

■ Ogni descrizione si basa anzitutto sui **dati percepiti dai sensi**. Possiamo ricorrere a dati:

- **visivi** (aspetto, movimento ecc.);
- **uditivi** (suoni, voci e rumori);
- **tattili** (ruvidità, morbidezza, sensazioni come freddo o caldo ecc.);
- **olfattivi** (odori e profumi);
- **gustativi** (dolce, amaro, piccante ecc.).

3 L'ordine delle descrizioni

■ Per poter essere efficace, la descrizione deve seguire un certo ordine nel presentare i particolari che costituiscono il soggetto che il lettore non ha davanti agli occhi.

I principali criteri per ordinare una descrizione sono:

- l'**ordine spaziale**: procede da destra a sinistra, oppure da nord a sud, dal vicino (primo piano) al lontano (secondo piano, sfondo), dall'esterno all'interno, utilizzando indicatori spaziali (preposizioni, avverbi o locuzioni avverbiali, per esempio *là*, *in alto*, *sotto*, *davanti*, *al centro* ecc.); questo ordine permette di descrivere con chiarezza paesaggi naturali e antropici, abitazioni e ambienti, luoghi privati e pubblici;
- l'**ordine logico**, che può essere:
  - **dal generale al particolare**, quando si delinea un'immagine d'insieme del soggetto per poi passare ai dettagli;
  - **per ambiti**, quando si procede per ambiti distinti; per esempio nel caso della descrizione di una persona si può iniziare a delinearne l'aspetto fisico, per passare ai tratti del carattere e poi al suo ruolo sociale ecc.; oppure nel caso della descrizione di un luogo si può iniziare descrivendo ciò che si percepisce con la vista, per passare a ciò che si percepisce con l'udito e poi con l'odorato;
- l'**ordine progressivo**, che segue l'evoluzione nel tempo (un personaggio, un oggetto o un paesaggio vengono descritti nel loro evolversi col passare del tempo) o il movimento (qualora il narratore si muova in un ambiente o in un paesaggio osservandone man mano i diversi aspetti).

4 Gli scopi dei testi descrittivi

■ Lo scopo di una descrizione può essere:

- **informativo**, quando la descrizione si limita a fornire **informazioni il più possibile neutre e precise**, utilizzando un linguaggio tecnico e impersonale, con preponderanza di un lessico specialistico; sono classiche descrizioni informative quelle che si trovano in **manuali, enciclopedie o documenti**;

- **persuasivo**, quando mira a **convincere** – pur nella correttezza delle informazioni fornite – alla fruizione o all'acquisto di un prodotto; troviamo descrizioni di questo tipo nelle **pubblicità**;
- **espressivo**, quando **trasmette emozioni e stati d'animo**; troviamo descrizioni espressive soprattutto nei **testi letterari**.

5 La tipologia dei testi descrittivi

■ Le descrizioni possono essere di tipo oggettivo o soggettivo. Le **descrizioni oggettive** si limitano a "fotografare" il soggetto descritto, cioè a fornire informazioni **senza esprimere considerazioni personali**. In questo tipo di descrizioni il **lessico** è **neutro**, **preciso** e non di rado **tecnico** e **specialistico**. In genere sono descrizioni a **scopo informativo**.

■ Nelle **descrizioni soggettive**, invece, è fondamentale il **punto di vista di chi osserva e descrive**, che esprime interpretazioni, emozioni, ricordi, sentimenti del tutto personali. Questo tipo di descrizioni ha in genere **scopo persuasivo** o **espressivo** ed è caratterizzato dal ricorso a molti **aggettivi qualificativi** e a **figure retoriche** (in particolare similitudini, metafore e personificazioni).

■ Nelle **descrizioni oggettive** tendono a prevalere i **dati visivi e uditivi**, mentre nelle **descrizioni soggettive** sono anche presenti i **dati olfattivi o gustativi**, più personali.

■ Solitamente nelle descrizioni che hanno uno scopo informativo viene utilizzato il **presente** (*è un animale di grandi dimensioni, ha il muso stretto* ecc.), mentre l'**imperfetto** e il **passato remoto** prevalgono nelle descrizioni inserite in testi narrativi.

6 La revisione della descrizione

■ Dopo la stesura della descrizione, devi rivederla dal punto di vista sia contenutistico sia formale. Dovrai perciò controllare che il testo:

- sia **coerente nelle scelte linguistiche** con lo scopo e la tipologia prefissati;
- segua un **ordine ben definito**;
- sia corretto nell'**ortografia**, nella **sintassi** e nella **punteggiatura**.

INCLUSIONE

10 CONSIGLI PER ELABORARE UNA DESCRIZIONE

1. Raccogli il maggior numero di **informazioni** sull'oggetto della descrizione.
2. Prendi nota anche dei **dati sensoriali**.
3. Osserva il soggetto in differenti momenti, così da coglierne le **modifiche** che subisce **con lo scorrere del tempo.**
4. Considera lo **scopo** della descrizione: informativo, persuasivo, espressivo.
5. Decidi, in base allo scopo, se la descrizione sarà di tipo **oggettivo o soggettivo.**
6. Usa un **lessico appropriato** al tipo di descrizione: frasi brevi e chiare e termini specialistici se la descrizione è oggettiva e lo scopo informativo; ricchezza di aggettivi e figure retoriche se la descrizione è soggettiva e lo scopo espressivo.
7. Presta attenzione alla scelta dei **tempi verbali** da utilizzare: indicativo presente se lo scopo è informativo, imperfetto o passato remoto se lo scopo è narrativo.
8. Se devi descrivere ambienti e paesaggi, individua lo **schema spaziale** più adeguato al caso, inserendo nella descrizione diversi e appropriati indicatori spaziali.
9. Se descrivi oggetti, persone, animali, privilegia uno **schema dal generale al particolare** oppure **per ambiti**, predisponendo eventualmente una **scaletta di descrittori**.
10. Alla fine della stesura del testo, dedica tempo alla **revisione**, controllando coerenza e correttezza ortografica e sintattica.

IN PRATICA

LABORATORIO INTERATTIVO

1 IMPARARE A COGLIERE E UTILIZZARE I DATI SENSORIALI

TESTO DESCRITTIVO
romanzo

Irène Némirovsky Un mondo di odori, profumi e rumori

Albert guardava quello spettacolo con aria grave, stupita e sognante. Era un gatto molto giovane, vissuto sempre in città, dove le notti di giugno si avvertono solo da lontano e solo a volte se ne può respirare una folata tiepida e inebriante. Ma lì il profumo gli saliva fino ai baffi, lo avvolgeva, lo afferrava, lo penetrava, lo stordiva. Con gli occhi socchiusi, si sentiva investire da ondate di odori fortissimi e delicati, quello degli ultimi lillà con il loro leggero sentore di decomposizione, quello della linfa che scorre negli alberi e quello della terra tenebrosa e fresca, quello degli animali – uccelli, talpe, topi, quante prede! – odore muschiato di peli, di pelle, odore di sangue... Sbadigliò di bramosia, saltò sul davanzale e passeggiò lentamente fino alla grondaia. [...] Fece oscillare il treno posteriore[1] con aria feroce da vincitore, spazzò la grondaia con la lunga coda nera e, con le orecchie appiattite all'indietro, si slanciò e si ritrovò nella terra smossa di recente. Esitò un attimo, poi affondò il muso nel terreno: adesso era al centro, nel cuore, nel grembo stesso della notte. [...] I profumi erano tutti lì, fra le radici e i sassi, non ancora evaporati, non ancora svaniti nel cielo o diluiti dagli umani. Erano eloquenti, segreti e caldi. Erano vivi. [...] Le lunghe orecchie del gatto, piccoli coni rosa dai peli d'argento, appuntiti e delicatamente arrotolati all'indietro come un fiore di convolvolo,[2] si drizzarono: Albert ascoltava i rumori lievi delle tenebre, così sommessi, così misteriosi e, solo per lui, così chiari – fruscio dei fuscelli di paglia nei nidi in cui l'uccello veglia i suoi piccoli, frullare di piume, minuscoli colpi di becco sulla corteccia di un albero, fremito d'ali e di elitre,[3] zampe di topo che grattano piano la terra e perfino l'impercettibile esplodere dei semi che germogliano. Occhi d'oro saettano nell'oscurità, i passeri addormentati sotto le foglie, il grosso merlo nero, la cinciallegra, la femmina dell'usignolo; il maschio ben sveglio, lui, cantava e le rispondeva dalla foresta e dal fiume. Ma si potevano cogliere altri suoni: una detonazione che a intervalli regolari saliva, sbocciava come un fiore e moriva, e ogni volta tutti i vetri del villaggio tremavano, le imposte sbattevano e venivano subito richiuse nell'oscurità, e parole angosciate volavano nell'aria da una finestra all'altra.

I. Némirovsky, *Suite francese*, trad. it. di L. Frausin Guarino, Adelphi, Milano 2005

1. **treno posteriore:** la parte posteriore del corpo.
2. **convolvolo:** pianta erbacea chiamata anche "bella di giorno" i cui fiori hanno i margini dei petali leggermente piegati su se stessi.
3. **elitre:** ali indurite dei coleotteri che proteggono il secondo paio di ali e l'addome.

1 L'autrice utilizza una serie di dati sensoriali per descrivere come Albert coglie il mondo nuovo che si apre davanti a lui. Il lessico utilizzato nella descrizione di odori e rumori è estremamente ricco. Analizzalo completando una **tabella** come quella che segue. L'esercizio è avviato.

	odori	rumori
nomi		
aggettivi	(folata) *inebriante;*	(rumori) *lievi;*
verbi		

2 Sottolinea ora i **dati visivi** riferiti all'aspetto e ai movimenti del gatto Albert.

3 Evidenzia le **figure retoriche** che l'autrice utilizza nel testo.

4 Affacciato alla finestra, di mattina presto o di sera tardi, in campagna o in un altro ambiente naturale, puoi cogliere una serie di suoni e rumori, di profumi e odori. Componi un **testo descrittivo** in cui, sull'esempio del testo che hai letto, proverai a esprimere accuratamente i rumori e gli odori che percepisci con i tuoi sensi.

5 Molto diverso è ciò che puoi "sentire" in un ambiente fortemente antropizzato, come una città: rumori e odori sono sicuramente meno "naturali" e più legati alle attività umane. Scrivi una **descrizione** dei rumori e degli odori che puoi cogliere dalla finestra aperta della tua stanza in due o tre momenti del giorno e dell'anno, facendo notare le differenze (per esempio un giorno di festa in estate e in inverno, a mezzogiorno e la sera in estate, la mattina in inverno e in primavera).

2 IMPARARE A DARE UN ORDINE ALLE DESCRIZIONI: L'ORDINE SPAZIALE

TESTO DESCRITTIVO
romanzo

Edna O'Brien Dalla finestra

Prima di alzarmi rimasi un momento seduta sull'orlo del letto. [...] Andai alla finestra per aprire la veneziana, che scattò in alto di colpo, col cordino attorcigliato tutto intorno.

Il punto **di osservazione** è sopraelevato.

Il sole non si era ancora levato e il prato sotto di me era cosparso di margherite ancora addormentate. La rugiada era dappertutto. Una bruma ondeggiante e delicata sfiorava ogni cosa: l'erba sotto la mia finestra, la siepe tutto intorno, il filo di ferro arrugginito lungo lo steccato e il grande prato giù in fondo; e le foglie e le piante sprofondavano in quella foschia, tanto che gli alberi parevano irreali, come fossero in un sogno. I nontiscordardimé, che erano spuntati lungo un lato della siepe, erano circondati da piccole aureole d'acqua che scintillavano come l'argento. Tutto era quieto, perfettamente immobile.

Dalla montagna bluastra, in lontananza, si levava del fumo. La giornata sarebbe stata molto calda.

Per dare ordine alla descrizione, vengono utilizzati diversi **indicatori spaziali.**

E. O'Brien, *Ragazze di campagna*, trad. it. di C. Cavallante, Elliot Lit Edizioni, Roma 2013

1 Descrivere un paesaggio non è semplice, perché gli elementi che lo compongono possono essere molteplici. Occorre anzitutto una grande capacità di osservazione per raccogliere il maggior numero di particolari e, quindi, la capacità di scegliere e usare uno schema spaziale efficace. Seguendo l'esempio del testo che hai letto, scrivi la **descrizione** di un paesaggio procedendo nel seguente modo:

- individua un punto di osservazione posto in alto (l'ultimo piano di un palazzo, un campanile, una torre, la cima di un monte, una terrazza panoramica ecc.);
- in una tabella a quattro colonne come la seguente raccogli in modo schematico i dati visivi;

ciò che vedi vicino	ciò che vedi a breve distanza	ciò che vedi lontano	ciò che vedi all'orizzonte

- stendi il testo arricchendo gli appunti della tabella con aggettivi qualificativi e figure retoriche; inizia descrivendo ciò che è vicino per arrivare a ciò che è all'orizzonte, utilizzando indicatori spaziali (*vicino*, *più in là*, *lontano*, *sullo sfondo* ecc.).

3 IMPARARE A DARE UN ORDINE ALLE DESCRIZIONI: L'ORDINE SPAZIALE

1 Osserva questo quadro di Vincent Van Gogh (1853-90) e descrivi il paesaggio rappresentato utilizzando parole scelte accuratamente e seguendo uno **schema spaziale** che proceda da sinistra a destra.

4 IMPARARE A DARE UN ORDINE ALLE DESCRIZIONI: GLI AMBITI

TESTO DESCRITTIVO
romanzo

Maurizio De Giovanni Un uomo solitario

Luigi Alfredo Ricciardi era di statura media, magro. Scuro di carnagione, gli occhi verdi che spiccavano sul viso; i capelli neri, pettinati all'indietro e lisciati con la brillantina, liberavano talvolta un ciuffo che gli attraversava la fronte e che lui, distrattamente, metteva a posto con un gesto secco. Il naso era dritto e sottile, come le labbra. *(aspetto fisico)*

Le mani piccole, quasi femminili, nervose, sempre in movimento. Le teneva in tasca, consapevole del fatto che tradivano la sua emozione, la tensione. *(carattere)*

Avrebbe potuto fare a meno di lavorare, grazie alle rendite di famiglia, alle quali non si interessava più di tanto. E avrebbe dovuto – come qualche parente gli ricordava nei rarissimi incontri al paese, d'estate – frequentare una società più consona al nome che portava. Ma lui teneva nascosti sia le rendite sia il titolo, *(ruolo sociale)* per passare il più possibile inosservato e seguire la vita che si era scelto. *(carattere)*

Aveva deciso di studiare Giurisprudenza, la tesi in Diritto penale, poi era entrato in polizia [...]. *(studi e lavoro)*

Non aveva amici, non frequentava nessuno, non usciva la sera, non aveva una donna. La sua famiglia si esauriva con la tata Rosa, ormai ottantenne, che lo assisteva con assoluta devozione, amandolo teneramente senza però mai provare a comprenderne gli sguardi e i pensieri. *(vita di relazione)*

M. De Giovanni, *Il senso del dolore*, Einaudi, Torino 2007

1 La descrizione del protagonista, come è indicato nel colonnino a fianco del testo, è ordinata per ambiti: si parte dall'aspetto fisico per passare al carattere, al ruolo sociale, al lavoro, alla vita di relazione. Scegli una persona che conosci bene e descrivine anche tu non solo il **profilo esteriore**, ma anche quello **interiore**: delineane il carattere, il comportamento, i tratti psicologici salienti, gli ideali e la concezione della vita e del mondo. Puoi basarti sull'elenco dei descrittori proposto di seguito.

	descrittori di una persona
presentazione	nome ed eventuale soprannome, sesso, età, origine e provenienza, stato civile ecc.
aspetto fisico	corporatura, statura, viso (occhi, naso, bocca, capelli ecc.), mani e gambe, voce, altri tratti caratteristici (occhiali, tatuaggi, piercing ecc.), abbigliamento
comportamento	modo di camminare, modo di gesticolare, modo di parlare, gesti abituali, modo di comportarsi abitualmente e in occasioni particolari, abitudini ecc.
carattere e tratti psicologici	pregi e difetti, odi e simpatie, stati d'animo prevalenti, qualità morali, capacità intellettuali, doti innate, capacità acquisite, modo di rapportarsi con familiari e amici, passioni e interessi, ideali ecc.
ruolo sociale	attività lavorativa o scolastica, eventuale titolo di studio, ruoli ricoperti all'interno della società, considerazione altrui ecc.

5 IMPARARE A DARE UN ORDINE ALLE DESCRIZIONI: DAL GENERALE AL PARTICOLARE

TESTO INFORMATIVO
guida turistica

La Basilica di San Zeno a Verona

Si leva in un'ampia e silenziosa piazza fra una torre dell'antica abbazia e l'isolato campanile. È uno dei capolavori dell'architettura romanica italiana e con l'Arena il più celebre monumento di Verona. L'elegante facciata, di un caldo colore avorio, è ornata di un grande rosone e ha un portale munito di protiro,[1] con rilievi di Maestro Nicolò (1138) e una preziosa porta con 24 formelle[2] in bronzo (*Storie di S. Zeno* e *Figure del Vecchio e Nuovo Testamento*), del sec. XII.

Semplice e maestoso interno a tre navate (cui si scende per una gradinata) su pilastri e colonne, con presbiterio[3] elevato sulla cripta e soffitto a carena.[4] Nella navata destra e nel presbiterio, vari affreschi dei sec. XIII-XV. Sopra il recinto del presbiterio, statue (*Cristo e apostoli*) del sec. XIII; sull'altare maggiore *Madonna e santi*, stupendo e celebre trittico[5] di Andrea Mantegna (1459); coro ligneo gotico. In fondo alla navata sinistra, statua policroma (*S. Zeno che ride*) del sec. XIV. La cripta duecentesca custodisce l'urna (moderna) di S. Zeno.

adatt. da *Nuova guida rapida. Italia settentrionale. Seconda parte*, Touring Club Italiano, Milano 1973

1. **protiro:** piccolo portico a protezione dell'ingresso di una chiesa.
2. **formelle:** elementi decorativi per portali, soffitti e pareti di forma solitamente quadrata, scolpiti o dipinti.
3. **presbiterio:** parte della chiesa riservata al clero, dove viene celebrata la messa.
4. **a carena:** a forma di chiglia di nave rovesciata.
5. **trittico:** opera pittorica o scultorea divisa in tre parti.

1 La descrizione della chiesa veronese procede **dal generale al particolare**: prima pochi cenni che danno un'idea complessiva del luogo in cui sorge, poi i dettagli della facciata (il rosone, il portale e la porta di bronzo) e dell'interno (aspetto generale; poi, procedendo in senso antiorario, navata destra, presbiterio, altare, navata sinistra; cripta). Scegli un monumento che conosci bene (per esempio il duomo della tua città) e descrivilo procedendo anche tu dal generale al particolare.

6 IMPARARE A DARE UN ORDINE ALLE DESCRIZIONI: L'ORDINE PROGRESSIVO NEL TEMPO

TESTO DESCRITTIVO
romanzo

Lev Tolstoj Come sei diverso!

A destra della porta c'era il letto e nel letto stava a sedere un bambino, con la camicina sbottonata il quale si allungava e sbadigliava. Ma appena finito lo sbadiglio le sue labbra si atteggiarono a un sorriso beato e sonnacchioso, e si ributtò giù con un movimento lento e molle.

– Serèza![1] – mormorò la madre avvicinandosi al letto e senza essere udita.

Allorché era lontana da lui e durante quell'ultimo tempo in cui aveva provato quella grande effusione d'amore per suo figlio, essa se lo immaginava com'era a quattro anni, quando più che mai lo aveva amato. Ora lo ritrovava diverso da come se lo figurava, diverso anche da come lo aveva lasciato: era cresciuto e dimagrito. Com'era affilato il suo visino! E i capelli erano corti... Le braccia s'erano fatte lunghe... Ma era lui, con quella sua forma di testa, quelle sue labbra, il suo collo liscio e le spallucce larghe...

– Serèza! – ripeté proprio all'orecchio del bambino.

Il bambino si rizzò sui gomiti, voltò di qua e di là la testina scarruffata[2] come cercando qualcosa e aprì gli occhi. In silenzio guardò per qualche momento con uno sguardo interrogativo la madre che stava lì immobile, poi sorrise dolcemente e richiuse gli occhi imbambolati, cadendole nelle braccia.

– Serèza! Bambino mio caro! – proruppe la madre, affannando e stringendo a sé quel corpicino delicato.

– Mamma! – gridò Serèza, muovendosi fra le braccia di lei come per sentire meglio le sue carezze. [...] Oggi è il mio compleanno. Lo sapevo che saresti venuta. Ora mi alzo.

Ma nel dire questo si riaddormentò.

Anna lo guardava avidamente: vedeva com'era cresciuto, com'era mutato durante la sua assenza. Riconosceva le sue gambe nude, che avevano mandato all'aria le coperte, eppure le trovava diverse, riconosceva quelle gote che pure erano dimagrate, quei riccioli tagliati, quei capelli sul collo, dove lei soleva baciarlo [...]: le lacrime la soffocavano.

– Perché piangi, mamma? – disse il bambino, ora completamente sveglio. – Mamma, perché piangi? – e aveva la voce piagnucolosa.

– Non piango più... Piango di gioia. Era tanto tempo che non ti vedevo! Non piango, non piango... – diceva lei, ingoiando le lacrime. – Su, è tempo di vestirti – soggiunse un po' rimessa, dopo un breve silenzio, e senza lasciare la mano di lui si sedette sulla sedia, accanto al letto, dov'erano preparati i suoi vestiti.

L. Tolstoj, *Anna Karenina*, trad. it. di E. Carafa, Newton Compton, Roma 2007

1. **Serèza:** diminutivo di Sergej.
2. **scarruffata:** con i capelli arruffati.

1 La protagonista, Anna Karenina, è stata costretta a rimanere lontano dal suo bambino per molti mesi: quando lo rivede, lo trova molto cambiato, diverso dall'immagine che aveva conservato nel cuore. Elabora anche tu la **descrizione** di una persona che conosci bene colta nel suo **modificarsi nel tempo**, ponendo cioè a confronto il suo aspetto fisico e il suo comportamento quando era più giovane (eventualmente aiutati con fotografie) con quelli di oggi. Puoi dare inizio alla descrizione nel presente e rivolgerti poi al passato o viceversa, oppure puoi intrecciare più volte i due diversi piani temporali.

7 IMPARARE A INDIVIDUARE GLI SCOPI DI UNA DESCRIZIONE E DESCRIVERE IN BASE A UNO SCOPO

TESTO INFORMATIVO
saggio divulgativo

Gli stambecchi

Lo stambecco è una capra selvatica tipica dell'alta montagna. Di forme pesanti e robuste, è inconfondibile per le sue imponenti corna, molto sviluppate nei maschi (anche oltre 1 metro di lunghezza), a forma di scimitarra, anteriormente ornate da grossi rilievi trasversali. Ha folta pelliccia, specie in inverno, di tinta bruno cupa, mentre in estate è grigio-bruna. Lungo sino a 140 cm ed alto al garrese[1] sino a 90 cm, ha corporatura assai tarchiata.

Lo stambecco è abile arrampicatore, ma meno veloce e meno guardingo del camoscio: si lascia avvicinare con una certa facilità dall'uomo.

I maschi, specie i vecchi, vivono isolati o in gruppetti. L'epoca della riproduzione va da novembre a gennaio, periodo in cui i maschi lottano per il dominio delle femmine, ma non cruentemente.

Natura in Lombardia. I vertebrati, Regione Lombardia – Assessorato Ecologia e Beni ambientali, Milano 1981

1. **garrese:** il punto più alto del dorso dei quadrupedi.

1 Il **lessico** utilizzato nel testo (più di una risposta è corretta):
- a è chiaro e neutro
- b riflette il punto di vista dell'autore
- c è suggestivo e vuole esprimere emozioni
- d è ricco di aggettivi
- e presenta espressioni e termini specialistici

2 Sono presenti **figure retoriche**? Se sì, sottolineale e definiscile.

3 Qual è il **tempo verbale** utilizzato?

4 Il testo ti ha **trasmesso**:
a emozioni b nozioni c esortazioni ad agire d consigli

5 Secondo te, qual è quindi lo **scopo** della descrizione?
a espressivo b informativo c persuasivo

6 Elabora una **descrizione** di un animale da inserire in un'enciclopedia. La descrizione utilizzerà frasi brevi e chiare, un lessico specialistico e non conterrà considerazioni personali. Per dare ordine alle informazioni e ottenere una descrizione coerente e completa, puoi utilizzare l'elenco dei descrittori proposti di seguito.

descrittori di un animale	
informazioni generali	nome comune, gruppo, classe, ordine, famiglia, diffusione
aspetto	corporatura, statura, zampe, muso (occhi, orecchie, baffi ecc.), pelo o piumaggio o pelle, versi e richiami, differenze tra maschio e femmina, andatura ecc.
comportamento e carattere	istinto, abitudini innate e acquisite, carattere, comportamento con gli esseri umani, comportamento con gli animali della stessa specie e di altra specie ecc.

8 IMPARARE A INDIVIDUARE GLI SCOPI DI UNA DESCRIZIONE E DESCRIVERE IN BASE A UNO SCOPO

TESTO NARRATIVO
autobiografia

Paolo Cognetti Giovani e vecchi stambecchi

Vidi delle sagome scure, forme inconfondibili sulla roccia frastagliata. Era un piccolo branco di stambecchi maschi. Loro non sono prudenti come i camosci, non vengono cacciati da un secolo e hanno smesso di temere l'uomo. Stanno lassù, sulle creste e le vette sopra i tremila, perché hanno caldo e perché amano sorvegliare il loro regno dall'alto.

Il gruppo era composto da un adulto maestoso, adagiato su una cengia[1] nella posa solenne del capobranco, quattro giovani irrequieti che si provocavano tra loro, e un caprone così vecchio e stanco da diventare subito il mio preferito. Aveva il manto spelacchiato e due corna di cui non reggeva più il peso, che lo costringeva ad arrancare a testa china. Appena fui avvistato, il capo stambecco si alzò e venne a mettersi tra me e il resto del branco. Mi fissava facendo un verso di battaglia, come una F prolungata e soffiata a pieni polmoni. Aveva corna lunghe un metro e almeno mezzo quintale di muscoli a sostenerle, e gli sarebbe bastato poco per cacciarmi da casa sua, se non da questo mondo. Ma cercavo di fargli sapere che ero venuto in pace. I giovani saltarono su un sasso mettendosi al sicuro dietro di lui, mentre il vecchio per raggiungerli dovette fare un lungo giro. Io mi sedetti per terra e restai immobile per cinque minuti, finché il capo stambecco decise che ero un nemico noioso, sbuffò un'ultima volta e si mise a rosicchiare il muschio tra le rocce.

Due dei giovani cominciarono a prendersi a cornate, allenandosi per la stagione degli amori: si alzavano sulle zampe posteriori e si lasciavano cadere addosso al rivale, usando tutto il loro peso per dare forza al colpo. La testata produceva uno schianto secco, come due grosse pietre picchiate una contro l'altra.

Il vecchio ormai era l'unico che badava a me: mi si era accovacciato di fronte, a tre o quattro metri di distanza, e mi scrutava ruminando, e grattandosi ogni tanto la schiena con le corna. [...] Chissà se quella era la sua ultima estate o avrebbe superato gli acciacchi ancora per un altro inverno. Mentre ci studiavamo avevo la sensazione che si facesse domande del genere anche su di me.

P. Cognetti, *Il ragazzo selvatico. Quaderno di montagna*, Terre di Mezzo, Milano 2013

1. **cengia:** sporgenza pianeggiante in una parete rocciosa.

1 Secondo te, qual è lo **scopo** della descrizione? Motiva la tua risposta.

2 Il **lessico** utilizzato:
- a è neutro e distaccato
- b è ricco di termini ed espressioni che riflettono emozioni
- c è ricco di termini appartenenti a linguaggi specialistici
- d presenta termini ed espressioni che rimandano anche a dati oggettivi

3 Sono presenti **figure retoriche**? Se sì, sottolineale e definiscile.

4 I **tempi verbali** prevalenti nel testo sono quelli del passato, perché siamo in un testo narrativo; tuttavia ci sono due frasi al presente. Quali? Perché?

5 Elabora una **descrizione** di un animale selvatico che hai visto, cercando di trasmettere le emozioni che hai vissuto.

9 IMPARARE A DESCRIVERE IN BASE A UNO SCOPO

1 Elabora una **descrizione a scopo informativo** dell'oggetto raffigurato nella foto, basandoti sul seguente elenco di descrittori. Cerca di utilizzare termini tecnici (cassa armonica, rosetta, corde ecc). Per verificare se la tua descrizione è efficace rispetto allo scopo di informare, mettila a confronto con la voce che puoi reperire su un dizionario o un'enciclopedia cartacea o in internet.

descrittori di un oggetto	
denominazione	
aspetto	forma, dimensioni, colori, materiali, parti (visibili e non) ecc.
funzione e utilizzo	
storia	

2 APPRENDIMENTO COOPERATIVO Scrivi una **descrizione espressiva**, cercando di trasmettere a chi legge le emozioni e gli stati d'animo che uno strumento musicale suscita in te quando lo suoni o lo senti suonare: dovrai utilizzare un lessico ricco, prestando attenzione al tipo di aggettivi e inserendo qualche figura retorica. Non citare mai il nome dello strumento: quando leggerai il tuo testo ai compagni di classe saranno loro a dover indovinare quale strumento musicale hai descritto.

10 IMPARARE A INDIVIDUARE E PRODURRE DESCRIZIONI SOGGETTIVE E OGGETTIVE

TESTO DESCRITTIVO
saggio

Jocelyn Bouquillard Il vento improvviso nelle risaie di Ejiri

Sulla strada di Ejiri, nelle vicinanze del porto di Shimizu, sette viaggiatori percorrono faticosamente il tracciato serpeggiante di una diga che attraversa le risaie. Per lottare contro le raffiche di vento, i personaggi sono curvi in avanti e trattengono con la mano i cappelli di paglia. La violenta bufera strappa i fogli di carta dalle mani della donna in primo piano e fa volare via il cappello di un viaggiatore nonché le foglie di due alberi gracili e spogli, curvi sotto la furia del vento. Sullo sfondo la sagoma del monte Fuji è semplicemente accennata con un sobrio tratto. La staticità della montagna si contrappone al movimento che anima la scena.

J. Bouquillard, *Le trentasei vedute del monte Fuji. Hokusai*, L'Ippocampo, Milano 2007

Katsushika Hokusai, *Il vento improvviso nelle risaie di Ejiri.*

1 Il testo descrive in modo oggettivo una delle trentasei famose stampe che hanno come soggetto il monte Fuji dell'artista giapponese Katsushika Hokusai (1760-1849). L'autore non esprime opinioni personali né riporta le emozioni suscitate in lui dall'opera: il suo scopo è quello di permettere al lettore di "vedere" la stampa; per questo il linguaggio è piano, neutro, distaccato e non sono presenti figure retoriche. Osserva ora un'altra stampa di Hokusai e prova a descriverla anche tu in modo oggettivo, utilizzando un linguaggio chiaro e preciso: se lo ritieni necessario, per dare ordine alle informazioni utilizza anche alcuni indicatori spaziali come *in primo piano, sullo sfondo, a destra, a sinistra*.

Katsushika Hokusai, *Sotto il ponte Mannen a Fukagawa*.

11 IMPARARE A INDIVIDUARE E PRODURRE DESCRIZIONI SOGGETTIVE E OGGETTIVE

TESTO DESCRITTIVO
romanzo

John Fante Era un terremoto

Mi alzai e arrancai nella sabbia profonda, dirigendomi al lungomare. Il giorno si avviava alla sera e il sole era una palla rosso fuoco che calava nell'acqua. C'era qualcosa di estatico nel cielo, una strana tensione. In distanza, verso sud, uno stormo nero di gabbiani pattugliava[1] la costa. In bilico su una gamba sola, mi appoggiai a una panchina di pietra per levare la sabbia dalle scarpe.

Tutt'a un tratto sentii un rombo che, dopo un attimo, si trasformò in boato.

La panchina mi crollò sotto e affondò nella sabbia.

Guardai la fila di stabilimenti: vacillavano e si erano riempiti di crepe. Spostai lo sguardo sulla città, gli edifici più alti stavano oscillando. La sabbia mi cedette sotto i piedi; barcollai e ritrovai l'equilibrio, barcollai di nuovo.

Era un terremoto.

Si levarono le grida. Poi si alzò la polvere, e infine venne il boato delle case che si schiantavano. Giravo in tondo, senza sapere dove andare. Mi fermai a bocca aperta e mi guardai intorno, paralizzato. Mossi qualche passo verso il mare, poi tornai indietro.

Il rombo continuava. Mare e terra si gonfiavano come un tappeto galleggiante. Si levò la polvere e si udì un rumore di crolli. Altri urli, poi una sirena. La gente si precipitava fuori dalle case. Grandi nuvole di polvere avvolgevano tutto.

J. Fante, *Chiedi alla polvere*, trad. it. di M.G. Castagnone, Einaudi, Torino 2004

1. **pattugliava:** perlustrava in cerca di cibo.

1 Le descrizioni inserite in testi narrativi (come questa) difficilmente sono del tutto oggettive. In questo brano, per esempio, troviamo alcune **figure retoriche** (una metafora e una similitudine) che contribuiscono a caratterizzare la descrizione in senso soggettivo. Individuale.

2 Anche se non ti è mai capitato di essere coinvolto in un terremoto, avrai avuto modo di fare esperienza di altri fenomeni naturali violenti, come una grandinata improvvisa o una bufera di neve. Stendi una **descrizione oggettiva** del fenomeno atmosferico che hai vissuto, seguendo questi passaggi:

- prima di iniziare la descrizione, cerca di riportare alla mente ciò che hai percepito in quell'occasione: colori, rumori e suoni, cali di temperatura, folate improvvise di vento, reazione delle persone;
- limitati a riferire in modo chiaro ciò che è avvenuto, evitando di inserire impressioni e opinioni personali; gli aggettivi e i verbi che sceglierai devono servire solo a precisare le informazioni e non a creare emozioni (per esempio dirai che la grandinata fu "molto forte", non "spaventosa");
- segui uno schema cronologico: descrivi la situazione iniziale di calma, le prime avvisaglie del fenomeno, il suo concretizzarsi, il suo attenuarsi ecc.; per rendere ancora più neutra la descrizione, potresti introdurre come indicatori temporali le ore o i minuti.

3 Descrivi lo stesso fenomeno scelto per l'esercizio precedente **in forma fortemente soggettiva**, concentrandoti sull'utilizzo di aggettivi qualificativi, similitudini e metafore.

12 IMPARARE A INDIVIDUARE E PRODURRE DESCRIZIONI SOGGETTIVE E OGGETTIVE

TESTO DESCRITTIVO
racconto

Guy de Maupassant Un bosco che piange

Venne l'autunno, caddero le foglie. Cadevano giorno e notte, scendevano volteggiando, tonde e leggere, lungo i grandi tronchi; e si cominciava a scorgere il cielo attraverso i rami.

Ogni tanto, quando una ventata passava sulle cime delle piante, quella pioggia lenta e continua s'infittiva improvvisamente e diventava un acquazzone appena frusciante che copriva il muschio con uno spesso tappeto giallo un po' scricchiolante sotto i piedi. E il fruscio quasi impercettibile, il mormorio ondeggiante, continuo, lieve e triste della caduta pareva un lamento, e quelle foglie che continuavano a cadere parevano lacrime, grandi lacrime versate dai grandi alberi tristi che piangevano, giorno e notte, sulla fine dell'anno, sulla fine delle tiepide albe e dei dolci crepuscoli, e anche forse sul delitto che avevano visto commettere sotto la loro ombra, sulla fanciulla violata e uccisa ai loro piedi. Piangevano nel silenzio del bosco deserto e vuoto, del bosco abbandonato e minaccioso nel quale errava, sola, l'anima della piccola morta.

G. de Maupassant, *La piccola Roque. Tutte le novelle*, trad. it. di M. Picchi, A. Mondadori, Milano 1993

1 Nel bosco descritto è stato commesso un efferato delitto. L'autore decide di dare allo spazio un significato metaforico: la caduta delle foglie simboleggia la fine della vita. Sottolinea gli **aggettivi** e le **figure retoriche** che rimandano a questa metafora.

2 Scrivi la **descrizione** di un albero (del tuo giardino, di un parco o di un viale vicino a casa tua, oppure visto in una fotografia o in un quadro). Come il bosco descritto da Maupassant, il tuo albero sarà una **metafora**; ma mentre quel bosco è metafora di tristezza e di morte, tu descriverai il tuo albero facendo in modo che esso diventi metafora di gioia e di vita. Puoi valutare questi suggerimenti:

- un albero in fiore può diventare metafora della giovinezza e della vitalità;
- un albero carico di frutti può rappresentare metaforicamente una vita vissuta all'insegna della generosità e dell'apertura verso gli altri;
- un albero vecchio, secolare, frondoso e maestoso può essere metafora della ricchezza di esperienza oppure della saggezza che si acquisisce con il trascorrere degli anni.

COMPETENZE IN AZIONE

ESERCITAZIONE 1 COMPETENZA LINGUISTICA • analizzare e produrre testi

Leggi la seguente descrizione tratta da un romanzo dello scrittore russo Boris Pasternak (1890-1960) e svolgi le attività proposte.

Boris Pasternak Una notte ricca di suggestioni

Era una notte calda, afosa. Ogni movimento faceva sudare. Le strisce di luce delle lampade a petrolio, cadendo nel cortile, colavano come rivoli di sudore sporco lungo i tronchi degli alberi.

All'ultimo scalino il dottore si fermò. [...] Distrattamente, [...] percorse il corridoio fino all'altra estremità dove una finestra dava sul cortile vicino. Vi si affacciò.

La notte era piena di quieti suoni misteriosi. Di fianco, nel corridoio, gocciolava l'acqua del lavandino, regolare, scandita. Fuori dalla finestra, da qualche parte, si sentiva bisbigliare. Là, dove cominciavano gli orti, annaffiavano le aiuole di cetrioli, passando l'acqua di secchio in secchio, accompagnati dallo scarrucolio della catena del pozzo.

C'era odore di tutti i fiori del mondo in una volta sola, come se la terra, rimasta priva di sensi durante il giorno, si fosse ora riavuta a tutti quei profumi. E, dal secolare giardino della contessa, reso impraticabile dalla sterpaglia, saliva fino alla cima degli alberi, impenetrabile, come il muro di un grande edificio, l'olezzo immenso di un antico tiglio in fiore, carico di polline.

A destra, da dietro la palizzata, giungevano grida dalla strada. Un congedato[1] faceva baccano. Bussarono a una porta; brandelli di una canzone volarono per l'aria.

Dietro i nidi dei corvi del giardino si alzò un'enorme luna nero-rossastra. Dapprima simile ai mulini di mattoni, divenne poi gialla come la pompa di acqua della stazione. [...]

E, giù nel cortile, sotto la finestra, al profumo della bella di notte[2] si mescolava quello del fieno appena tagliato, fragrante come tè in fiore. [...]

Intorno tutto fermentava, cresceva, saliva al magico lievito dell'esistenza. Il fervore della vita, come un vento silenzioso, avanzava in una larga ondata, senza sapere dove, sulla terra e sulla città, attraverso i muri e i recinti, attraverso il legno e i corpi, abbracciando col suo fremito quanto incontrava sulla propria strada.

B. Pasternak, *Il dottor Živago*, trad. it. di P. Zveteremich, Feltrinelli, Milano 1973

1. **congedato:** militare non più in servizio attivo.

2. **bella di notte:** pianta erbacea con fiori di vario colore che si schiudono al tramonto emanando un intenso profumo.

- Analizza le **caratteristiche** della descrizione rispondendo alle seguenti domande.
  - **a.** Secondo te, qual è lo scopo della descrizione? Motiva la tua risposta.
  - **b.** Definiresti la descrizione come oggettiva o soggettiva?
  - **c.** L'autore ha utilizzato un ordine particolare? Quale?
  - **d.** La descrizione è ricca di dati sensoriali: quali prevalgono?
    [a] dati visivi [b] dati uditivi [c] dati tattili [d] dati olfattivi [e] dati gustativi
  - **e.** Il lessico utilizzato è:
    [a] neutro e distaccato
    [b] informativo
    [c] ricco di termini ed espressioni che riflettono emozioni
    [d] ricco di termini appartenenti a linguaggi specialistici
  - **f.** Sono presenti figure retoriche? Se sì, sottolineale e definiscile.
  - **g.** Quali tempi verbali sono utilizzati? Perché?
- Produci un **testo descrittivo** che abbia come soggetto ciò che puoi osservare dalla finestra della tua camera in una sera d'inverno, dopo una nevicata. Presta attenzione ai dati visivi, uditivi e olfattivi peculiari di un paesaggio coperto di neve. Per dare ordine alla descrizione, utilizza uno dei seguenti schemi spaziali:
  - se la tua camera è posta a un piano alto e ti permette una visuale ampia, che spazia anche verso l'orizzonte, il tuo schema andrà dal vicino al lontano (dunque descriverai ciò che si vede in primo piano, poi in secondo piano e infine sullo sfondo);
  - se la finestra ti permette una visuale limitata, il tuo schema andrà da destra a sinistra.

ESERCITAZIONE 2 COMPETENZA LINGUISTICA • analizzare e produrre testi

Leggi la seguente descrizione della scrittrice britannica Zadie Smith (1975) del primo incontro fra due bambine che diventeranno amiche e svolgi le attività proposte.

Zadie Smith Due bambine

Se tutti i sabati del 1982 si potessero immaginare come un unico giorno, allora incontrai Tracey alle dieci del mattino di quel sabato, mentre camminavamo sulla ghiaia sabbiosa del cortile di una chiesa, ciascuna per mano alla propria madre. Quel giorno c'erano tante bambine, ma per ovvi motivi ciascuna delle due notò l'altra, le somiglianze e le differenze, come succede a quell'età. La mia pelle e la sua avevano la stessa sfumatura di bruno – come se fossimo state ritagliate da una sola pezza di stoffa marrone –, le nostre lentiggini si addensavano negli stessi punti, avevamo la stessa statura. Ma la mia faccia era pesante e malinconica, con un naso lungo, severo, e gli occhi all'ingiù, come la bocca. Tracey aveva una faccia vivace e rotonda, sembrava una Shirley Temple[1] scura, tranne che, come vidi subito, aveva un naso problematico come il mio, un naso ridicolo che puntava dritto verso l'alto come quello di un porcellino. Carino, ma anche osceno: le narici erano permanentemente in mostra. Sul naso si poteva dire che fossimo pari. Sui capelli vinceva di gran lunga lei. Aveva riccioli a spirale che le scendevano fino al sedere ed erano raccolti in due lunghe trecce, luci-

1. **Shirley Temple:** nome di un'attrice statunitense (1928-2014), detta "riccioli d'oro", che ha recitato diverse parti da bambina graziosa e saggia.

date con qualche sorta di olio e legate all'estremità con due fiocchi di raso giallo. I fiocchi di raso giallo erano un fenomeno sconosciuto a mia madre, che raccoglieva la mia capigliatura crespa in una grossa nuvola trattenuta da una fascia nera. Mia madre era una femminista. Portava i suoi riccioli afro tagliati corti sul cranio perfetto, non si truccava mai e vestiva se stessa e me nel più semplice dei modi. [...] Guardando Tracey diagnosticai[2] il problema opposto: sua madre era bianca, obesa, affetta da acne. Portava i capelli biondi legati in una stretta coda di cavallo. Ma il fascino di Tracey rappresentava la soluzione: era lei l'accessorio più notevole di sua madre. Il loro stile di famiglia, benché sgradito a mia madre, mi affascinava: marchi in vista, orecchini a cerchio e braccialetti di latta, strass dappertutto e scarpe da ginnastica costose, una realtà di cui mia madre si ostinava a negare l'esistenza: «Quelle non sono scarpe».

Z. Smith, *Swing Time*, trad. it. di S. Pareschi, A. Mondadori, Milano 2017

2. **diagnosticai:** individuai dopo un attento esame.

- Analizza le **caratteristiche** della descrizione rispondendo alle seguenti domande.
  - **a.** Secondo te, qual è lo scopo della descrizione? Motiva la tua risposta.
  - **b.** Definiresti la descrizione come oggettiva o soggettiva? Perché?
  - **c.** Come ha strutturato il testo l'autrice?
    - [a] prima completa la descrizione di Tracey e di sua madre e poi passa a descrivere l'aspetto della bambina che è la voce narrante
    - [b] alterna le descrizioni delle due bambine, mettendole a confronto; poi inserisce una breve descrizione delle rispettive madri
    - [c] fa risaltare analogie e differenze tra le bambine e le rispettive madri
  - **d.** La descrizione è ricca di dati sensoriali: quali prevalgono?
  - **e.** Com'è il lessico utilizzato?
  - **f.** Sono presenti figure retoriche? Se sì, sottolineale e definiscile.

- Ricordi quando hai visto per la prima volta un compagno o una compagna di scuola con cui in seguito hai stretto legami di amicizia? Come l'amica di Tracey, anche tu avrai notato alcuni tratti del suo aspetto fisico, dell'abbigliamento e del comportamento e, forse, li avrai paragonati ai tuoi. Scrivi un **testo descrittivo** nel quale, come nel brano letto, a partire dalla descrizione dell'altra persona tratteggi un breve autoritratto.

ESERCITAZIONE 3

COMPETENZA LINGUISTICA • produrre testi
COMPETENZE CHIAVE • progettare • collaborare e partecipare

Leggi il seguente testo, tratto da un romanzo dello scrittore olandese Herman Koch (1953), e svolgi le attività proposte.

Herman Koch Villetta con piscina

Poco dopo il nostro arrivo Judith ci aveva fatto fare il giro della casa. Al primo piano, il più grande, c'erano il salotto, la sala da pranzo, la cucina e tre camere. Anche senza che Judith ce lo dicesse, non era difficile capire di chi fosse ciascuna camera: quella con il letto matrimoniale e le pile di libri e di riviste sui comodini era sua e di

Ralph, quella più piccola con due letti singoli e il pavimento pieno di vestiti, scarpe, palline da tennis e una maschera da sub sparpagliati qua e là era di Alex e Thomas, e la più piccola con un letto singolo era della madre. Non so perché, ma sulla soglia dell'ultima camera mi sono soffermato un po' di più. [...] Era una stanza quasi vuota, sembrava la cella di una monaca: sullo schienale dell'unica sedia era appeso un cardigan marrone, e sotto la sedia, sistemate una accanto all'altra, c'erano due pantofole viola. Sopra il letto, sulla parete c'era un disegno a carboncino che raffigurava una barca da pesca tirata in secco. Sul comodino accanto al letto era appoggiata una foto incorniciata [...]. Sul lato anteriore della casa, una grossa finestra si apriva per l'intera larghezza del salotto, e dava sulle colline che in quel punto formavano la linea costiera; il mare, però, non si vedeva. In salotto i mobili erano quasi tutti brutti: un divano verde e due poltrone pure verdi, che non si capiva se fossero rivestite in finta pelle o in plastica, e un tavolo di rattan[1] con un piano in vetro opaco. Il tavolo da pranzo era di legno scuro, massiccio, e lo schienale delle sedie era rivestito di velluto rosso. [...]

Al pianoterra c'erano una rimessa e un appartamento separato dal resto della casa, con l'ingresso indipendente [...].

Come ultima cosa abbiamo fatto un giro del giardino. Su un lato della casa c'era un portico con un tavolo da ping-pong, e sopra la porta della rimessa era appeso un canestro da basket. Nelle parti non pavimentate la terra era secca e marrone, quasi rossa. Dal terrazzo, con una scaletta piastrellata di pochi gradini si arrivava alla piscina.

H. Koch, *Villetta con piscina*, trad. it. di G. Testa, Neri Pozza, Venezia 2011

1. **rattan:** pianta che fornisce un legno adatto a essere intrecciato come il vimini.

ATTIVITÀ INDIVIDUALE

- La descrizione utilizza uno o più **schemi spaziali**? Quali? Sottolinea gli indicatori utilizzati dallo scrittore per dare ordine alla descrizione e "seguire" le persone che stanno visitando per la prima volta la casa.

APPRENDIMENTO COOPERATIVO

- Immaginate di dover preparare un **dépliant** che abbia come soggetto la vostra scuola: in esso troveranno posto **descrizioni sia oggettive sia persuasive**, con lo scopo di fornire informazioni corrette sulle caratteristiche dell'edificio (localizzazione, età di realizzazione, eventuali restauri, numero e caratteristiche delle aule, palestre, laboratori, spazi esterni ecc.) e anche sulle attività che vi si svolgono. Potrete anche aggiungere **descrizioni soggettive** di un locale della scuola che qualcuno di voi ama particolarmente: in questo caso, chi scrive dovrà utilizzare sostantivi, aggettivi, figure retoriche e verbi adeguati a far cogliere al lettore che l'ambiente gli piace.
- Dividetevi in due gruppi ed elaborate **due differenti progetti** del dépliant. Poi ogni gruppo si suddividerà ancora in tre gruppi più piccoli, ognuno dei quali stenderà un tipo di descrizione (oggettiva, persuasiva, soggettiva). Stabilite anche un numero di battute da non superare, tenendo conto dello spazio del dépliant progettato.
- Operate un **confronto** tra i due prodotti e analizzatene i rispettivi punti di forza e di debolezza.
- Alla fine create **un solo prodotto** utilizzando i materiali migliori dei due dépliant.

SAPER SCRIVERE 3

Raccontare: il tema personale

1 Che cosa vuol dire "scrivere un tema"

■ Il tema, cioè un **testo da elaborare in base a una traccia** (o titolo o consegna), è una forma di scrittura strettamente scolastica e difficilmente tu, ora studente, ti vedrai richiedere la stesura di un tema quando sarai inserito nel mondo del lavoro: perché, quindi, imparare a farlo? Perché l'elaborazione di un tema fa sì che tu debba mettere in gioco **diverse abilità e competenze** che risulteranno sicuramente utili anche al di fuori della pratica scolastica.

■ Scrivere un tema, infatti, significa **elaborare idee** e organizzarle secondo una **struttura logica**, utilizzando una **forma** ortograficamente e sintatticamente **corretta** e un **lessico ampio e appropriato**, così da esprimere al meglio il proprio pensiero.

■ Per scrivere un buon tema è opportuno organizzare il proprio lavoro secondo queste **fasi**:

- **analisi della traccia** e individuazione del **tipo di testo** richiesto;
- raccolta delle **idee** e loro organizzazione in una **scaletta o schema**;
- **stesura** del testo (articolato in: introduzione o *incipit*, sviluppo, conclusione);
- **revisione** di ciò che si è scritto.

2 Analizzare e comprendere la traccia di un tema

■ La traccia indica anzitutto l'**argomento** da trattare, dal quale non ci si può discostare perché si rischierebbe di andare "**fuori tema**"; inoltre a volte fornisce una serie di indicazioni anche sul **tipo di testo** da scrivere. Quindi, la prima operazione da compiere quando si deve scrivere un tema è quella di leggere con grande attenzione la traccia e individuare le parole chiave che danno indicazioni in questo senso.

■ Il tema è una forma complessa di scrittura che in genere contiene **parti narrative, descrittive, riflessive, espositive** ecc. Possiamo individuare però tre **tipologie** principali:

- **temi personali narrativi**, che richiedono di raccontare esperienze personali;
- **temi personali espressivi**, che richiedono una riflessione su se stessi, sui propri sentimenti, desideri, esperienze ecc.;
- **temi argomentativi** (→ p. 60), che richiedono di sostenere una tesi su un certo problema o fenomeno con adeguate argomentazioni; spesso in questo tipo di temi sono presenti anche parti espositive, che permettono di inquadrare il problema o il fenomeno.

■ La **forma testuale** può essere la lettera, il diario, l'articolo di cronaca ecc.

■ In questo capitolo ci concentreremo in particolare sulle due tipologie di tema di carattere personale: il **tema narrativo** e il **tema espressivo**.

3 La ricerca e l'organizzazione delle idee da sviluppare in un tema

■ Una volta analizzata la traccia, devi trovare le **cose da scrivere**. Non farti prendere dal panico: è impossibile non avere idee! Scrivi su un foglio tutte quelle che ti vengono in mente, andando per associazione e cercando di ricordare tutto ciò che può essere collegato all'argomento della traccia.

■ Poi organizza le idee trovate in una **scaletta** che ti guidi nella stesura del testo: in questa fase potrai scartare gli spunti che non ti sembrano pertinenti con la struttura che stai elaborando.

4 Caratteristiche del tema narrativo

Il tema narrativo chiede di fare riferimento alla tua **esperienza personale**, narrando un episodio che ti ha visto protagonista o a cui hai avuto modo di assistere.

Questo tipo di tema deve essere pianificato con cura. Anzitutto, come in qualsiasi altro testo narrativo, è fondamentale **definire i personaggi** che agiscono nella vicenda, il **luogo**, il **tempo** e il succedersi dei **fatti**. Un utile stratagemma che ti può guidare nella primissima fase di preparazione del testo può essere quello di appuntare le risposte alle seguenti domande, ispirate alle **"5 W" della cronaca** (→ p. 10), per fissare i punti essenziali dei quali dovrai parlare:

- Chi è stato il protagonista della vicenda? Chi erano gli altri personaggi che hanno avuto una parte più o meno importante nell'episodio?
- Dove si è svolta la vicenda? In un solo luogo o in più luoghi?
- Quando sono avvenuti i fatti narrati? Quanto è durata l'intera vicenda?
- Che cosa (e come) è accaduto?
- Perché è successo quel fatto? Perché i personaggi hanno agito in quel modo?

Quando si passa alla fase della stesura, è necessario tenere presente che il testo deve avere una **struttura tripartita**, cioè articolata in tre parti: introduzione, sviluppo e conclusione.

- L'**introduzione**, che può essere composta anche da un solo capoverso, offre una visione d'insieme dell'episodio di cui si intende scrivere: si possono **indicare gli elementi principali della vicenda** (personaggi, luogo, tempo); in alternativa, si può **anticipare l'avvenimento saliente**; è possibile anche decidere di utilizzare un ***incipit* a effetto**, cioè una frase di esordio che incuriosisca il lettore.
- Lo **sviluppo** è la parte più ampia e consistente del tema, quella in cui si espongono i **fatti** con chiarezza, collegando le frasi con i **connettivi** (→ p. 62) adeguati, in modo che chi legge possa capire quali sono gli aspetti fondamentali della vicenda, i suoi protagonisti, i rapporti di causa-effetto e il contesto spazio-temporale. Non è necessario che i fatti siano narrati seguendo l'**ordine cronologico**: è possibile ricorrere anche ai ▶***flashback*** o decidere di narrare **a partire dalla conclusione della vicenda**. Se si sceglie di non far coincidere la narrazione con l'ordine cronologico dei fatti, è necessario essere rigorosi nel verificare di non aver dimenticato qualche passaggio fondamentale per la ricostruzione della vicenda. In questa parte del tema può essere necessario introdurre **descrizioni**, soprattutto se si ritiene che un personaggio o un luogo siano particolarmente significativi.
- La **conclusione**, perché non sia solo un banale riassunto di quanto già scritto, può consistere in un **commento** nel quale esprimi il tuo pensiero, il tuo stato d'animo o una riflessione; in alternativa, può essere una **conclusione a effetto** costituita da una frase spiritosa, da un proverbio oppure da una citazione autorevole pertinente al contenuto del tema.

MEMO

Il *flashback*
Letteralmente *flashback* significa "lampo all'indietro" e indica l'**interruzione del flusso di una narrazione** per inserire il racconto di un **episodio avvenuto in precedenza**.

5 Caratteristiche del tema espressivo

■ A volte la traccia richiede di parlare delle tue **emozioni** e **sensazioni**, di **stati d'animo**, **riflessioni**, **desideri**, **paure**, **speranze**, **progetti**. Questo tipo di contenuti è estremamente **soggettivo**, ma deve comunque essere strutturato in modo logico.

■ Le forme più comuni per il tema espressivo sono il **diario** e la **lettera personale**. In entrambi i casi il tema dovrà essere scritto in **prima persona**, dato che chi scrive è il protagonista delle esperienze e l'autore delle riflessioni.

- Il **diario** è un testo che viene solitamente scritto giorno per giorno (riportando l'indicazione della data ed eventualmente del luogo in cui ci si trova) e nel quale vengono raccontati avvenimenti personali o generali accaduti in quel determinato giorno; per questo, i tempi verbali utilizzati sono di solito il presente o il passato prossimo. Nelle pagine di diario si alternano **parti più narrative** (racconti di avvenimenti) e **parti più riflessive** (espressioni di sentimenti, desideri, paure ecc.).
- La **lettera personale** è un testo che mette in contatto chi scrive (mittente) con un destinatario e può avere scopi differenti: narrare un fatto, chiedere consiglio, confidare stati d'animo ecc.

Solitamente la lettera ha una struttura fissa: inizia con l'indicazione della **data** e del **luogo** da cui si scrive; presenta, nel testo vero e proprio, una **formula di apertura** che contiene il nome del destinatario ("Caro Giorgio...", "Gentile Marta..."); si conclude con la **firma** di chi scrive; può essere presente anche un *post scriptum*.

■ In entrambi i casi, il **linguaggio** può essere **vicino al parlato**, e presentare **similitudini e metafore**. Attenzione comunque a non abusare di espressioni gergali e non dimenticare di curare la punteggiatura, l'ortografia e la sintassi.

6 La revisione del tema personale

■ Nella fase finale della produzione di un tema, chi scrive deve diventare "critico" di se stesso e sottoporre ciò che ha prodotto a un'analisi serrata per individuare e **correggere** una serie di errori in cui è facile incorrere. Soprattutto quando si tratta di un compito in classe, prima di passare alla stesura in bella copia è necessario riservare un certo tempo alla revisione. Occorre perciò rileggere il tema con cura e soprattutto con sguardo distaccato.

■ Il seguente **elenco di domande** potrà certamente aiutarti in quest'ultima fase.

Il contenuto
Ho letto con attenzione la traccia e ho individuato l'argomento? Ho individuato la tipologia e la forma testuale richiestami? Mi sono allontanato dall'argomento indicato nella traccia andando "fuori tema"? Mi sono chiesto per chi scrivo e ho adeguato il registro comunicativo e lo stile al destinatario? Ho fornito tutte le informazioni così che il testo possa essere capito da chi legge? Ho inserito fatti inutili alla comprensione? Ho ripetuto fatti o concetti?
La struttura
Ho strutturato il tema con un'introduzione, uno sviluppo e una conclusione? Ho rispettato la proporzione fra le parti, senza eccedere nella lunghezza dell'introduzione o della conclusione? Ho cercato di ideare un'introduzione significativa e originale? Ho creato collegamenti corretti fra le varie parti?
Il lessico
Ho utilizzato un lessico adeguato al tipo di tema? Ho usato modi di dire tipici del gergo giovanile o un linguaggio eccessivamente colloquiale, quando non richiesto? Il lessico è ricco oppure ho utilizzato termini troppo generici e banali? Per evitare ripetizioni, sono ricorso in modo corretto a sinonimi o a pronomi?
I tempi dei verbi
Ho mantenuto per tutto il tema una coerenza nell'uso dei tempi verbali? Ho usato in modo corretto i modi verbali? Ho curato la concordanza tra soggetto e verbo?

La sintassi Il soggetto è chiaramente espresso in ogni frase? C'è qualche periodo rimasto in sospeso o incompleto? Ci sono periodi eccessivamente lunghi? Ho fatto ricorso a diversi connettivi logici o di tempo per legare tra loro le frasi?
La punteggiatura Ho concluso ogni periodo con un punto fermo, interrogativo o esclamativo? Sono andato a capo alla fine di un capoverso? Ho utilizzato in modo corretto i vari segni di punteggiatura? Per riportare discorsi diretti, ho usato gli adeguati segni grafici (due punti, virgolette o trattino)?
L'ortografia Ho sottoposto a controllo ortografico, utilizzando il dizionario, le parole di cui non conoscevo con certezza la grafia? Ho messo le *h* dove necessario? Ho usato correttamente gli apostrofi, le doppie e gli accenti? Ho controllato la divisione in sillabe? Ho utilizzato la maiuscola dopo il punto? Ho scritto con la lettera maiuscola i nomi propri di persone o luoghi, i titoli di libri o film, i nomi di secoli o periodi storici?

INCLUSIONE

8 CONSIGLI PER SCRIVERE UN TEMA PERSONALE

1. Non avere fretta di cominciare a scrivere: prenditi tutto il tempo necessario per **leggere e analizzare la traccia**, così da comprendere a fondo ciò che ti viene richiesto.
2. Davanti al foglio bianco non farti prendere dal panico: è impossibile non avere idee! Dopo aver letto il titolo, scrivi di getto tutte le **idee che ti vengono in mente**: molte le scarterai, ma altre ti saranno utili.
3. Quando scrivi un tema narrativo su una tua esperienza personale, fai attenzione a **narrare con chiarezza e ordine** i fatti che compongono l'episodio: tu conosci ciò che è avvenuto, ma chi legge no. Non dimenticare mai di scrivere l'introduzione e la conclusione.
4. Se ti viene chiesto di scrivere un tema sotto forma di **pagina di diario** o di **lettera**, puoi utilizzare un **linguaggio colloquiale**, ma cerca di non esagerare: ricordati che stai scrivendo per un lettore diverso da te.
5. Se la traccia ti indica di utilizzare la forma della **lettera**, ricordati che vanno utilizzate le **convenzioni tipiche** di questa forma testuale (nome del destinatario e del mittente, formule di apertura e di chiusura).
6. Chiediti qual è lo **scopo** della lettera che devi scrivere (convincere, confidare, chiedere scusa ecc.) e adegua il tuo registro e la tua scrittura.
7. Una volta che hai steso la brutta copia del tuo tema, sottoponilo a **revisione**, verificando se sei andato "fuori tema", se il testo è ben strutturato, se il registro linguistico è adeguato, se la sintassi, l'ortografia e la punteggiatura sono corrette.
8. Non scordarti che una cosa è la brutta copia e una cosa è la bella: ricopia in modo ordinato, senza dimenticare di utilizzare una **grafia** che sia almeno **leggibile**! Il docente è meno ben disposto verso un tema che riesce a decifrare a fatica.

IN PRATICA

LABORATORIO INTERATTIVO

1 IMPARARE A ANALIZZARE LA TRACCIA DI UN TEMA

1 I titoli sotto riportati sono tracce di tema. Leggile con attenzione, evidenzia le **parole chiave** in esse contenute e completa i relativi **schemi**. Attenzione: non sempre la traccia fornisce indicazioni sulla forma testuale da utilizzare.

- *Scrivi un articolo di giornale, dopo aver effettuato una ricerca sui quotidiani e su internet, sul fenomeno delle baby gang che sembrano essere sempre più presenti in diverse città ed esprimi la tua opinione sull'argomento.*

  a. forma testuale: ....
  b. tipologia: ....
  c. argomento: ....

- *"È stata proprio una giornata particolare..." Narra in una lettera ai tuoi genitori gli avvenimenti che hanno caratterizzato la tua giornata rendendola indimenticabile.*

  a. forma testuale: ....
  b. tipologia: ....
  c. argomento: ....

- *I rifiuti, la loro raccolta e il loro smaltimento rappresentano uno dei problemi principali della nostra società. Che cosa pensi di tale problema? Grazie a quali provvedimenti e a quali cambiamenti di abitudini e atteggiamenti individuali pensi che si possa modificare a breve la situazione?*

  a. forma testuale: ....
  b. tipologia: ....
  c. argomento: ....

- *Ti sarà sicuramente capitato di passeggiare per un mercato: descrivilo in una pagina di diario cercando di far entrare il lettore nel mondo di odori, rumori, suoni, colori e movimenti che hai potuto osservare.*

  a. forma testuale: ....
  b. tipologia: ....
  c. argomento: ....

- *È molto diffuso tra i giovani il consumo di alcol, anche perché gli alcolici non vengono considerati una vera e propria droga, pur causando gravi problemi fisici e psichici a chi ne abusa. Che cosa pensi di questo problema, spesso sottovalutato? Esponi le tue idee in un breve articolo per il giornalino della scuola.*

  a. forma testuale: ....
  b. tipologia: ....
  c. argomento: ....

- *Sei mai stato protagonista o testimone di un episodio di bullismo? Racconta questa esperienza e le emozioni e riflessioni che l'episodio ha suscitato in te.*

  a. forma testuale: ....
  b. tipologia: ....
  c. argomento: ....

2 IMPARARE A RACCOGLIERE LE IDEE DA SVILUPPARE IN UN TEMA NARRATIVO

1 Devi svolgere l'ultimo **tema narrativo** dell'esercizio precedente. Prima della stesura, dovrai raccogliere e definire le idee: per farlo puoi usare le domande elencate a p. 41.

3 IMPARARE A PREPARARE LA SCALETTA PER UN TEMA NARRATIVO

1 Come si è detto, puoi decidere di narrare seguendo la successione cronologica degli avvenimenti oppure, per rendere più interessante il testo, puoi scegliere di dare loro un ordine diverso. In ogni caso, indipendentemente dall'ordine che vorrai dare, prima di scrivere è bene scrivere un elenco degli eventi secondo la corretta successione cronologica, così da non dimenticare nulla di importante. Tale scaletta diventa ancor più utile qualora sceglierai di narrare a partire dalla fine o dal momento centrale della vicenda. Stendi una **scaletta** dei fatti che intendi narrare nel tema sul bullismo.

4 IMPARARE A SCRIVERE L'*INCIPIT* DI UN TEMA NARRATIVO

1 L'***incipit***, cioè la parte iniziale di un testo narrativo, può essere più o meno efficace nel suscitare l'interesse di chi legge: tutti i grandi scrittori sono ben coscienti di ciò e danno molta importanza all'*incipit* dei loro lavori. Leggi questi tre *incipit*.

a «Durante i primi quindici anni della nostra vita, Danny e io abitammo a cinque isolati di distanza senza che né lui né io sospettassimo l'esistenza l'uno dell'altro.» (C. Potok, *Danny l'eletto*, Garzanti)

b «Erano lì che mi aspettavano. L'ho capito appena ho svoltato l'angolo. Erano a una certa distanza, vicino alla fermata dell'autobus. Melania, Sarah e Kim. Kim, la peggiore di tutte. Non sapevo cosa fare. Ho tentato un passo, ma il sandalo sembrava incollato al marciapiede. Si sono date di gomito: mi avevano visto.» (J. Wilson, *Piantatela!*, Salani)

c «Mi chiamo Jack. Il cognome non posso dirlo. Sarebbe troppo pericoloso. I "Controller" sono ovunque. E se sapessero come mi chiamo, potrebbero rintracciare me e i miei amici, e allora... be', diciamo che l'idea non mi sorride. Quello che fanno a chiunque opponga loro resistenza è troppo orribile per pensarci.» (K.A. Applegate, *L'invasione*, A. Mondadori)

Quale dei tre *incipit* sceglieresti per iniziare il tema sull'episodio di bullismo? Spiega ai compagni la tua scelta e confrontati con le loro preferenze.

2 Ora scrivi tu un'**introduzione** per il tema sull'episodio di bullismo dell'attività precedente, scegliendo tra le due seguenti opzioni:

- puoi fornire informazioni precise (tempo, luogo, personaggi, fatto centrale) per inquadrare la vicenda;
- puoi creare una maggiore suspense nel lettore utilizzando un'introduzione a effetto.

5 IMPARARE A SCRIVERE LO SVILUPPO DI UN TEMA NARRATIVO

1 Una volta scritta l'introduzione, dedicati allo **sviluppo del testo**, narrando i fatti che hanno dato vita all'episodio oggetto del tema. Stabilisci tu se seguire l'ordine cronologico dei fatti oppure modificarlo (partendo per esempio dagli ultimi eventi per poi ricostruire, a partire da questi, la vicenda). Valuta inoltre se inserire qualche breve descrizione, per esempio di uno dei bulli oppure di un adulto che è intervenuto durante l'episodio (puoi consultare la tabella dei descrittori di una persona a p. 29).

6 IMPARARE A SCRIVERE LA CONCLUSIONE DI UN TEMA NARRATIVO

1 I testi proposti di seguito mostrano tre diversi modi di **concludere un testo narrativo**. Leggili con attenzione cercando di coglierne le caratteristiche, poi a ciascuno associa la relativa definizione, scegliendo fra quelle elencate.

a. ☐ «Il caso fu messo a tacere e, ancor oggi, la gente parla dell'impressionante serie di morti collegate alla scoperta della tomba di Me-her-Ra, come della prova che la vendetta di un antico faraone ha colpito i dissacratori della sua tomba, cosa che, come mi ha spiegato Poirot, è contraria alle credenze e al pensiero degli egizi.» (A. Christie, *La maledizione della tomba egizia. Hercule Poirot indaga*, A. Mondadori)

b. ☐ «Non sempre Buster aveva ragione, e certe volte dava risposte sibilline. Ma una delle sue frasi mi è rimasta impressa, e continua a sembrarmi vera: "Non sempre la vita dà soddisfazione e, al tirar delle somme, carne e polvere finiscono per rivelarsi la stessa cosa".» (J.R. Lansdale, *La sottile linea scura*, Einaudi)

c. ☐ «Oggi so che è un'impresa senza speranza rivestire un uomo di parole, farlo rivivere in una pagina scritta: un uomo come Sandro in specie. Non era uomo da raccontare né da fargli monumenti, lui che dei monumenti rideva: stava tutto nelle azioni, e, finite quelle, di lui non resta nulla; nulla se non parole, appunto.» (P. Levi, *Il sistema periodico*, Einaudi)

1 conclusione a effetto ottenuta attraverso la citazione di una battuta
2 conclusione-commento in cui l'autore esprime i propri pensieri e le proprie emozioni o riflessioni
3 conclusione-riassunto del testo narrativo

7 IMPARARE A SCRIVERE UN TEMA ESPRESSIVO IN FORMA DI DIARIO

TESTO NARRATIVO
diario

Jovanotti È Ferragosto

È la notte di Ferragosto e sono partito da Forlì all'una e ora sono a Cortona. Abbiamo lavorato in studio anche oggi e ormai abbiamo buttato giù una decina di idee, alcune più definite altre giusto accennate. Stasera è venuto Claudio in studio e ha sentito le cose che abbiamo e in effetti mi ha mandato nel pallone, dimostrandomi con la sua reazione che ancora siamo in alto mare. Seppure in certi momenti io sia molto gasato, poi ascoltando i pezzi mi sento insoddisfatto, è come se ancora mancasse qualcosa, una parte di me che ancora non sono riuscito a tirare fuori.

Ieri ho scritto un pezzo che più che una canzone è proprio un racconto, un racconto in rima, un racconto di mare. Si chiama "La linea d'ombra" e mi sono ispirato al romanzo di Joseph Conrad[1] che si intitola così e che mi è piaciuto tanto. Naturalmente è una storia basata su sentimenti autobiografici anche se il protagonista è un marinaio in un porto dell'Oriente. Comunque ho provato un brivido. Ci riuscirò a fare questo e a esserne fiero, non uscirò dallo studio senza essere convinto di quello che ho, questa è una promessa che faccio a me stesso. Io lo so che sono nato per raccontare, per far ballare, perché nel mio cuore c'è tanta di quella energia che certe volte anch'io faccio fatica a viverci insieme.

In questi giorni mi viene spesso in mente l'immagine di me bambino in piazza San Pietro[2] in mezzo a tutto quel casino di razze e di gente e ho chiaro e preciso quello che provavo, quel senso di curiosità, di benessere, di divertimento, e io so che non è stato a caso, che vuol dire che la mia vita

1. **Joseph Conrad:** scrittore polacco (1857-1924) che scrisse romanzi in lingua inglese, tra cui *Cuore di tenebra* e *La linea d'ombra*.
2. **piazza San Pietro:** a Roma, davanti alla Basilica omonima.

è segnata da questo. Il mondo inteso come insieme di molteplicità e il mondo inteso come cosa piccola, familiare. La famiglia, i miei che litigano e io che vado in piazza San Pietro e lì mi perdo tra la folla e sorrido agli africani perché so che mi risorridono, e poi guardo le guardie svizzere e poi entro nella basilica e mi fermo davanti alla tomba di Papa Giovanni[3] e penso che quello era un uomo vivo di carne amato da tutti che ha fatto del gran bene e ora è lì dentro. Io che davanti alla gente ci sto bene, io che ho più facilità a parlare con mille persone che con una.

Jovanotti, *Il grande Boh!*, Feltrinelli, Milano 2000

3. **Papa Giovanni:** Giovanni XXIII, pontefice dal 1958 alla morte nel 1963, detto "il papa buono".

1 Dopo aver letto il testo, definisci le sue **caratteristiche formali** scegliendo dal seguente elenco quelle corrette.

- a L'esposizione è molto libera, con frequenti salti da un argomento all'altro.
- b Il registro linguistico è molto alto e formale.
- c Il linguaggio è semplice e colloquiale.
- d La sintassi è complessa e articolata.
- e Sono presenti espressioni gergali tipiche del linguaggio dei giovani.
- f La forma testuale è il diario.

2 Nella pagina si alternano parti in cui l'autore narra **fatti** del presente e del passato e parti in cui esprime **sentimenti e riflessioni** personali su di sé e sul mondo. Distinguile sottolineandole in due modi diversi.

3 Scrivi una **pagina di diario** in cui narri come hai trascorso la sera di Ferragosto o di Halloween scegliendo il registro linguistico che preferisci.

8 IMPARARE A SCRIVERE UN TEMA ESPRESSIVO IN FORMA DI LETTERA

TESTO NARRATIVO
lettera

Aidan Chambers I vecchi alberi

Cara Cordelia,

[...] voglio spiegarti così capisci perché a volte ammutolisco, tipo oggi con gli alberi. È lo stesso motivo per cui mi piace la musica. La musica dice quello che sento. Ed è così con gli alberi [...]. Per me gli alberi sono sentimenti viventi, come delle sculture viventi dei sentimenti, come sentimenti fatti di legno e rami e foglie e fiori e semi.

[...] voglio che tu sappia come ho iniziato ad amare gli alberi e perché voglio studiarli. Perciò ho scritto per te, solo per te, per favore non farlo leggere a nessun altro. So di essere una persona molto riservata, per quel che riguarda me stesso, dico. Non so perché, ma sono così, e non so perché voglio che tu legga queste cose, ma lo voglio.

Quando avevo circa undici anni, i nostri insegnanti hanno portato un gruppo di noi in campeggio vicino a Tortworth.[1] Nel paese ci è stato mostrato un castagno che poteva avere circa 1100 anni. Era contorto e nodoso e sembrava mezzo distrutto, ma fioriva ancora. Ci è stato dato il per-

1. **Tortworth:** piccolo villaggio nel Gloucestershire, contea dell'Inghilterra sud-occidentale.

messo di scalarlo. Sono rimasto così colpito da questa antica creatura vivente che non riuscivo a togliermela dalla mente anche dopo che siamo tornati al campeggio. Non sono riuscito a dormire, quella notte, pensando ad esso. Così alle due del mattino circa, sono sgattaiolato fuori dalla tenda e ho camminato per qualcosa come mezzo miglio fino all'albero e sono salito su per il tronco che sembrava essere stato tagliato e diviso molto tempo prima forse da un fulmine. I rami si distendevano dalla cima del tronco come braccia con muscoli enormi. Mi sono sdraiato all'interno del gomito di uno di essi.

Ero estremamente emozionato di trovarmi lì da solo, nel cuore della notte, con le stelle che luccicavano, la luna piena che splendeva attraverso le fronde, e io tenuto in braccio da questo antico essere vivente che era lì da prima che William il Conquistatore[2] avesse portato in Inghilterra il mio nome. Non avevo paura perché mi sentivo protetto dall'albero, e inoltre mi sentivo a casa, come se avessi dovuto trovarmi lì. Non ho dormito nemmeno un attimo. Non mi sentivo stanco. Sono rimasto lì sdraiato ad ascoltare l'albero come se ne sentissi il respiro, se ne sentissi i pensieri. Sono rimasto fino alla prima luce del giorno, poi sono corso indietro al campeggio e mi sono infilato nel sacco a pelo prima che potessero accorgersi che ne ero uscito.

La mattina seguente ho sentito di essere come nato veramente, nato quella notte. So che questo suona strano ma non so come altro spiegartelo.

Dopo quell'episodio ho sviluppato una passione per i vecchi alberi... Qualcosa ha fatto un clic dentro di me e ho capito di voler sapere tutto quel che c'è da sapere sugli alberi, e di voler scoprire anche quel che ancora non si sa, e di voler passare la mia vita tra di loro, lavorando con loro e lavorando per loro, contribuendo a preservarli e conservarli, perché sono tra gli organismi viventi più preziosi e strani e meravigliosi del nostro pianeta.

Suppongo che gli alberi siano la mia religione. Credo di adorarli veramente. E voglio sul serio dedicare la mia vita a loro. Sento che questo è ciò che sono stato chiamato a fare.

Ti sembra strano?

Will

A. Chambers, *Questo è tutto. I racconti del cuscino di Cordelia Kenn*, trad. it. di G. Grilli, Fabbri, Milano 2007

2. **William il Conquistatore:** nobile normanno che nel 1066 invase l'Inghilterra e ne divenne re.

1 Individua fra le seguenti le **caratteristiche formali** del testo.

- a La lettera si apre con il nome del destinatario, cioè della persona a cui essa è indirizzata.
- b Il mittente sta scrivendo a un'amica, perciò usa un linguaggio semplice, con espressioni gergali.
- c Lo scopo è apertamente dichiarato.
- d Lo stile è formale e burocratico.
- e Chi scrive trasmette un'immagine di sé sia in modo esplicito sia in modo implicito.
- f Viene narrato un episodio del passato che serve a spiegare come l'autore della lettera abbia maturato una particolare scelta di vita.
- g La lettera si chiude con il nome di chi scrive (mittente).

2 Nel testo vengono in più parti espressi stati d'animo e sensazioni. Sottolineali. Scrivi poi una **lettera** a un amico o ad un'amica raccontando un episodio della tua vita che ha determinato scelte significative per il tuo futuro, esprimendo anche tu le emozioni che hai provato.

COMPETENZE IN AZIONE

ESERCITAZIONE 1 COMPETENZA LINGUISTICA • produrre testi

Ti forniamo alcune tracce di temi personali su cui potrai mettere alla prova la tua abilità di scrittura. Leggile con attenzione e in ciascuna evidenzia in rosso l'argomento che ti viene chiesto di trattare e in blu la forma testuale che ti viene richiesta. Poi scegline una e svolgila.

- *Da tempo desideri trascorrere una breve vacanza con i tuoi amici, senza la presenza degli adulti: scrivi una lettera ai tuoi genitori cercando di convincerli e di dimostrare loro che sarai in grado di gestire questa nuova esperienza.*
- *"Che fatica, quella volta!" Narra in una pagina di diario un episodio (escursione, gara sportiva, concerto, partecipazione a uno spettacolo ecc.) che ha richiesto molto impegno da parte tua, sia fisico sia psicologico, e la soddisfazione o la delusione di avere o non aver raggiunto l'obiettivo che ti eri prefissato.*
- *Racconta in una pagina di diario che cosa hai fatto, pensato, immaginato, sognato la notte prima di iniziare la scuola superiore.*

ESERCITAZIONE 2 COMPETENZA LINGUISTICA • produrre testi
COMPETENZE CHIAVE • collaborare e partecipare

APPRENDIMENTO COOPERATIVO

- Dividetevi in gruppi di tre e provate a ideare un ***incipit*** relativo all'argomento "La prima volta che..." (la prima volta in cui sei andato a un concerto, la prima volta in cui hai visto una partita allo stadio, la prima volta in cui sei salito in cima a una montagna ecc.), cercando di fare in modo che sia di grande effetto e possa trascinare il lettore direttamente nel vivo della situazione.
- Leggete tutti i diversi *incipit* che avete prodotto e discutete insieme su **pregi e difetti** di ognuno di essi.

SAPER SCRIVERE 4

Informare: la relazione

1 Che cos'è una relazione

■ La relazione è un testo che ha lo scopo di **esporre in modo oggettivo, dettagliato e documentato** un'esperienza, un'attività, un problema; è molto diffuso in diversi ambiti: nella vita scolastica, lavorativa, sociale, politica, economica, culturale.

■ Occorre sottolineare che ogni relazione viene stesa sempre dopo aver effettuato un'esperienza o aver indagato e raccolto dati su fenomeni di vario tipo. Si tratta quindi di un **testo essenzialmente informativo-espositivo** che può contenere **parti ▸ regolative, descrittive o narrative**. Quando deve esporre fatti o fasi di un'attività svolta, segue la successione cronologica.

MEMO

Il testo regolativo

Un testo regolativo ha lo scopo di dare **istruzioni** o **suggerimenti, consigli** o **regole**, di prescrivere o vietare determinati comportamenti, imporre obblighi o divieti ecc.
Solitamente è scritto con **linguaggio neutro**, spesso ricco di termini tecnici. Presenta di frequente i verbi all'imperativo o all'infinito e spesso i verbi servili "dovere" e "potere".
In genere è **suddiviso in punti** o **in paragrafi**, i quali hanno spesso un **ordine preciso**; se si tratta di leggi, la suddivisione è ancora più articolata.
Sono testi regolativi (o prevalentemente regolativi) gli opuscoli o i manuali di istruzioni, le ricette di cucina, i regolamenti di vario genere, le leggi.

2 Le tipologie della relazione

■ Una relazione può essere semplicemente **espositiva** oppure **critico-interpretativa**. Nel primo caso si presentano i risultati dell'attività **senza commento**; nel secondo caso, oltre a fornire informazioni, si cerca di darne un'**interpretazione** e di formulare commenti ed eventuali proposte.

■ Affine alla relazione di tipo espositivo è il **verbale**, il resoconto sintetico di un evento o di una riunione, che ha lo scopo di tenere traccia di quanto avvenuto o discusso e di informare a riguardo le persone presenti e gli eventuali assenti.

3 Gli oggetti della relazione

■ In base all'oggetto indagato possiamo distinguere:

- relazioni su un'**attività a cui si è partecipato** (un viaggio, un'uscita didattica, un convegno, un dibattito) o **a cui si è assistito** (una conferenza, una presentazione di un film ecc.);
- relazioni su un'**attività che si è eseguita direttamente** (per esempio un esperimento o un'attività di laboratorio);
- relazioni su un **argomento di studio** o su un **fenomeno** (una situazione problematica, tendenze e comportamenti di una società o di determinati gruppi di persone ecc.) sul quale si svolge una ricerca approfondita.

4 La struttura della relazione

■ Una relazione si articola in tre parti:

- l'**introduzione**, che inquadra il problema spiegando:
  - l'oggetto della relazione o il problema indagato;
  - lo scopo;
  - le persone coinvolte;
  - il luogo e la durata;
  - i materiali e/o gli strumenti utilizzati;
  - l'eventuale metodo d'indagine seguito;
- il **corpo del testo**, cioè la parte centrale, che contiene:
  - la descrizione, passo per passo, dell'attività, del-

l'esperimento, della visita, dell'indagine, suddivisa in paragrafi;
  - i dati e le notizie raccolti;
  - gli eventuali scostamenti rispetto alle previsioni iniziali;
- la **conclusione**, che fornisce:
  - un'interpretazione dei dati;
  - eventuali considerazioni critiche e proposte di miglioramento.

5 La lingua e lo stile della relazione

■ La relazione ha sempre uno **stile comunicativo chiaro e oggettivo** caratterizzato da:

- una **sintassi semplice** e lineare;
- quando il testo lo richiede, uso di **formulazioni a elenco**;
- uso di un **lessico preciso e tecnico** adeguato all'argomento in oggetto;
- ricorso a **dati** e **tabelle**, se necessario.

6 La revisione della relazione

■ Dopo aver scritto la relazione, devi rileggerla controllando che:

- ciascuna delle tre parti di cui si compone contenga **tutte le informazioni necessarie**;
- il **lessico** e la **sintassi** siano adeguati al carattere richiesto, espositivo o critico-interpretativo;
- l'**ortografia** e la **punteggiatura** siano corrette.

INCLUSIONE

8 CONSIGLI PER SCRIVERE UNA RELAZIONE

1. Ricorda che la relazione è un testo che ha lo scopo di esporre in modo oggettivo lo svolgimento di qualcosa che si è fatto o che si è visto, oppure di portare a conoscenza situazioni o problemi; perciò occorre prima **raccogliere i dati**, annotando in forma provvisoria ciò che si è fatto, visto, letto, ascoltato.
2. Dopo aver raccolto i dati, prepara una **scaletta** divisa in introduzione, corpo del testo, conclusione.
3. L'**esposizione** deve essere il più possibile **oggettiva, chiara e dettagliata** e, se occorre, organizzata **per punti**.
4. Quando devi esporre le varie fasi di un fenomeno o una serie di fatti, scegli una **successione cronologica**.
5. Se necessario, inserisci **tabelle e grafici** per visualizzare i dati.
6. Ricorda che una relazione può essere puramente **informativa** oppure anche **critica e interpretativa**.
7. Usa una **sintassi semplice e lineare** e un **lessico preciso e tecnico**.
8. Il testo che hai prodotto deve essere **revisionato** dal punto di vista del contenuto e della forma (ortografia, sintassi, punteggiatura).

IN PRATICA

1 IMPARARE A ANALIZZARE E PRODURRE LA RELAZIONE DI UN ESPERIMENTO

TESTO ESPOSITIVO
relazione di un esperimento

I. Colombi-B. Negrino-D. Rondano Che cos'è la pressione

Per verificare che cosa si intenda per pressione in ambito fisico, abbiamo eseguito in classe il seguente esperimento.

Ci siamo procurati una vaschetta di sabbia e un mattone pieno (non forato).

Abbiamo preso il mattone e lo abbiamo appoggiato sulla sabbia su una delle facce più grandi: lo abbiamo sollevato e abbiamo visto un'impronta.

Abbiamo appoggiato lo stesso mattone su una delle facce più piccole: abbiamo notato un'impronta più profonda della precedente.

Abbiamo verificato che appoggiando il mattone sulla faccia maggiore, il peso si distribuisce in modo uniforme su una superficie più ampia, mentre appoggiandolo sulla faccia più piccola, il peso è concentrato su una superficie minore, ma più profonda.

Possiamo così dire che il mattone esercita la pressione minore sulla faccia più estesa e la pressione maggiore su quella più piccola.

La pressione, dunque, è la forza che agisce perpendicolarmente sull'unità di superficie, secondo la formula fisica

$$p = \frac{F}{S}$$

dove p = pressione; F = forza che agisce su una superficie; S = superficie su cui agisce la forza.

I. Colombi-B. Negrino-D. Rondano, *Materia e fenomeni fisici e chimici*, Il Capitello, Torino 2001

1 Utilizzando il colonnino a fianco del testo, individua le seguenti **parti della struttura**:
- introduzione;
- corpo del testo;
- conclusione.

2 Individua le **caratteristiche** del testo.

1. Il testo è una relazione su:
   - a qualcosa che si è fatto
   - b qualcosa che si è visto
   - c un problema indagato
2. Lo scopo è:
   - a dimostrare che si possono fare esperimenti in classe
   - b verificare che cosa si intende per "pressione"
3. Il lessico specifico della disciplina:
   - a è stato utilizzato
   - b non è stato utilizzato

2 IMPARARE A ANALIZZARE E PRODURRE LA RELAZIONE DI UN'ATTIVITÀ

TESTO ESPOSITIVO
relazione di un viaggio d'istruzione

In gita scolastica lungo un tratto dell'antica via Francigena

Alla fine dello scorso anno scolastico abbiamo deciso, con i docenti di Storia e di Storia dell'arte, di visitare alcuni luoghi lungo un tratto della via Francigena, importante strada di pellegrinaggio che durante il Medioevo collegava il Nord Europa a Roma, centro di fede cristiana insieme a Gerusalemme e a Santiago de Compostela, in Spagna. Tra le tappe italiane del percorso, che i pellegrini d'Europa compivano prevalentemente a piedi, numerose erano quelle comprese nei territori delle attuali regioni Emilia, Liguria e Toscana.

Nel programmare la gita, abbiamo deciso di visitare la città di Sarzana, perché ricca di testimonianze medievali, e i resti dell'antica città romana di Luni. La data fissata per il viaggio: venerdì 13 ottobre 2017. Alla visita abbiamo dedicato una settimana di studio: dalla lettura della carta schematica della via Francigena da Canterbury, in Inghilterra, a Roma, alla raccolta di informazioni su Sarzana e Luni.

Introduzione
Inquadramento generale su:
- scopi del viaggio d'istruzione;
- luoghi e data prescelti;
- persone coinvolte.

Alle 8 del mattino del 13 ottobre, il pullman ci attendeva nel piazzale antistante la scuola. Abbiamo imboccato l'autostrada a Milano, in direzione Bologna e poi per il valico della Cisa; abbiamo osservato che le indicazioni stradali segnalavano alcuni dei paesi che sorgevano lungo la via Francigena, tappe che offrivano ristoro ai pellegrini in transito: Fiorenzuola, Fidenza, Berceto, Pontremoli, Aulla; siamo usciti dall'autostrada a Santo Stefano Magra, in provincia di La Spezia.

Il borgo di Santo Stefano era una tappa importante per il commercio e i traffici terrestri e marittimi. Abbiamo effettuato una breve prima sosta del viaggio per visitare la pieve altomedievale di Santo Stefano protomartire e l'antico borgo chiuso da mura.

Risaliti in pullman, abbiamo raggiunto Sarzana, al confine con la Toscana: il territorio, abitato già in periodo neolitico, venne valorizzato in epoca romana, ma l'insediamento divenne importante a partire dal X secolo circa.

Abbiamo visitato Sarzana a piedi, partendo da Porta Parma e arrivando a Porta Romana, sul lato occidentale del centro storico, dove la via Cisa, che arriva dall'Emilia, entra nelle abitazioni fortificate del borgo.

Lungo il percorso abbiamo potuto vedere l'antico torrione genovese, difesa riedificata nel XV secolo, gli antichi portici, il palazzo Podestà Lucciardi, la via dei Fondachi, che offre l'atmosfera dei vicoli e delle corti di una volta, la pieve di Sant'Andrea, fino a raggiungere Porta Romana, posta in direzione di Luni. Lì ci attendeva il pullman.

Durante il trasferimento abbiamo osservato i dintorni di Sarzana, caratterizzati da piccoli borghi e da fortezze medievali, quali la fortezza di Sarzanello, antica dimora vescovile, e il Castello Malaspina, a Fosdinovo, il più imponente della Lunigiana.

Corpo del testo
Seguendo la successione cronologica vengono esposte le varie tappe del viaggio con le informazioni principali sui luoghi visitati.

Dopo circa un quarto d'ora di viaggio abbiamo raggiunto l'area archeologica di Luni, antica colonia romana fondata nel 175 a.C. (che deve il suo nome alla dea Diana-*Luna*), famosa nell'antichità sia per i suoi marmi, in quanto sorgeva in prossimità delle cave delle Alpi Apuane, sia per la bellezza del suo territorio, racchiuso tra monti, mare e campagne fertili.

Della bella città di Luni e del suo fiorente porto, almeno fino a tutto il III secolo d.C., ora rimane ben poco: le incursioni dei Saraceni, dei Longobardi e la malaria (in quanto la zona era diventata acquitrinosa) causarono la sua decadenza nei secoli. Proprio a causa delle invasioni la via Francigena venne particolarmente attrezzata con la creazione di abbazie e ospizi, ossia ricoveri per i viaggiatori. A Luni trovavano conforto presso la basilica eretta nell'VIII secolo, di cui abbiamo visto i resti dei mosaici del pavimento.

Prima di iniziare la visita dell'antica Luni abbiamo fatto una breve sosta per il pranzo, dopo di che, con il supporto di una guida, ci siamo inoltrati nell'area archeologica, dove abbiamo visitato i resti dell'anfiteatro romano, il piccolo museo archeologico che contiene oggetti rinvenuti durante gli scavi del sito e ricostruisce gli ambienti tipici di una *domus*, ossia di una casa romana, con oggetti di uso quotidiano, cibi, monili, statuette dedicate alla dea Luna e ad altre divinità.

Abbiamo concluso la visita all'area osservando ciò che rimane del decumano massimo, via che correva nella direzione est-ovest delle città romane e a Luni costituiva il tratto cittadino dell'antica via Aurelia, la quale consentiva il collegamento della città con Roma, Genova e Parma.

Alle 16,30 la nostra gita terminava. Risaliti sul pullman, qualcuno ha riguardato le foto scattate con gli smartphone, altri hanno sfogliato il materiale illustrativo e le guide di Luni acquistate al museo, altri si sono addormentati fino all'arrivo a scuola alle 20.p

Dopo il fine settimana, il lunedì seguente in classe abbiamo espresso il nostro parere sulla gita scolastica: tutti quanti l'abbiamo giudicata assai intensa, ma molto interessante.

Conclusione

Lavoro di gruppo – Classe II C – Liceo Artistico M. Buonarroti

1 Il testo che hai letto è il resoconto di un viaggio d'istruzione scritto collettivamente da una classe di un istituto superiore in provincia di Milano: nel colonnino è indicata la struttura della relazione, che segue la successione cronologica della gita, dal momento della partenza al ritorno a scuola. Sottolinea le **tappe principali** del viaggio e della visita.

2 Il testo contiene numerose **informazioni storiche e artistiche** sui luoghi che la classe ha visitato. Evidenziale nel testo.

3 La **conclusione** esprime il livello di gradimento della gita da parte della scolaresca: con quale espressione? Trascrivila.

4 Scrivi la **relazione** di una gita che hai effettuato con la tua classe, con i tuoi amici o con la tua famiglia, in un luogo di interesse storico, artistico o naturalistico. Segui come modello la struttura proposta alle pp. 50-51.

3 IMPARARE A PRODURRE LA RELAZIONE DI UN ESPERIMENTO

TESTO ESPOSITIVO
relazione di un esperimento

Marinella Torri La coltivazione di *Penicillium notatum*

Introduzione

Una muffa verdastra del genere *Penicillium*, che si sviluppa con facilità sulla superficie dei frutti, è all'origine della produzione di una famosa sostanza antibatterica, scoperta nel 1928 da un medico inglese, Alexander Fleming: la penicillina. Oggi, partendo da muffe accuratamente selezionate, è possibile sintetizzare in laboratorio numerose molecole utilizzate per la produzione degli antibiotici, sostanze in grado di uccidere le cellule batteriche.

Con questo semplice esperimento, svolto nel laboratorio di scienze sotto la guida dell'insegnante, abbiamo potuto verificare quali sono le condizioni migliori per far crescere il penicillo, la muffa della penicillina.

Avevamo a disposizione i seguenti materiali:

– due arance e due limoni;

– due sacchetti di plastica trasparenti microforati (come quelli utilizzati in cucina per la frutta e la verdura);

– batuffoli di cotone idrofilo;

– una ciotola;

– un microscopio ottico.

Corpo del testo

Abbiamo proceduto in questo modo: abbiamo strofinato le arance e i limoni sul pavimento per recuperare i batteri presenti, li abbiamo posti nella ciotola e li abbiamo lasciati esposti all'aria per un giorno.

In ognuno dei due sacchetti abbiamo messo un'arancia e un limone, insieme a un batuffolo di cotone idrofilo imbevuto d'acqua. Abbiamo richiuso accuratamente i sacchetti, poi ne abbiamo messo uno in frigorifero e l'altro in un luogo caldo e buio per circa due settimane. Durante questo periodo abbiamo eseguito osservazioni giornaliere della frutta, senza aprire mai i sacchetti.

Dopo due settimane, i frutti contenuti nel sacchetto conservato in frigorifero sono diventati un po' avvizziti, ma il loro aspetto non è sostanzialmente cambiato. Invece, i frutti conservati nel sacchetto esposto all'aria si sono ricoperti di una muffa lanuginosa blu verde che abbiamo osservato al microscopio.

Conclusione

Abbiamo verificato che:

– le muffe hanno bisogno di aria per poter vivere;

– la temperatura ambientale svolge un ruolo importante nel loro sviluppo in quanto può inibirlo, come nel caso della frutta conservata in frigorifero, o favorirlo.

M. Torri, *Scienze della natura*, vol. 1, Principato, Milano 1999

1 Riconosci nella struttura della relazione, le cui parti sono già state evidenziate, i seguenti **elementi**, che scriverai nel colonnino:

a. nell'introduzione individua l'inquadramento generale del problema trattato, lo scopo dell'esperimento, il luogo dell'esecuzione, le persone che lo hanno realizzato, il materiale utilizzato;

b. nel corpo del testo individua le modalità di svolgimento e la durata dell'esperimento e l'esposizione dei risultati ottenuti;

c. nella conclusione individua l'interpretazione dei dati.

2 Il testo è composto da **sequenze** di diverso tipo: quelle **informative** e quelle **narrative**, che espongono le fasi dell'esperimento. Traccia un riquadro blu intorno alle prime e rosso intorno alle seconde.

3 Il testo contiene parole ed espressioni che appartengono al **lessico specifico** delle scienze e della medicina: sottolineale.

4 Riscrivi la parte centrale della relazione in forma più schematica, come un testo regolativo, completando una **tabella** come la seguente. L'esercizio è avviato.

materiale occorrente	procedimento
1.	1. strofinare le arance e i limoni sul pavimento
2.	2.
3.	3.
4.	4.
5.	5.

5 Scrivi la **relazione** su un **esperimento scientifico** che hai svolto di tua iniziativa, a scuola o a casa, impostandola come l'esempio.

6 Stendi una **relazione** su un **prodotto** che hai realizzato (per esempio un oggetto, una pietanza, un CD, un cocktail). Puoi utilizzare una forma esclusivamente espositivo-narrativa, oppure inserire nell'esposizione-narrazione parti di tipo regolativo, con la successione numerata dei passaggi dell'attività svolta.

4 IMPARARE A ANALIZZARE E PRODURRE LA RELAZIONE DI UNA RICERCA

1 APPRENDIMENTO COOPERATIVO Dividetevi in gruppi di tre e scegliete il fenomeno che volete osservare tra quelli proposti:

- *I gusti musicali della classe*
- *Le letture preferite dalla classe*
- *I luoghi di vacanza preferiti dalla classe*

Ciascun gruppo dovrà scrivere una **relazione** sul fenomeno scelto seguendo queste fasi:

- raccogliete i dati sul tema scelto, intervistando tutti i compagni o somministrando loro dei questionari (prima di farlo preparate le domande per l'intervista o il questionario);
- una volta raccolti i dati, procedete alla loro analisi, cercando di ricavarne tutte le informazioni possibili;
- preparate una scaletta della vostra relazione;
- decidete insieme quali informazioni inserire nell'introduzione, quali nel corpo del testo e quali nella conclusione; poi ciascun componente del gruppo dovrà elaborare una parte a scelta fra queste tre;
- una volta scritta la vostra parte, condividetela con gli altri due compagni per correggerla e rifinirla;
- infine leggete alla classe i vostri testi, confrontateli e valutateli esprimendo un parere obiettivo sulla chiarezza e completezza delle informazioni fornite, sulla struttura e sullo stile comunicativo.

COMPETENZE IN AZIONE

ESERCITAZIONE 1 COMPETENZA LINGUISTICA • produrre testi

Scrivi la relazione (max 1 pagina) su un esperimento scientifico che hai svolto a scuola, che hai visto realizzare in qualche documentario televisivo o in internet oppure di cui hai letto su riviste o libri. Imposta il tuo testo seguendo la scaletta sottostante.

introduzione	– tipo di esperimento di cui riferirai, dove e quando lo hai visto realizzare – scopo dell'esperimento – luogo in cui si è svolto – persone coinvolte – materiali che sono stati usati
corpo del testo	– descrizione dell'attività: • modalità di svolgimento dell'esperimento seguendo la successione cronologica • tempo impiegato • risultati ottenuti
conclusione	– valutazioni conclusive

ESERCITAZIONE 2 COMPETENZA LINGUISTICA • produrre testi COMPETENZE CHIAVE • collaborare e partecipare

APPRENDIMENTO COOPERATIVO

Dividetevi in gruppi di tre e scrivete una relazione su un'attività che avete realizzato in classe (un'uscita didattica, un'attività di laboratorio ecc.).

- Raccogliete le seguenti **informazioni**:
  - tipo di attività svolta, data, luogo e persone coinvolte;
  - obiettivo/i dell'attività;
  - materiali/strumenti utilizzati;
  - fasi della realizzazione;
  - risultati ottenuti;
  - eventuali problemi emersi;
  - considerazioni sul risultato finale.
- Discutete insieme su quali informazioni inserire nell'**introduzione**, nel **corpo del testo** e nella **conclusione**; poi ciascun componente del gruppo dovrà elaborare una parte a scelta fra queste tre.
- Una volta scritte le varie parti, assemblatele in un unico testo, che rileggerete per **correggerlo e rifinirlo**.
- Infine leggete alla classe i vostri testi, confrontateli e valutateli esprimendo un **parere obiettivo** sulla chiarezza e sulla completezza delle informazioni fornite, sulla struttura e sullo stile comunicativo.

ESERCITAZIONE 3

COMPETENZA LINGUISTICA • produrre testi
COMPETENZE CHIAVE • collaborare e partecipare

Leggi il seguente articolo di giornale e svolgi le attività proposte.

Andrea Federica de Cesco-Rossella Trecatin

Studenti italiani e lavoro estivo

Le vacanze degli studenti italiani sono diventate un'occasione per mettersi alla prova. Sempre più spesso l'estate è un modo di prepararsi al futuro. Che cosa fanno e hanno fatto d'estate i giovani di uno dei paesi europei con la pausa scolastica più lunga?

Una fotografia degli ultimi quarant'anni arriva dall'Istituto nazionale di statistica (Istat).

Analizzando i dati sulla percentuale degli occupati nella fascia di età compresa tra i 15 e i 24 anni dal 1977 a oggi, emerge come tra luglio e settembre si verifichi un leggero ma costante incremento dell'occupazione rispetto al resto dell'anno, compreso tra lo 0,5% e l'1,5%.

Il fenomeno riguarda diversi ambiti: dalle ragazze alla pari fino ai bagnini o assistenti bagnanti (professioni che richiedono un brevetto).[1]

Il direttore del Dipartimento per la produzione statistica dell'Istat spiega che sono variazioni piuttosto contenute, ma confermano un andamento positivo del lavoro giovanile estivo.

I mesi estivi non costituiscono però soltanto l'occasione per mettere qualche soldo da parte: volontariato, viaggi-studio e stage (spesso non pagati) sono sempre più diffusi.

Tanti studenti delle superiori, potendo scegliere, preferiscono svolgere durante il periodo estivo dell'attività di Alternanza scuola-lavoro.

Alessandro Notarbartolo, fondatore della piattaforma italiana Tabbid, "il social network dei lavoretti", riferisce che il 32% dei 50 mila iscritti sono gli utenti tra i 18 e i 25 anni, molto attivi nel periodo estivo. Gli impieghi maggiormente popolari in questa fascia d'età sono le consegne di pasti a domicilio e le attività che si possono svolgere sul computer da casa. Lavori manuali – come le pulizie o le riparazioni dei mobili – sono meno richiesti.

Facendo una comparazione fra i vari paesi dell'Unione europea, emergono chiare differenze: da noi i giovani durante l'anno scolastico sono sostenuti economicamente dalle famiglie mentre in altri stati europei è più comune studiare e lavorare nello stesso tempo per mantenersi.

In Italia dunque, nonostante in generale il tasso di occupazione giovanile rimanga tra i più bassi d'Europa, i giovani lavoratori estivi sono in aumento.

A.F. de Cesco-R. Trecatin, *Ragazzi, fa caldo. Al lavoro!*,
in "Sette - Corriere della Sera", 20 luglio 2017

1. **brevetto:** documento che abilita allo svolgimento di speciali professioni.

ATTIVITÀ INDIVIDUALE

Il testo parla del fenomeno del lavoro estivo dei giovani italiani, basandosi sui dati dell'Istat e sulle testimonianze degli esperti. Individua gli elementi richiesti.

- Riconosci la **struttura** del testo indicando nel colonnino laterale l'**introduzione** (con l'inquadramento del problema), il **corpo del testo** (contenente sia i dati Istat sia quelli della piattaforma italiana Tabbid) e la **conclusione** (con il commento dei dati raccolti).
- Nei dati Istat sottolinea con colori differenti la **fascia d'età** osservata, il **periodo** preso in esame, i **risultati** emersi con i dati rilevati, alcuni esempi di **attività praticate**.
- Nei dati riferiti da Notarbartolo di Tabbid sottolinea la **fascia d'età** e gli esempi di **attività praticate**.

APPRENDIMENTO COOPERATIVO

In gruppi di tre, elaborate una relazione sul fenomeno del lavoro estivo fra i compagni di classe o gli amici.

- Raccogliete i **dati** intervistando tutti i compagni o somministrando loro dei questionari, che dovranno verificare se durante gli ultimi mesi estivi gli intervistati hanno svolto attività di tipo lavorativo e quali, se hanno praticato del volontariato e in quale ambito, se hanno compiuto un viaggio-studio o uno stage.
- **Analizzate** i dati raccolti, cercando di ricavarne tutte le informazioni possibili; approfondite l'argomento cercando in rete altri dati sul tema.
- Preparate una **scaletta** della vostra relazione.
- Stendete la relazione, distribuendovi le parti: uno scriverà l'**introduzione** che inquadri il tema della ricerca, un altro la **parte centrale** che spieghi come avete lavorato alla raccolta dei dati e le informazioni ottenute, un terzo la **conclusione** che deve contenere un commento sui dati raccolti e una valutazione del lavoro svolto. Scambiatevi le parti e correggetele reciprocamente fino ad arrivare a una versione concordata.
- Potete corredare il vostro testo con **tabelle o grafici** che riportino in forma sintetica i dati raccolti.
- Scegliete infine un portavoce che esponga alla classe i **risultati** della vostra indagine.

SAPER SCRIVERE 5

Argomentare

1 Che cos'è un testo argomentativo

■ Si definisce argomentativo un testo che ha lo scopo di **sostenere una tesi** (cioè un'opinione, un punto di vista) riguardo a un determinato **tema** o **problema**, dimostrandone la validità con **argomenti convincenti e logici**. Un testo argomentativo svolge quindi **due funzioni** fondamentali:

- una **funzione persuasiva**, poiché ha lo scopo di convincere il destinatario a condividere una tesi o a fare qualcosa;
- una **funzione referenziale** o **informativa**, poiché fornisce informazioni, fatti, dati ecc. riguardo a un determinato argomento.

■ La tesi può essere sostenuta in due modi:

- con la **tecnica probatoria** (dal latino *probare*, "portare delle prove"), che consiste nel portare **argomenti a favore di quella tesi**;
- con la **tecnica probatoria e confutatoria** (dal latino *confutare*, ossia "abbattere" una tesi contraria alla propria), che consiste non solo nell'affermare la propria tesi, ma anche nel dimostrare l'infondatezza di una o più **antitesi**, cioè tesi contrarie.

■ In entrambi i casi le **argomentazioni** a sostegno della tesi possono essere:

- **prove**, cioè informazioni oggettive, riconosciute valide da tutti, come dati, leggi, fatti storici attestati, risultati di studi scientifici ecc.;
- **ragionamenti**, cioè procedimenti logici che, partendo da certe premesse, arrivano alle necessarie conclusioni;
- **pareri autorevoli**, cioè le opinioni di esperti (scienziati, giuristi, psicologi ecc.) che rafforzano la tesi.

■ La **forma** di un testo argomentativo può essere il saggio (specialistico o divulgativo), l'articolo d'opinione, la recensione ecc.

2 Organizzare un'argomentazione

■ Quando a scuola ti viene chiesto di scrivere un testo argomentativo, l'obiettivo fondamentale è quello di costruire un **ragionamento logico**, coerente e coeso. Per farlo è utile organizzare il tuo lavoro seguendo le fasi che ti suggeriamo.

- Leggi con attenzione la **traccia** e cerca di comprenderla a fondo: essa infatti enuncia il problema sul quale dovrai esprimere la tua opinione. Nella traccia è utile individuare le **parole chiave**, per evitare di andare "fuori tema" nello svolgimento. Per esempio nella traccia *Il problema della violenza giovanile nella società contemporanea*, le parole chiave sono *società contemporanea* e *violenza giovanile*: bisognerà allora trattare in generale del fenomeno dei giovani violenti; ma se la traccia è *Il problema della violenza giovanile nella società contemporanea: esponi le tue opinioni in proposito, facendo riferimento in particolare al fenomeno del bullismo e del cyberbullismo*, le parole chiave sono *società contemporanea, bullismo* e *cyberbullismo*: bisognerà allora non trattare in generale dei fenomeni di violenza, ma riferirsi ai due aspetti della violenza giovanile specificati.
- In qualche caso può essere utile cercare **materiale** (per esempio articoli di giornale, ricerche scientifiche, saggi) che rafforzi la tua conoscenza del problema e ti fornisca ulteriori argomenti a sostegno della tesi. È fondamentale **valutare criticamente** questi materiali: i fatti convalidati da prove scientifiche, da dati statistici, da pareri di esperti (per esempio "Numerose ricerche sostengono che è la debolezza psicologica altrui che i bulli individuano subito") vanno infatti distinti dalle opinioni generiche, dai pregiudizi, dalle reazioni emotive (per esempio "Si sa che i bulli hanno una buona prestanza fisica").

- Raccogli e organizza le idee come suggerisce la seguente **scaletta**:

definizione del tema o del problema	Qual è il tema o il problema che devo trattare?
esplicitazione della tesi	Qual è la mia opinione in proposito?
impostazione dell'argomentazione	Quali argomentazioni posso portare per dimostrare che la mia opinione è valida? Ci sono testimonianze o pareri di esperti che convalidano la mia tesi? Ci sono tesi contrarie alla mia? Con quali argomentazioni sono sostenute? Come posso confutarle?
conclusione	Posso suggerire una soluzione per il problema?

3 Argomentare a partire da un dossier di documenti

■ In alcuni casi, oltre alla traccia, ti viene fornita una serie di **documenti** connessi al tema (articoli di giornale, stralci di saggi, testi letterari, dati statistici, immagini ecc.). In questo caso lo sviluppo della tua argomentazione dovrà tenere conto di tutti o di parte del contenuto di questi documenti. Per fare un buon uso di ciascun testo, dovrai:

- **leggerlo e comprenderlo** a fondo;
- evidenziarne l'**idea principale** e individuare il **punto di vista dell'autore**;
- **sintetizzare** brevemente il contenuto;
- distinguere con colori diversi le **parti informative** dalle opinioni e interpretazioni;
- **confrontarlo** con gli altri testi e annotare le **idee** che ti suggerisce e che potrai usare nella tua argomentazione per arricchire le tue idee personali.

4 Scrivere un testo argomentativo

■ Una volta che hai raccolto i materiali e organizzato le idee, puoi cominciare a scrivere. Ti consigliamo di strutturare il testo in questo modo:

- **premessa o esordio**: presenta in breve il tema o il problema che ti accingi ad affrontare; cerca di creare interesse nel tuo destinatario e di predisporlo alla lettura, per esempio ricorrendo a una domanda («È utile assegnare i compiti durante le vacanze?»), a una frase spiritosa («I compiti estivi: che incubo!) o a una citazione («In un recente articolo un dirigente scolastico ha affermato che i compiti estivi "sono un ossimoro, una contraddizione in termini, un assurdo logico"»);
- **esposizione della tesi**: enuncia chiaramente l'opinione che vuoi sostenere;
- **sviluppo argomentativo**: esponi le informazioni necessarie sul tema e le argomentazioni a sostegno della tua tesi tenendo sempre presente il tipo di destinatario al quale ti rivolgi; valuta se ricorrere esclusivamente alla tecnica probatoria o anche a quella confutatoria; suddividi la tua esposizione in paragrafi, ciascuno organizzato intorno a un'idea centrale (in questo modo sarà più chiaro lo sviluppo logico del discorso); se vuoi riportare letteralmente una parte di un documento, ricorda di mettere la citazione tra virgolette e di dichiararne la fonte o l'autore;
- **conclusione**: ribadisci la tua tesi e, se possibile, suggerisci una soluzione per il problema trattato o una riflessione.

■ Questi elementi strutturali non devono necessariamente essere tutti presenti o seguire la sequenza proposta: puoi per esempio enunciare la tesi solo alla fine. In ogni caso ricorda però di mantenere sempre ben chiaro e ordinato lo sviluppo del discorso: la forza di un testo argomentativo sta in un efficace collegamento tra le idee.

■ Nella stesura del testo presta grande attenzione a questi elementi:

- il **registro** e il **lessico**: usa un registro formale e parole chiare e precise; se stai trattando un argomento specifico, privilegia i termini del linguaggio settoriale relativo; puoi usare figure retoriche (come la similitudine e la metafora) per rendere più suggestiva la scrittura, ma senza eccedere;
- la **sintassi**: cerca di usare frasi ben articolate, ma non troppo lunghe per evitare che l'argomentazione risulti contorta e difficile da seguire; se lo ritieni opportuno, puoi ricorrere a domande retoriche (cioè frasi interrogative la cui risposta è scontata) e all'iterazione (la ripetizione di espressioni efficaci o di parole chiave);

- i ▶ **connettivi**: le congiunzioni, le preposizioni, le locuzioni, cioè tutte le parole che servono a collegare le parti di un testo, sono un elemento fondamentale per dare chiarezza e struttura logica al discorso e per costruire un'argomentazione convincente.

MEMO

I connettivi logici

Si distinguono in base alla **funzione** che svolgono nel testo (collegare, escludere, aggiungere ecc.). I più utili in un testo argomentativo sono quelli:
- **causali** (*considerato che, dal momento che, per questa ragione, poiché, dato che* ecc.);
- **aggiuntivi** (*inoltre, per di più* ecc.);
- **conclusivi** (*ebbene, ecco perché, quindi* ecc.);
- **avversativi** (*invece, al contrario, peraltro* ecc.);
- **concessivi** (*nonostante ciò, anche se* ecc.).

5 La revisione del testo argomentativo

■ Dopo aver scritto il tuo testo, **rileggilo più volte** con grande attenzione per controllare se:
- le informazioni relative al problema affrontato sono chiare, precise ed efficaci;
- lo sviluppo del discorso risulta chiaro e funzionale, sia per quanto riguarda l'esposizione del problema, sia nell'argomentazione della tesi, sia nella confutazione di eventuali antitesi;
- l'articolazione in paragrafi è equilibrata e non vi è sproporzione nella disamina dei diversi concetti chiave;
- l'ortografia, la sintassi e la punteggiatura sono corrette;
- le eventuali citazioni tratte dai documenti sono precise.

INCLUSIONE

10 CONSIGLI PER SCRIVERE UN TEMA ARGOMENTATIVO

1. Leggi con attenzione la **traccia** e individua le **parole chiave** che ti aiuteranno a non andare "fuori tema".
2. **Raccogli e organizza le idee**: se l'argomento ti è poco familiare, **documentati** con specifiche letture. Se hai a disposizione un dossier di documenti, analizzali con attenzione.
   In ogni caso distingui sempre con chiarezza i fatti dalle opinioni.
3. Elabora una **scaletta**.
4. Cerca di creare un **esordio** accattivante che evidenzi in modo chiaro il **tema** da trattare.
5. Esponi con chiarezza la tua **tesi**.
6. Organizza lo **sviluppo dell'argomentazione** scegliendo se usare la tecnica probatoria o anche quella confutatoria.
7. Crea dei paragrafi ben connessi tra loro; se citi i **documenti** che ti sono stati forniti riporta la citazione tra **virgolette**.
8. Nella **conclusione** ribadisci la tua tesi e, se le hai elaborate, proponi possibili soluzioni del problema.
9. Fa' attenzione al **registro linguistico**, al **lessico** e alla **sintassi**.
10. Rileggi più volte il tuo testo per verificarne la coerenza e correggere l'ortografia, la sintassi e la punteggiatura.

IN PRATICA

LABORATORIO INTERATTIVO

1 IMPARARE A ANALIZZARE UN TESTO ARGOMENTATIVO

TESTO ARGOMENTATIVO
articolo d'opinione

Beppe Severgnini Come sopravvivere nel mondo del lavoro

È giusto – anzi, sacrosanto – difendere i posti di lavoro. Ma è illusorio pensare che i lavori rimangano gli stessi. Guardatevi intorno: non esiste un mestiere che non si stia trasformando.

Tesi

Guardate le vetrine in questi giorni. Halloween è diventato una stagione estetica. Continuo a pensare che la giornata dei Defunti (oggi, 2 novembre) avesse la stessa forza esorcizzante[1] – nel cremasco mangiamo biscotti chiamati "le ossa dei morti" – e un ben diverso senso familiare, morale e religioso. Comunque sia, Halloween s'è imposto. Una festa celtica,[2] esportata negli Usa e reimportata in Europa. Tipico: siamo bravissimi a ricomprare quello che era già nostro.

Guardate i negozi, dicevo. Non sono solo la prova di un cambiamento nelle tradizioni; dimostrano quanto stiano mutando le funzioni e le professioni. Le composizioni colorate – zucche e streghe, crisantemi e mostri, gerbere[3] e fantasmi – vengono realizzate dai fioristi, pronti a occupare il nuovo mercato. Non solo spasimanti, matrimoni e funerali: anche commercianti e negozianti. I fioristi non sono gli unici capaci di reinventarsi: basta guardarsi intorno.

L'**argomentazione** è costruita attraverso **esempi** tratti dalla realtà.

L'ho fatto anch'io, e non ho dovuto guardare lontano. Mio figlio Antonio, 25 anni, come molti giovani imprenditori agricoli, sta rendendo accogliente la campagna lombarda, utilizzando verde e acqua (mai visti tre quintali di lucci tuffarsi in un lago?). Mio nipote Carlo, 28 anni, dopo aver studiato in Olanda, conduce un orto comunitario a Rovereto (Trento), coinvolgendo anche migranti in attesa della decisione sulla richiesta d'asilo. [...] Mia nipote Eleonora, 30 anni, ha preso un negozio di frutta e verdura a Roma e, con il fidanzato, l'ha trasformato in un posto per colazioni, pranzi veloci, estratti e succhi: la coda, in certi orari, arriva nella piazza.

Altri **esempi** sono tratti dall'esperienza personale dell'autore, attraverso i suoi figli e i suoi nipoti.

È giusto – anzi, sacrosanto – difendere i posti di lavoro. Ma è illusorio pensare che i lavori rimangano gli stessi. Pensate come sono cambiati gli asili: da depositi di bambini a luoghi d'insegnamento, dove giovani donne (e qualche uomo) mettono entusiasmo e competenza (il mio amato Montessori[4] l'ha sempre fatto). Pensate quanto poco, invece, sono cambiati i notai (altra professione di famiglia). Hanno adottato la tecnologia, certo, ma non sono riusciti a trasformarsi in affidabili consulenti patrimoniali. Così la professione è appesa alla volontà del legislatore di turno.[5]

Ripresa della tesi: l'autore porta un esempio positivo di cambiamento (gli asili) e uno negativo di resistenza al cambiamento (i notai).

1. **forza esorcizzante:** capacità di allontanare la paura della morte.
2. **celtica:** propria dei celti, popolazione diffusa nelle isole britanniche e nell'Europa centrale nel I millennio a.C.
3. **gerbere:** fiori simili alle margherite.
4. **Montessori:** metodo didattico ispirato alle teorie della pedagogista Maria Montessori (1870-1952) basato sul coinvolgimento dell'alunno.
5. **la professione... turno:** cambiamenti di legge potrebbero mettere a rischio la professione.

Chi non cambia è destinato a essere cambiato. O a scomparire.

È difficile immaginare un mestiere che sia rimasto immutato. Ecco perché [...] noi giornalisti dobbiamo reinventarci. Non vuol dire dimenticare le cose che sappiamo (e dobbiamo) fare: capire cos'è una notizia e un fenomeno, dar loro il giusto peso, spiegarli e raccontarli. Occorrono nuove abilità (*skills*, in milanese moderno).[6] Organizzare il lavoro, scrivere breve, scrivere lungo, scrivere in un'altra lingua, stare in video (e fare video), parlare in radio, condurre un evento, usare i social in modo professionale. Quindi carta e schermo, palco e redazione, studio TV e giornate di studio [...].

Tutto questo non ci assicura la sopravvivenza professionale. Ma la rende più probabile.

Conclusione: cambiare non ci garantisce il posto di lavoro, ma rende più probabile mantenerlo, come dimostra l'esempio della professione giornalistica.

B. Severgnini, *Le professioni si trasformano: chi non cambia è destinato a essere cambiato*, www.corriere.it, 2 novembre 2017

6. ***skills*, in milanese moderno:** *skills* significa "competenze" nella lingua inglese, diventata, osserva l'autore con ironia, un nuovo dialetto milanese.

1 Quale **problema** affronta il testo?

2 Qual è la **tesi** sostenuta dall'autore?

3 Con quali **esempi** l'autore sostiene la sua argomentazione?

4 Perché secondo te l'autore non porta **dati statistici o pareri autorevoli** a sostegno della sua tesi?

5 Ritieni valida e fondata la tesi sostenuta dall'autore? Porta due **argomenti a sostegno** di una risposta positiva e due per una valutazione negativa o critica.

6 In che misura, secondo te, la scuola fornisce oggi le *skills* utili per fronteggiare i cambiamenti nel mondo del lavoro? Argomenta la tua risposta con **esempi concreti** tratti dalla tua esperienza di studio.

2 IMPARARE A ANALIZZARE UN TESTO ARGOMENTATIVO

TESTO ARGOMENTATIVO
saggio divulgativo

John Condry I bambini e la TV

Oggi molti bambini americani hanno problemi personali e uno dei motivi è che trascorrono una parte eccessiva del loro tempo a guardare la televisione.

Tesi

La televisione è una ladra di tempo: deruba i bambini di ore preziose, essenziali per imparare qualcosa sul mondo e sul posto che ciascuno vi occupa. E questo sarebbe già abbastanza negativo.

Prima argomentazione: la TV sottrae tempo.

Ma la TV non è soltanto ladra: è anche bugiarda. Guardando la televisione i bambini vi scorgono una fonte ragionevole di informazioni sul mondo. Questo non è vero, ma loro non hanno modo di capirlo. Per quel po' di verità che la televisione comunica, c'è molto di falso e di distorto, sia in materia di valori che di fatti reali.

Seconda argomentazione: la TV spesso distorce fatti e valori.

Il contenuto spettacolare dei programmi televisivi è straordinariamente violento, se paragonato alla vita quotidiana che pretende di ritrarre.

I bambini reagiscono a ciò che vedono comportandosi essi stessi in modo più violento, mostrandosi insensibili alla violenza, acquisendo credenze e valori che dicono loro che il mondo è un posto «malvagio e pericoloso» in cui c'è da aspettarsi atti violenti e in cui questi vengono ammirati.

Terza argomentazione: molti programmi televisivi mostrano scene di violenza e questo può influenzare negativamente i bambini.

La televisione influisce sulle azioni, i valori e le credenze dei suoi spettatori, ma non influenza tutti allo stesso modo. Dipende da quanto tempo si passa davanti allo schermo e dal contenuto dei programmi che si guardano. La conoscenza dello spettatore e del suo ambiente sociale, in particolare del contesto sociale o familiare, sono fattori determinanti per mediare l'influsso[1] del piccolo schermo.[2] Dal momento che le famiglie che «mediano» la televisione in misura sufficiente sono tanto poche e che le scuole se ne disinteressano altrettanto, i bambini sono abbandonati a se stessi nel tentativo di estrarre un senso da questo mezzo di comunicazione e da ciò che ha da offrire. [...]

Ampliamento della tesi

Per molti bambini piccoli, la televisione ha sostituito le fiabe con racconti moderni, omogenei ma meno coerenti. Il tempo trascorso a guardare la televisione allontana il bambino dalla lettura; la capacità di leggere è scarsamente sviluppata, e il valore della lettura trascurato.

Di chi è la colpa per il fatto che i bambini guardano troppo la televisione, e che la televisione è dannosa per lo sviluppo del bambino? Con chi ce la prendiamo?

Una parte notevole della responsabilità ricade sulla televisione stessa.

In America la TV è un'istituzione che serve gli interessi delle imprese da cui è sponsorizzata[3] molto più di quelli del pubblico. Fin dal suo avvento, la televisione ha usato violenze eccessive e gratuite come strumento per attirare l'attenzione, e ha continuato a farlo anche davanti alla riprovazione diffusa dell'opinione pubblica. La commercializzazione di questo mezzo di comunicazione pervade[4] tutto ciò che fa.

Ma pur essendo responsabile dei suoi contenuti, la televisione non può essere incolpata del modo in cui la gente la usa.

Allora è forse colpa dei bambini? È colpa loro se le informazioni trasmesse dalla televisione sono tanto distorte? O invece è colpa della scuola, cui spetta il compito di insegnare qualcosa della nostra cultura, ma che si è dimostrata incapace di insegnare qualcosa sulla televisione?

Quarta argomentazione: la TV allontana il bambino dalla lettura; l'autore usa la strategia del porre domande a cui dà di seguito risposta.

Considerato che la televisione non è destinata a scomparire ed anche è improbabile che cambi al punto da diventare un ambiente ragionevolmente accettabile per la socializzazione dei bambini, queste realtà vanno accettate. Possiamo modificare i contenuti, migliorare la qualità dei programmi a disposizione

Conclusione

1. **mediare l'influsso:** intervenire, controllare l'influenza della televisione sui minori.
2. **piccolo schermo:** la televisione, in contrapposizione al "grande schermo" del cinema.
3. **imprese... sponsorizzata:** imprese e aziende che a scopo pubblicitario sostengono economicamente i programmi televisivi.
4. **pervade:** riempie.

dei bambini, ma l'esigenza più importante è scoraggiare i bambini dall'usare la televisione come fonte di informazioni sul mondo. Però se insistiamo con i nostri figli affinché guardino meno la televisione, dobbiamo altresì offrir loro altre idee su come passare il tempo.

I bambini hanno bisogno di conoscere se stessi tanto quanto hanno bisogno di conoscere il mondo; e queste informazioni si ottengono soltanto agendo nel mondo, cioè tramite l'interazione reale[5] fra esseri umani. I bambini hanno bisogno di più esperienza e meno televisione.

Conclusione

La televisione non può insegnare ai bambini ciò che debbono sapere via via che crescono e diventano adolescenti e poi adulti. La televisione è un mezzo pubblicitario; in quanto tale ha un posto che le spetta legittimamente. Può essere divertente; nell'intrattenimento non c'è nulla di intrinsecamente sbagliato. La televisione può essere informativa, e questo è un bene. Tuttavia, come strumento di socializzazione, è carente; occorre capire questo fatto e prenderne spunto per agire.

Ripresa dell'esordio e chiusura

adatt. da J. Condry, *Ladra di tempo, serva infedele*, in K.R. Popper-J. Condry, *Cattiva maestra televisione*, trad. it. di M. Astrologo e C. Di Giorgio, Edizione Cde, Milano 1996

5. **interazione reale:** i rapporti reali tra le persone, che si stabiliscono con gli incontri che la vita propone.

1 Quale **problema** affronta il testo?

2 Qual è la **tesi** dell'autore?

3 Tra le **argomentazioni** a sostegno della tesi ci sono prove o pareri autorevoli?

4 Quale **soluzione** propone l'autore?

5 Ritieni anche tu che i programmi televisivi siano troppo spesso bugiardi e violenti oppure ritieni che siano anche un utile strumento per informarsi? Porta **due argomentazioni a sostegno** della tua opinione e **due argomentazioni contrarie**.

6 Critiche simili a questa vengono oggi rivolte ai social network e in generale agli strumenti di informazione e di comunicazione digitali. Sulla base della tua esperienza, elenca almeno tre di queste critiche e formula poi **una argomentazione a favore e una contro** per ciascuna di esse.

3 IMPARARE A ANALIZZARE UN TESTO ARGOMENTATIVO

TESTO ARGOMENTATIVO
articolo d'opinione

Rex Weyler Produrre energia salvaguardando l'ambiente

Vivo in Canada, sulla costa occidentale e qui, come in molte comunità del mondo, stiamo lottando contro l'incessante assalto alla natura selvaggia che ancora resiste.

Di recente sono stato in uno di questi luoghi incontaminati e allo stesso tempo minacciati dall'uomo, Bute Inlet,[1] perché una importante compagnia elettri-

1. **Bute Inlet:** fiordo della Columbia Britannica, in Canada.

ca americana e i suoi partner locali intendono trasformare i ruscelli e i fiumi di questa insenatura in impianti elettrici. Bulldozer che rivoltano i fondali dei fiumi, corsi d'acqua incanalati in enormi tubi per arrivare alle turbine, progettate e costruite per produrre fino a 1000 megawatts di energia.

Le compagnie elettriche sostengono che questa è "energia verde": si raggiunge la "sostenibilità" ambientale trasformando i bacini d'acqua naturali in impianti per la produzione di energia.

In realtà si tratta di una massiccia opera di distruzione della natura, e non è che l'inizio. La compagnia elettrica, infatti, avrà bisogno di abbattere e spianare chilometri di foresta per lasciare spazio ai condotti che servono per trasportare l'elettricità.

Queste scelte contrastano con quanto è avvenuto nel corso dei millenni della storia umana. Gli insediamenti umani, da sempre, sono sorti e hanno prosperato lungo i fiumi, e non per caso, ma per molte buone ragioni:

– abbondanza di cibo e altre risorse naturali;
– disponibilità di acqua pulita;
– corridoi naturali per il trasporto.

Inoltre oggi sappiamo che:

– i fiumi svolgono naturalmente un'azione di depurazione delle acque;
– la vegetazione che si sviluppa lungo gli argini contrasta i fenomeni di erosione e più in generale tiene sotto controllo le emissioni di CO_2;
– la cementificazione che quegli interventi comporterebbero impedirebbe alla pioggia di venir assorbita dalla terra e immagazzinata nel sottosuolo, e ciò potrebbe provocare allagamenti;
– in questo modo verrebbe meno l'azione preziosa dei microrganismi del sottosuolo, che eliminano le sostanze contaminanti e rilasciano quelle nutrienti.

Molti di noi oggi vivono in ambienti totalmente dominati dalla mano dell'uomo, pieni di cemento e di costruzioni. I luoghi in cui viviamo possono oscurare il nostro legame con la natura, ma è dall'osservazione della natura che possiamo trovare una risposta veramente ecologica ai nostri problemi.

adatt. da R. Weyler, in "Notiziario di Greenpeace", n° 99

1 Utilizzando il colonnino a fianco del testo, individua le seguenti **parti della struttura**:
- esordio ed esposizione del problema;
- tesi da confutare;
- tesi dell'autore;
- sviluppo argomentativo di tipo confutatorio;
- conclusione.

2 Qual è il **problema** trattato?

3 Qual è la **tesi** delle compagnie elettriche?

4 Qual è la **tesi** dell'autore?

5 Quali **argomenti** usa l'autore a sostegno della propria tesi?

4 IMPARARE A SELEZIONARE ARGOMENTI PERTINENTI

1 Immagina di dover sostenere le due tesi che seguono. Quali **argomentazioni** sceglieresti fra quelle elencate?

Tesi A

- *Le donne italiane sono discriminate rispetto ai loro concittadini uomini.*

Argomentazioni

a Il carico di lavoro legato alla gestione della casa e dei figli non è equamente suddiviso tra uomo e donna.

b Non esiste una politica adeguata di sostegno alla famiglia (asili nido, centri per l'infanzia, assistenza agli anziani) e così la cura della famiglia ricade soprattutto sulle donne.

c Le donne laureate sono più numerose degli uomini laureati.

d Sono rari i casi di donne manager o di donne attive nella politica.

e Gli stipendi delle donne, a parità di mansione, sono inferiori a quelli degli uomini.

f Le donne immigrate fanno più figli delle donne italiane.

Tesi B

- *Poiché i viaggi d'istruzione sono importanti, ogni scuola deve trovare le risorse umane ed economiche per promuoverli.*

Argomentazioni

a I viaggi d'istruzione permettono a tutti gli alunni di conoscere, in modo organizzato e adeguato alle loro capacità di comprensione, luoghi e ambienti di grande interesse.

b Con i viaggi d'istruzione la scuola si fa carico di sopperire alle eventuali carenze di tipo culturale delle famiglie.

c Le mete preferite dai ragazzi dell'ultimo anno sono le capitali europee.

d Durante i viaggi di istruzione molti ragazzi pensano solo ad andare in discoteca di sera.

e Le attività organizzate svolte al di fuori dell'ambiente scolastico favoriscono la socializzazione tra i ragazzi e permettono ai docenti una migliore conoscenza dei loro alunni.

5 IMPARARE A INDIVIDUARE POSSIBILI ANTITESI

1 Per ciascuna delle seguenti tesi scrivi una possibile **antitesi**, sostenendola con almeno due argomentazioni pertinenti.

- *Gli animali domestici sono un fastidioso impegno.*
- *Le diete dimagranti sono una fatica inutile.*
- *La ricchezza dà la felicità.*

6 IMPARARE A RACCOGLIERE E ORGANIZZARE LE IDEE

TESTO ARGOMENTATIVO
saggio divulgativo

Silvia Vegetti Finzi Vivere immersi nella musica

Il linguaggio universale che attraversa le culture giovanili da una parte all'altra del pianeta è la musica: un sogno a tutto volume che esalta le emozioni, amplifica i desideri, dilata le fantasie. Nelle sue infinite variazioni la musica fa da sfondo all'adolescenza, segnando di generazione in generazione un'età, un'epoca, un modo di vivere, di soffrire e di amare. Chi non ha mai provato uno struggente senso di nostalgia nel riascoltare per caso un ritmo, una voce, una canzone che rievoca il tempo della giovinezza? Ma oggi la musica non è più circoscritta a momenti particolari: dilaga sempre e ovunque. I ragazzi vivono immersi in un mare di suoni che scandiscono la loro vita come un leitmotiv permanente. Ascoltando musica da soli, in coppia, in gruppo o in centomila. Nella loro stanza, per strada, nel metro. Ai concerti, in discoteca, in birreria. Mentre studiano, leggono, pensano, parlano, discutono, fanno l'amore.

Oltre a rappresentare un fenomeno culturale di proporzioni vastissime, la musica acquista per i ragazzi significati profondi che spesso sfuggono alla comprensione degli adulti. Il suo linguaggio sempre più multietnico, ricco di messaggi che avvicinano i giovani di ogni razza e cultura, rappresenta un inno di appartenenza al gruppo: un lessico in cui tutti si riconoscono e in cui confluiscono le stesse emozioni condivise. Attraverso una moltitudine di suoni scanditi da parole spesso provocatorie, debordanti, estreme, la musica che gli adolescenti amano parla per loro, esprime quello che è difficile non solo dire ma anche pensare: la ricerca di se stessi, della propria identità, il significato dell'esistere, l'amore, il sesso, il desiderio di rivolta, la violenza, la morte, la speranza.

Per quanto possa sembrare sconvolgente e pervasiva, nel suono come nelle parole, la musica ha un grande potere calmante: consente di dare un significato simbolico a sentimenti, emozioni e angosce che altrimenti rischiano di debordare. Proprio per questo ascoltarla in solitudine crea un clima che favorisce la concentrazione: inutile stupirsi o preoccuparsi, quindi, se i ragazzi studiano a suon di musica. Il suo ritmo, le sue vibrazioni non li distolgono dall'apprendimento: creano invece una barriera che li protegge non solo dalle intrusioni esterne, ma anche dalle proprie ansie.

S. Vegetti Finzi, *L'età incerta*, A. Mondadori, Milano 2000

1 Nel testo vengono espresse tre **tesi** fra loro collegate: individuale e sottolineale.

2 Stendi una **scaletta** preparatoria per svolgere questa traccia: *Quanto è importante la musica per i ragazzi di oggi?*. Procedi così:
- rifletti sulla tua esperienza e trascrivi sinteticamente le idee che ti vengono in mente;
- raccogli anche le esperienze dei compagni;
- indica, in una frase sintetica, qual è la tua tesi;
- elenca, sempre sinteticamente, due o tre argomenti a sostegno della tua tesi;
- individua una o due possibili antitesi e dimostrane l'infondatezza;
- concludi ribadendo la tua tesi.

3 Scrivi un **tema argomentativo**, a partire dalla scaletta che hai preparato, eseguendo queste operazioni:
- nella premessa parla del tuo rapporto con la musica;
- esponi la tua tesi e le tue argomentazioni, sostenendole con la tua esperienza personale, con le testimonianze dei compagni ed eventualmente con informazioni che hai ricavato dai giornali, dalla televisione o dalla rete;
- prendi in considerazione, per confutarle, eventuali critiche alla musica cosiddetta "leggera", per esempio che è un prodotto di scarso valore culturale;
- concludi ribadendo la tua tesi ed eventualmente aggiungendo qualche precisazione;
- cura la sintassi, evitando frasi involute;
- usa connettivi che rendano evidenti le relazioni tra le argomentazioni che esponi.

7 IMPARARE A INDIVIDUARE LE INFORMAZIONI UTILI IN UN DOCUMENTO

TESTO INFORMATIVO
articolo d'opinione

Valerio Gualerzi Anche le T-shirt inquinano

C'erano una volta toppe e rammendi. Ora, al primo segno di cedimento (o al primo cambio di moda) il capo di abbigliamento finisce nella spazzatura. E così nella classifica delle industrie più inquinanti quella tessile scala posizioni fino a occupare il secondo posto dietro al petrolio. Sotto la spinta della "fast fashion", il vestiario a poco prezzo da rinnovare a ogni cambio di stagione, i ruoli potrebbero scambiarsi. C'è chi, come lo stilista inglese Tom Cridland, vuole invertire la tendenza tornando a produrre abiti che durano 30 anni.

Secondo uno studio McKinsey,[1] tra il 1995 e il 2014 il prezzo dei capi di abbigliamento è cresciuto molto più lentamente di quello di tutti gli altri beni di consumo, con un record nel Regno Unito dove, a fronte di un aumento del 49% del prezzo medio delle merci, quello del vestiario è diminuito invece del 53%. Un crollo che ha conquistato folle di consumatori, innescando un meccanismo infernale.

Una ricerca realizzata da Greenpeace[2] Germania segnala che la produzione di abiti è raddoppiata dal 2000 al 2014. Il consumatore medio acquista il 60% in più di capi ogni anno e la loro durata si è dimezzata rispetto a 15 anni fa, producendo montagne di rifiuti. [...] «Il riciclo non è una soluzione» spiega Giuseppe Ungherese di Greenpeace. «I mercatini sono saturi e la sfida tecnologica per riciclare al 100% le fibre non è ancora stata vinta. Le aziende dell'abbigliamento devono ripensare il modello usa e getta e produrre capi che durano.»

Il danno ambientale provocato dall'industria tessile è talmente imponente da essere visibile addirittura dallo spazio: le immagini satellitari testimoniano che la superficie del Lago d'Aral, in Kazakistan, si è ridotta a un 10% scarso rispetto agli anni '60. Colpa della monocoltura del cotone, usato in circa il 40% dei nostri indumenti, che ha deviato gli affluenti che lo alimentavano. Sommando anche lavorazione e tintura, prima di giungere su uno scaffale un paio di jeans può arrivare a consumare 11.000 litri d'acqua. Non solo: le piantagioni di cotone coprono meno del 3% della terra coltivata, ma utilizzano il 10% dei pesticidi e il 24% degli insetticidi impiegati dall'agricoltura mondiale. In conto all'industria tessile va messo anche il consumo energetico per il trasporto: è stato calcolato che il cotone viaggia in media 12 mila chilometri, dal campo di raccolta al negozio di abbigliamento. Gli ambientalisti chiedono ai produttori pratiche industriali più sostenibili. [...]

Ben più complicata la sfida per limitare il ricambio forsennato del guardaroba con capi dalla durata pluriennale. «Parlare di una moda che dura 30 anni è un ossimoro»,[3] osserva Ariela Mortara, docente di Sociologia dei consumi presso l'Università Iulm di Milano. «Quello che possiamo fare è diffondere una maggiore consapevolezza su cosa comporta la produzione a basso costo. A Berlino è stato fatto un esperimento con un distributore automatico di magliette a 2 euro. Una volta inserita la moneta, prima di ricevere la T-shirt, sullo schermo appariva un breve filmato su come era stato possibile realizzarla a quel prezzo: la maggioranza sceglieva l'opzione "rinuncia" ottenendo indietro i soldi.»

V. Gualerzi, *La riscoperta dei vestiti che durano una vita. "Cambiamoci di meno salveremo l'ambiente"*, in "la Repubblica", 19 marzo 2017

1. **McKinsey:** società internazionale di consulenza.
2. **Greenpeace:** organizzazione non governativa ambientalista e pacifista fondata a Vancouver nel 1971.
3. **un ossimoro:** una contraddizione.

1 Rispondi alle seguenti domande sui **contenuti** dell'articolo.

a. Quale problema viene dibattuto nell'articolo?

b. Quali fonti sono citate dall'autore? Sottolineale nel testo.

2 Scrivi ora un **testo argomentativo** nel quale esprimerai la **tua opinione** sul problema sollevato nell'articolo, in max 30 righe. Per organizzare il tuo testo puoi usare lo schema di p. 61.

8 IMPARARE A INDIVIDUARE LE INFORMAZIONI UTILI IN UN DOCUMENTO

TESTO INFORMATIVO
articolo d'opinione

Martina Pennisi Quando "navigare" da soli?

Qual è l'età giusta per scorrazzare autonomamente in internet, sui social network e portali di video? Quando una ragazzino o una ragazzina può annunciare di essere pronto a nuotare nel mare della rete? Google ha deciso: 13 anni. E lo ha fatto mentre l'Unione Europea prova ad alzare il limite a 16 anni con il regolamento sul trattamento dei dati personali. Ai tredicenni Google chiede se vogliono riprendere possesso del loro profilo, creato in precedenza dai genitori con l'applicazione Family Link, sistema che permette ai genitori di gestire a distanza il rapporto tra i piccoli utenti e il loro smartphone, quali applicazioni possono scaricare, quali video possono vedere, dove si trovano in un determinato momento e quando devono spegnere il dispositivo e possibilmente riporlo nel cassetto. Questo fino al compimento dell'età in cui il piccolo internauta[1] può emanciparsi.[2] Perché Google lo ritiene pronto a 13 anni? La risposta dei responsabili è stata che, in realtà, il limite è stato fatto coincidere con l'età in cui, per la legge americana, si può aprire un account[3] Google, ma anche un profilo Facebook o Instagram senza il consenso dei genitori. In questo modo, la scelta è del minore e non del genitore.

Ma a 13 anni si può navigare in rete senza controllo come a 18 si può guidare? Lo psicoterapeuta Alberto Rossetti, che studia le tematiche legate all'utilizzo di social e rete, sostiene: «È difficile individuare un'età precisa: a 13 anni i ragazzini e le ragazzine sono portati a sperimentare il rapporto con se stessi e con gli altri, ma non c'è consapevolezza o senso critico. L'ideale sarebbero 15 o 16 anni, l'età prevista dal nuovo regolamento europeo sui dati personali. Mi rendo, però, anche conto che la società sta andando in tutt'altra direzione: il primo telefonino, infatti, arriva intorno agli 8 anni. Giudico rischioso il controllo in remoto[4] da parte dei genitori. Può far pensare che è tutto molto semplice, che basta attivarlo per risolvere un problema, e non bisogna sforzarsi più di tanto. L'educazione all'utilizzo di questi dispositivi obbliga invece a un confronto. A essere presenti, raccontando sia rischi e aspetti negativi di internet, sia opportunità ed esperienze positive. Anche mettere dei limiti temporali a questi strumenti è utile, strumenti con cui anche noi adulti abbiamo un rapporto di dipendenza. Bisogna insegnare ai più piccoli a spegnerli e a metterli da parte ogni tanto, soprattutto la sera prima di coricarsi».

adatt. da M. Pennisi, *Maggiorenni a 13 anni?*, in "Corriere della Sera", 29 luglio 2017

1. **internauta:** chi naviga in internet.
2. **emanciparsi:** rendersi autonomo, indipendente.
3. **account:** in informatica indica l'insieme di funzionalità attribuite a un nome utente registrato.
4. **controllo in remoto:** controllo a distanza effettuato attraverso un apparecchio elettronico.

1 Rispondi alle seguenti domande sui **contenuti** dell'articolo.

a. Quale problema viene dibattuto nell'articolo? Sottolinea la risposta nel testo.

b. Qual è la risposta che ha dato Google in America? Con quale argomentazione? Sottolinea la risposta in verde nel testo.

c. Lo psicoterapeuta Alberto Rossetti è di parere diverso: qual è la sua opinione? Sottolineala in rosso nel testo.

2 Scrivi ora un **testo argomentativo** nel quale esprimerai la tua **opinione** sul problema sollevato nell'articolo, in max 30 righe. Per organizzare il tuo testo puoi usare lo schema di p. 61.

3 APPRENDIMENTO COOPERATIVO Dividetevi in gruppi di tre e leggete i testi che avete scritto stabilendo:

a. qual è **il più convincente nel contenuto** (indipendentemente dall'opinione sostenuta);

b. qual è **quello scritto meglio** (argomentazioni chiare, uso adeguato di connettivi nei passaggi importanti, eventuale uso di domande retoriche, similitudini, metafore).

9 IMPARARE A INDIVIDUARE LE INFORMAZIONI UTILI IN UN DOSSIER DI DOCUMENTI

DOCUMENTO 1

Diventano padri sempre più tardi, ma sono padri sempre più coinvolti. Prima ancora della nascita del/della figlio/a, sono presenti accanto alla futura madre nei corsi pre-parto e soprattutto sulla scena del parto. Se c'è qualcuno accanto alla donna, infatti, in oltre il 90% dei casi si tratta del padre (era il 90% nel 2000), anche se con una differenziazione tra Centro-Nord (dove la percentuale è sempre superiore al 90%) e Mezzogiorno, dove (salvo che in Molise) è sempre inferiore, toccando il punto più basso in Campania. Soprattutto i padri sono presenti nelle attività quotidiane di cura dei figli piccoli, di nuovo, più al Centro-Nord che al Sud.

Il primo Rapporto sulla paternità, utilizzando dati dell'Istat e di ricerche specifiche, offre uno spaccato di come stia cambiando anche in Italia, come in altri paesi sviluppati, il modo di essere e fare i padri. Un modo in cui tenerezza e cura sono rivendicate e agite come proprie anche dalla paternità e non solo dalla maternità e dove la collaborazione tra padri e madri è intensa, anche se non del tutto paritaria: infatti le madri, anche quando sono occupate, effettuano il 61% del lavoro di cura e hanno anche la responsabilità delle attività di routine (dar da mangiare, vestire, far addormentare i bambini o semplicemente tenerli sotto controllo), laddove i padri hanno la maggioranza delle attività ludiche. Solo una piccola percentuale dei padri italiani (il 13% secondo i dati Inps), inoltre, prende almeno una parte del congedo genitoriale, a differenza di quanto succede in altri paesi, come quelli nordici, Germania e anche Portogallo. [...]

Nel rapporto viene segnalato un altro possibile rischio: che, finita l'ubriacatura del periodo "eroico" della paternità nella primissima infanzia, i padri si ritirino in buon ordine, tornando ai vecchi modelli, senza affrontare le difficoltà e le sfide di una paternità che, analogamente alla maternità, deve essere costruita e cambiata ogni giorno, man mano che i figli crescono.

adatt. da C. Saraceno, *Se il papà cambia pelle*, in "la Repubblica", 24 marzo 2017

DOCUMENTO 2

La conquista del diritto di voto non fu un fatto automatico, ma il risultato di decenni di lotte iniziate alla fine del secolo XIX e portate avanti dai movimenti femminili borghesi e socialisti: i cosiddetti movimenti delle "suffragette", com'erano chiamate le militanti femministe dalla stampa maschile conservatrice. Alla base di questi movimenti vi erano infatti da un lato gli stessi princìpi di uguaglianza dei cittadini imposti dalla rivoluzione francese, ma sempre negati alle donne, dall'altro il fenomeno dell'industrializzazione che aveva inserito nel mondo del lavoro salariato le donne, pur in una posizione subordinata rispetto agli uomini. La Prima guerra mondiale, che aveva visto le donne coprire molti dei posti di lavoro lasciati liberi dagli uomini impegnati in guerra e farsi carico delle enormi difficoltà di gestione della vita quotidiana imposte dal carattere "totale" del conflitto, aveva fatto il resto, imponendo come un diritto indiscutibile la partecipazione delle donne alla vita politica. Tuttavia l'avvenuta conquista dei pieni diritti di cittadinanza non aveva portato a una completa uguaglianza tra uomini e donne; non solo perché essa rimaneva (e rimane) ancora assente in molti stati extraeuropei, ma anche perché non sempre corrispose a un adeguato protagonismo nella vita politica, soprattutto nei parlamenti e nei governi. Solo in pochi paesi il numero delle parlamentari si avvicinò a quello dei deputati maschi, con il risultato che le donne non poterono esercitare, se non in misura marginale, un'effettiva influenza sulle scelte politiche degli stati. [...]

La persistenza di notevoli disuguaglianze tra uomini e donne nel mondo del lavoro e nei rapporti interpersonali portò le femministe degli anni settanta del Novecento a modificare, almeno in parte, il proprio approccio al tema dell'uguaglianza. Oltre a rivendicare pari opportunità nell'accesso al mondo del lavoro, esse cominciarono a insistere sul riconoscimento della diversità femminile. Uomini e donne, si cominciò a sostenere, sono diversi non solo a causa dei fattori biologici, ma anche in virtù di una differenza di genere. L'essere donna comporta anche una diversa visione del mondo, che in molti aspetti è superiore a quella maschile. Insomma, per le femministe degli anni settanta tutto ciò significava che le donne non dovevano limitarsi a cercare di far parte dello stesso mondo degli uomini, ma dovevano anche operare per cambiarlo facendo valere il proprio punto di vista su molti aspetti della vita e della società.

G. De Vecchi-G. Giovannetti-E. Zanette, *Il lavoro dell'uomo*, vol. 2, Bruno Mondadori, Milano 1999

DOCUMENTO 3

Cronologia del diritto di voto per le donne

Nuova Zelanda 1893	Germania 1919
Australia 1902	Paesi Bassi 1919
Albania 1912	Stati Uniti 1920
Norvegia 1913	Svezia 1921
Danimarca 1915	Romania 1929
Islanda 1915	Turchia 1930
Canada 1917	Spagna 1931
Russia 1917	Giappone 1945
Austria 1918	Francia 1946
Gran Bretagna 1918	Italia 1946
Irlanda 1918	Belgio 1948
Polonia 1918	Cina 1949
Russia 1918	Grecia 1952
Ungheria 1918	Svizzera 1971
Belgio 1919	Portogallo 1976

DOCUMENTO 4

1 Utilizzando i documenti forniti scrivi un **testo argomentativo** sulla seguente traccia:

- *La parità fra donna e uomo: un traguardo raggiunto?*

Procedi nel modo seguente:

- sottolinea i concetti chiave e annota nel colonnino a fianco le considerazioni che ritieni interessanti e che potresti usare nel testo che scriverai;
- APPRENDIMENTO COOPERATIVO confronta i concetti chiave che hai individuato con un compagno: sono gli stessi? discutete e arrivate a una selezione condivisa dei concetti più importanti;
- scrivi ora il tuo testo argomentativo; puoi usare la struttura consigliata a p. 61.

COMPETENZE IN AZIONE

ESERCITAZIONE 1 COMPETENZA LINGUISTICA • produrre testi

Leggi la seguente traccia e scrivi un tema argomentativo, utilizzando una o tutte le argomentazioni elencate. Puoi aggiungerne altre e portare esempi relativi alla tua esperienza personale.

- *I genitori tendono spesso a eccedere nel proteggere i propri figli: questo è un bene per la salute psicofisica dei bambini? Essere iperprotettivi aiuta o penalizza i figli?*

Argomentazioni

- Sorvegliare eccessivamente i propri figli non è un bene. Anzi, può avere profondi effetti sulla crescita di un individuo, determinando addirittura danni psicologici permanenti da adulti: i più infelici da grandi sono proprio coloro che da piccoli hanno avuto genitori estremamente apprensivi. Al contrario, chi era cresciuto con genitori non troppo opprimenti ha ottenuto punteggi più alti nei sondaggi riguardanti la felicità e il benessere generale (da uno studio dell'University College London pubblicato su "The Journal of Positive Psychology").
- Se si trasmette ai figli l'idea che il mondo sia un luogo pericoloso dove sono incapaci di cavarsela da soli, essi tenderanno di conseguenza a sentirsi insicuri, ad affrontare con scarsa fiducia le prove della vita e a non sviluppare le proprie capacità.
- Non bisogna confondere la protezione con l'iperprotezione. La protezione nei confronti dei figli è necessaria, soprattutto quando sono piccoli e dipendono dai genitori per tutto, mentre l'iperprotezione nei confronti di un figlio significa pensare per lui, prendere decisioni al posto suo, risolvere tutti i suoi problemi.
- I genitori iperprotettivi non stabiliscono regole per paura di fare un torto ai propri figli, sono eccessivamente permissivi, e quindi non li educano.
- Le persone cresciute da genitori iperprotettivi sono spesso incapaci di tollerare frustrazioni e insuccessi e possono reagire con aggressività se non ottengono ciò che vogliono.

ESERCITAZIONE 2 COMPETENZA LINGUISTICA • produrre testi
COMPETENZE CHIAVE • acquisire e interpretare l'informazione • collaborare e partecipare • pensiero critico

APPRENDIMENTO COOPERATIVO

Leggete le seguenti tracce, sceglietene una e svolgete le attività proposte.

- *Numerosi e mortali incidenti stradali – dovuti a eccesso di velocità, all'abuso di alcol e di sostanze stupefacenti o all'uso di cellulari durante la guida – possono essere evitati con un'educazione alla cittadinanza responsabile impartita dalla scuola o dalla famiglia?*
- *Tutti condividono l'idea che la scuola debba formare i giovani per il mondo del lavoro. Ma per raggiungere questo obiettivo è meglio concentrarsi sulle discipline di tipo tecnico e sulle lingue straniere o sono importanti anche le materie di formazione generale, umanistica e scientifica?*

- Dividetevi in gruppi di tre e cercate **informazioni**, **statistiche** e **pareri di esperti**, che userete per sostenere la vostra tesi.
- Stendete una **scaletta** scegliendo insieme quali argomentazioni usare.
- Procedete poi individualmente alla **stesura** del testo.
- Confrontate i vostri testi, selezionate quello **meglio argomentato** e presentatelo alla classe.

Scrivere il curriculum

1 Che cos'è il curriculum

- Il ***curriculum vitae*** (espressione latina che significa "corso della vita"), o più semplicemente curriculum o cv, è un testo di tipo informativo che ha lo scopo di presentare il tuo **percorso di studio e di esperienze lavorative** per candidarti a un incarico professionale, a un corso di formazione, a un concorso.

- Nel curriculum devi fornire i tuoi dati identificativi essenziali (nome e cognome, data di nascita, indirizzo, telefono ecc.), ma soprattutto devi indicare, valorizzandole, le tue **conoscenze** e le tue **competenze professionali e personali (o trasversali)**, come la capacità di comunicare, di gestire efficacemente il tempo rispetto alle scadenze, di lavorare in gruppo, di assumersi responsabilità. Il curriculum è in sostanza un "biglietto da visita" che può aiutarti ad accedere nel modo migliore al mondo del lavoro.

- Spesso il curriculum è l'unico mezzo in possesso di chi sta selezionando il personale per valutare l'idoneità del candidato: è quindi indispensabile **scriverlo al meglio**, mettendo in risalto i punti di forza, in modo da convincere chi legge a sceglierci fra altri. In particolare è importante cercare di capire bene che cosa si aspetta chi sta facendo la selezione per fornire in modo chiaro e conciso solo le informazioni più utili.

- Ricorda sempre che, poiché si tratta di una dichiarazione che scrivi sotto la tua responsabilità, **non devi mai fornire informazioni false**.

2 Struttura e contenuti del curriculum

- Un curriculum è costituito dalle seguenti parti.

Informazioni personali

- Nome e cognome, indirizzo di residenza, numero di telefono fisso e/o cellulare, indirizzo di posta elettronica, eventuali sito web personale e account di messaggistica.
- Data di nascita, nazionalità, sesso (attenzione: non vanno forniti né sono richiedibili da parte del datore di lavoro informazioni relative a tendenze sessuali, religione, credo politico).

Posizione lavorativa ed esperienze professionali precedenti

- Le esperienze lavorative passate vanno indicate **a partire dalla più recente** a ritroso nel tempo, specificando le aziende per cui si è lavorato, la qualifica, la durata dell'impiego e le mansioni svolte.
- Se non hai ancora avuto vere e proprie esperienze di lavoro, indica **tutto ciò che hai fatto**, anche saltuariamente o nel periodo estivo (esperienze di baby sitting, animazione in villaggi turistici, aiuto bagnino, cameriere ecc.) o durante lo svolgimento dell'Alternanza scuola-lavoro (→ p. 84).

Istruzione e formazione

- Anche i **titoli di studio** vanno indicati a partire dal più recente fino al diploma di maturità, specificando l'istituto (o l'università) presso cui sono stati conseguiti e l'anno del conseguimento. È consigliabile indicare il voto ottenuto se non è inferiore a 70/100 per l'esame di Stato e a 90/100 per la laurea.

- Si possono indicare anche i **corsi di specializzazione** frequentati e gli **stage**, con nome e indirizzo dell'ente che ha organizzato il corso, elenco delle principali materie/attività trattate e qualifica rilasciata; è utile specificare le principali abilità acquisite.

Competenze personali

- La **lingua madre**, cioè la lingua appresa spontaneamente nel periodo di acquisizione linguistica.
- **Altre lingue conosciute**, di cui vanno indicati il livello di comprensione (nell'ascolto e nella lettura), il livello del parlato (nell'interazione comunicativa e nella produzione orale) e il livello di produzione scritta in riferimento al Quadro Comune Europeo di Riferimento delle Lingue.
- **Competenze comunicative, organizzative e gestionali** (capacità di lavorare per obiettivi o di rispettare le scadenze, capacità di relazionarsi con gli altri, di collaborare con il gruppo, di condurre un gruppo).
- **Competenze digitali**, con la precisazione degli ambienti operativi, i programmi di uso generale e specifici conosciuti e del grado di conoscenza, gli eventuali corsi di formazione seguiti, la capacità di uso della rete.
- Eventuale possesso della **patente di guida**.

Altre informazioni

- Disponibilità a viaggiare, a trasferirsi, a frequentare corsi di aggiornamento; pubblicazioni; partecipazione a progetti; interessi extraprofessionali; sport praticati; attività di volontariato; periodi di vacanze-studio all'estero ecc.
- A meno che le **referenze** non siano esplicitamente richieste, alla fine del curriculum è utile inserire la frase: *Le referenze sono disponibili su richiesta*. In questo modo indichi la disponibilità a fornire il contatto di qualche precedente datore di lavoro che può confermare la veridicità di quanto stai dichiarando. Si può anche inserire l'**elenco dei documenti che si allegano** al curriculum (per esempio la copia di un diploma di specializzazione).
- Al fondo del documento va inserita sempre la frase: *Autorizzo il trattamento dei miei dati personali ai sensi del Decreto Legislativo 30 giugno 2003, n. 196 "Codice in materia di protezione dei dati personali"*, che costituisce una **liberatoria** per il trattamento dei dati personali che vengono forniti a terzi.

■ **Rileggi** sempre con estrema attenzione il tuo curriculum: non deve presentare errori di ortografia o sintassi, che rischierebbero di fare subito una cattiva impressione. Inoltre apponi una **firma** a mano, ben leggibile e con **il nome prima del cognome**.

■ Negli ultimi anni l'Unione Europea ha elaborato un modello riconosciuto in tutti i paesi che ne fanno parte, l'***Europass Curriculum Vitae***: si tratta di un modello che puoi scaricare da internet, cercando nel sito europass.cedefop.europa.eu o nel sito italiano dell'Isfol www.europass-italia.it, dove trovi anche utili consigli per la compilazione.

■ Da qualche tempo a questa parte si va diffondendo l'uso del **videocurriculum**: si tratta di un breve filmato registrato con videocamera nel quale il candidato si presenta e che trasmette via web ai destinatari.

3 La lettera di accompagnamento

■ Il curriculum può essere accompagnato da una breve lettera di presentazione o di autocandidatura, nella quale devi sintetizzare in poche righe i **motivi** per cui hai un interesse specifico per quell'azienda e ritieni di essere il candidato ideale per quel lavoro.

■ La lettera può fare riferimento a un **annuncio** letto su un quotidiano o in internet, visto in una bacheca ecc., oppure può essere una **candidatura spontanea**. Nel primo caso specifica dove è apparsa l'inserzione a cui rispondi, nel secondo caso indica i motivi che ti hanno indotto a candidarti.

■ La lettera di accompagnamento è una **lettera formale** che deve essere sintetica (una quindicina di righe di testo), con frasi brevi e i verbi preferibilmente all'indicativo per trasmettere un'idea di sicurezza.

■ La lettera deve avere la seguente impostazione:

- **intestazione**, con i tuoi dati personali (se inviata via mail o tramite un sito web, verifica che questo dato sia incluso automaticamente) e il nome e l'indirizzo del destinatario (per esempio *Spettabile Ufficio del Personale...*);
- **luogo e data** (solo se la lettera è cartacea);
- **oggetto**: specifica il riferimento o il codice numerico indicato nell'inserzione oppure, se si tratta di un'autocandidatura, specifica solo "autocandidatura";
- **formula di apertura** (*Spettabile... / Egregio Dottor... / Gentile Dottoressa...*);
- **testo**: deve contenere l'eventuale riferimento all'annuncio, i motivi della tua candidatura o autocandidatura (chi sei e perché stai scrivendo, quali obiettivi professionali intendi raggiungere) e altre eventuali informazioni che nel curriculum non sono sufficientemente valorizzate;
- **formula di congedo**: dopo i ringraziamenti e i saluti, indica che alla lettera alleghi il curriculum.

■ Come per il curriculum, ricorda di **rileggere** bene la tua lettera prima di inviarla, per non lasciare errori ortografici o sintattici.

INCLUSIONE

5 CONSIGLI PER SCRIVERE IL CURRICULUM

1. Anche se decidi di non usare il formato europeo, scrivi il tuo *curriculum vitae* al **computer** curando bene l'**aspetto grafico**: le informazioni che fornisci devono essere **facilmente rintracciabili**. Per questo è utile lasciare **margini** adeguati sopra e sotto e a sinistra e a destra e opportune **spaziature** tra le parti.
2. Non usare fondi colorati o font troppo particolari: anche se un tocco di originalità può colpire il selezionatore, è fondamentale garantire una **perfetta leggibilità**. Usa in modo mirato e coerente **neretti** e **sottolineature** (per esempio per le date o i nomi delle aziende).
3. Usa la **prima persona** e non la terza; scrivi **frasi brevi** e usa un **linguaggio sobrio e semplice**.
4. Quando inserisci informazioni relative a **interessi personali** non eccedere: elenca solo quelli che possono davvero valorizzare il tuo profilo in relazione al posto per cui ti candidi.
5. Rileggi, rileggi, rileggi: è fondamentale che il curriculum e l'eventuale lettera di accompagnamento non presentino **errori di ortografia e sintassi**. Può essere utile chiedere a un amico di leggere la versione definitiva.

IN PRATICA

1 IMPARARE A RICONOSCERE LA STRUTTURA E GLI ELEMENTI DEL CURRICULUM

1 Leggi il curriculum che segue e rispondi alle domande.

europass Curriculum vitae

INFORMAZIONI PERSONALI

Esposito Valeria

Via Costa, 10, 28100 Novara (Italia)

+39 0321 987156 +39 333123456

valespo95@areta.it

Sesso femminile Data di nascita 2/2/1995

Nazionalità italiana

OCCUPAZIONE DESIDERATA — Assistente Ufficio Risorse umane

ESPERIENZA PROFESSIONALE

01/01/2017–23/09/2018 **Assistente amministrazione del personale**
Presso Quark s.r.l.
Piazza delle Arti, 28100 Novara (Italia)
Collaboro alla gestione della documentazione del personale e degli adempimenti previdenziali e fiscali come assistente specialista.
Attività o settore Settore amministrativo

01/01/2015–31/12/2015 **Assistente amministrativo**
Studio associato Pagani
Via Sant'Eusebio 18, 28100 Novara (Italia)
Ho lavorato come assistente junior nell'ufficio paghe e contributi.
Attività o settore Settore amministrativo

01/08/2014–31/12/2014 **Tirocinio all'estero**
Softball UK
Grosvenor Square, Londra (Regno Unito)
Ho svolto uno stage nell'ufficio marketing e vendite della società.
Attività o settore Settore commerciale

ISTRUZIONE E FORMAZIONE

01/02/2015 **Attestato di qualifica professionale come "Operatore informatico"**
Centro di formazione professionale Baiocchi
Corso Umberto I, 28100 Novara (Italia)
Principali argomenti trattati: uso di Excel e di Oracle

06/2014 **Diploma di Scuola Superiore di Secondo grado – Diploma tecnico**
Diploma conseguito con il voto di 98/100 presso l'Istituto Tecnico Economico "A. Vespucci" – via Filzi, 37, Novara
Principali materie studiate: Economia aziendale, Diritto, Economia politica, Inglese, Informatica.

COMPETENZE PERSONALI

Lingua madre italiano

Altre lingue

	COMPRENSIONE		PARLATO		PRODUZIONE SCRITTA
	Ascolto	Lettura	Interazione	Produzione orale	
inglese	B2	B1	B2	B2	B1
spagnolo	B1	A2	B1	B1	A1

Livelli: A1 e A2: Utente base - B1 e B2: Utente autonomo - C1 e C2: Utente avanzato
Quadro Comune Europeo di Riferimento delle Lingue

Competenze comunicative
- Possiedo buone competenze comunicative acquisite soprattutto durante il tirocinio estero.

Competenze organizzative e gestionali
- Buona capacità di operare in gruppo e di organizzare il lavoro individuando le priorità in relazione alle scadenze.

Competenze professionali
- Buona conoscenza dei processi relativi agli adempimenti previdenziali e fiscali.

Competenze digitali

AUTOVALUTAZIONE				
Elaborazione delle informazioni	Comunicazione	Creazione di Contenuti	Sicurezza	Risoluzione di problemi
Utente autonomo	Utente avanzato	Utente autonomo	Utente base	Utente base

Competenze digitali - Scheda per l'autovalutazione

- Buona padronanza degli strumenti della suite per ufficio (elaboratore di testi, foglio elettronico, software di presentazione)
- Buona padronanza di applicativi specifici per la gestione del personale.

Altre competenze
- Grande capacità di gestione dei ragazzi e di relazione con le persone in genere, acquisita svolgendo attività di volontariato come allenatrice di una squadra di basket presso un centro per minori in difficoltà per 5 anni.

Patente di guida B

ULTERIORI INFORMAZIONI

- Volontaria nell'associazione di quartiere che offre supporto a minori in difficoltà.

Allego copia dell'attestato di Operatore informatico

Autorizzo il trattamento dei miei dati personali ai sensi del Decreto Legislativo 30 giugno 2003, n. 196 "Codice in materia di protezione dei dati personali".

a. Quale livello di scolarizzazione ha Valeria Esposito?
b. La sua conoscenza delle lingue straniere deriva solo dalla formazione scolastica? Quale lingua straniera conosce meglio?
c. Le sue esperienze lavorative sono elencate in modo corretto? Perché? E i passaggi della sua formazione sono indicati in modo corretto?
d. Le sue competenze digitali sono state approfondite attraverso corsi extrascolastici?
e. La formula per il trattamento dei dati poteva essere omessa?

2 IMPARARE A RICONOSCERE LA STRUTTURA E GLI ELEMENTI DELLA *LETTERA DI AUTOCANDIDATURA*

1 Leggi la lettera di autocandidatura che segue e rispondi alle domande.

Valeria Esposito
Via Costa, 10 – 28100 Novara
Tel.: 0321 987156
Cell: 333 123456

Alla cortese attenzione
Dott.ssa Emilia Zanella
Ufficio Risorse umane Casa editrice Futura
Via Ciro Menotti, 6
20129 Milano

Novara, 23 settembre 2018

Oggetto: autocandidatura per Assistente ufficio Risorse umane

Gentile dottoressa Zanella,

sono Valeria Esposito, e le sottopongo la mia candidatura per il ruolo di Assistente alle Risorse umane nella Vostra azienda.

Come potrà vedere dal curriculum allegato, il mio percorso di studi e di formazione comprende un quinquennio di istruzione superiore nel settore Amministrazione, finanza e marketing, concluso dal diploma, e un corso di qualifica come Operatore informatico presso un centro di formazione professionale. Questo percorso di studi, a cui si somma un'ottima conoscenza dell'inglese rafforzata da un tirocinio all'estero, mi ha permesso di maturare le competenze tecniche fondamentali per svolgere la mansione per cui mi candido. Ma è nella successiva attività di assistente specialist all'amministrazione del personale in un'azienda italiana, dove attualmente opero, che ho avuto modo di mettere alla prova le mie attitudini sul piano del lavoro cooperativo, della comunicazione, della gestione delle relazioni e delle persone. Credo siano queste le competenze trasversali necessarie oggi per qualsiasi ruolo aziendale, tanto più se si tratta, come in questo caso, di attività legate alla gestione delle risorse umane. Mi sembra di avere inclinazione per questo tipo di attività e di possedere la sensibilità e l'attenzione che possano rendermi utile all'azienda e a chi in essa opera.

Ringraziandola, resto a disposizione per un colloquio di approfondimento e di conoscenza diretta.

Con i miei più cordiali saluti

Valeria Esposito

Allego curriculum e copia dell'attestato di Operatore informatico.

- **a.** Qual è l'oggetto della lettera?
- **b.** Chi è il mittente? Qual è la sua mansione nell'azienda in cui lavora?
- **c.** Chi è il destinatario?
- **d.** Nella formula di congedo che disponibilità offre la persona che scrive?
- **e.** Quali punti di forza del mittente vengono messi in risalto nella lettera?

COMPETENZE IN AZIONE

ESERCITAZIONE 1 COMPETENZA LINGUISTICA • produrre testi

Leggi il seguente curriculum e correggilo con l'aiuto delle domande a p. 83. Poi prova a scrivere una lettera di autocandidatura per accompagnarlo.

Informazioni personali	
Nome e cognome	**Angelo Salerno**
Indirizzo	Via Arconati, 1 – 80123 Napoli
Data di nascita	7 agosto 1995
Cittadinanza	Italiana
Sesso	Maschile
Occupazione desiderata / Settore professionale	Cameriere di sala e catering.
Esperienza professionale	**Maggio 2016-oggi**: cameriere assunto a tempo indeterminato presso il Ristorante "Paolo e Sara" di Novara, con incarico di predisposizione della sala, accoglienza dei clienti e assegnazione ai tavoli, servizio ai tavoli. **Maggio 2015-maggio 2016**: cameriere. **Novembre-Dicembre 2014**: corso per operatore di sala/bar presso ANPA (Associazione Nazionale Professioni Alberghiere), Milano, seguito da uno stage di 4 mesi presso il bar "La fenice" di Milano.
Istruzione e formazione	**Giugno 2014**: diploma di scuola superiore presso l'istituto professionale per i servizi alberghieri e della ristorazione "A. Vespucci", Biandrate, 2014 – Valutazione finale: 98/100.
Lingue conosciute	**Italiano**: madrelingua. **Inglese**: livello A2 nella comprensione e comunicazione orale e scritta (ho soggiornato per un'estate in Gran Bretagna). **Spagnolo**: livello A2 nella comprensione e comunicazione orale e scritta.
Competenze digitali	Conoscenza base delle principali applicazioni, in particolare Word, Excel e PowerPoint, acquisita a scuola. Padronanza nell'uso di internet.
Capacità e competenze personali	Facilità di relazione interpersonale e capacità di operare in gruppo. Buona conoscenza delle abitudini alimentari italiane e straniere.
Interessi	Interesse per il cibo etnico. Pallavolo e arrampicata.
Patente	Automunito; patente B

a. Nel curriculum mancano due elementi fondamentali: quali?
b. Le informazioni personali sono indicate in modo adeguato?
c. Le informazioni sulla formazione sono elencate in modo corretto?
d. Le informazioni sulle esperienze professionali sono complete?

ESERCITAZIONE 2 — COMPETENZA LINGUISTICA • produrre testi

Compila il curriculum di un adulto che conosci (un parente, un amico di famiglia ecc.). Puoi usare il formato europeo, scaricabile da internet, oppure un formato diverso. L'importante è che le informazioni siano chiare, complete e ordinate.

ESERCITAZIONE 3 — COMPETENZA LINGUISTICA • produrre testi
COMPETENZE CHIAVE • collaborare e partecipare

APPRENDIMENTO COOPERATIVO

- Dividetevi in coppie e scegliete un **lavoro** che vi piacerebbe fare.
- Scrivete ciascuno un **curriculum** adatto all'occupazione scelta.
- Analizzate i due curricoli prodotti, scegliete quello che vi sembra **più completo e corretto** e poi stendete la relativa **lettera di autocandidatura**.

Che cos'è l'Alternanza scuola-lavoro

Da circa vent'anni, molte realtà scolastiche dell'intero territorio nazionale, appartenenti soprattutto all'istruzione tecnica e professionale, hanno attuato esperienze di collaborazione tra scuola e mondo del lavoro: tali esperienze si sono quasi sempre concretizzate nella forma dello **stage** o **tirocinio**, cioè in un periodo di permanenza dello studente in un contesto lavorativo, adeguatamente formalizzato dalla scuola in accordo con il soggetto ospitante.

Da pochi anni, invece, è stata introdotta l'**Alternanza scuola-lavoro** (**ASL**). L'Alternanza scuola-lavoro è una metodologia didattica innovativa che consente agli studenti che hanno compiuto il quindicesimo anno di età di realizzare il proprio percorso formativo alternando periodi di studio in aula e forme di apprendimento in contesti lavorativi, considerati equivalenti sotto il profilo culturale ed educativo; si favorisce in questo modo il **legame tra scuola e mondo del lavoro**.

La novità fondamentale dell'Alternanza scuola-lavoro rispetto allo stage tradizionale consiste nell'idea che il percorso in azienda debba essere:

- **promosso dall'istituzione scolastica**, che pone al centro dell'iniziativa la valenza didattica dell'esperienza, in continuità con il curricolo di studi;
- **co-progettato tra i due principali soggetti coinvolti**, la scuola e l'azienda o ente o soggetto esterno, che sottoscrivono un protocollo di intesa sui diversi aspetti inerenti alla loro collaborazione e individuano i due rispettivi referenti (tutor);
- **condiviso dallo studente tirocinante**, che sottoscrive un vero e proprio **patto formativo**, con cui assume degli impegni, si sottopone a regole e norme, diventa consapevole degli obiettivi verso cui tende l'esperienza;
- **incentrato sullo sviluppo di competenze ben delineate**, che probabilmente la scuola da sola non riuscirebbe a far acquisire;
- un'**occasione per la scuola di confrontarsi con l'ambiente esterno** e di comprendere meglio il senso della didattica quotidiana, prevalentemente teorica.

Dall'anno scolastico 2018-2019 lo svolgimento delle attività di Alternanza scuola-lavoro diventa **requisito di ammissione all'Esame di Stato** conclusivo del secondo ciclo di istruzione.

Nelle pagine seguenti vengono fornite alcune informazioni di base e risposte alle domande e ai dubbi più frequenti che tu e la tua famiglia potreste avere in relazione ai diversi aspetti dell'esperienza di Alternanza scuola-lavoro: dalla sua organizzazione alle principali figure coinvolte, dalla documentazione necessaria a suggerimenti di tipo pratico.

Nozioni generali sull'ASL

Che cos'è l'ASL?

È una modalità didattica realizzata in collaborazione tra la tua scuola e un'impresa (o ente o soggetto esterno) presente sul territorio. Durante il periodo di ASL svolgerai un percorso formativo personalizzato che ti consentirà di combinare lo studio teorico in aula con forme di apprendimento pratico ed esperienze guidate sui luoghi di lavoro.

L'ASL è obbligatoria?

Sì; i periodi di apprendimento mediante esperienze di lavoro, anche se realizzati in periodi diversi da quelli fissati dal calendario delle lezioni, sono parte integrante del tuo percorso di studi e saranno oggetto di verifica e valutazione da parte del consiglio di classe, con una ricaduta sulla tua valutazione finale.

Qual è lo scopo dell'ASL?

Gli obiettivi principali del percorso di ASL sono tre:

- didattico: l'ASL ti aiuterà a rinnovare la tua motivazione allo studio;
- orientativo: acquisirai la conoscenza del mondo del lavoro e scoprirai le tue vocazioni personali;
- professionalizzante: acquisirai conoscenze, abilità e competenze spendibili nel mondo del lavoro.

A chi è rivolta l'ASL?

A tutti gli studenti del secondo biennio e dell'ultimo anno della scuola secondaria di secondo grado.

Quali sono le modalità con cui posso realizzare il percorso di ASL?

Puoi svolgere il tuo percorso di ASL facendo un tirocinio presso un'impresa del territorio individuata dalla tua scuola oppure prendendo parte a un progetto di impresa formativa simulata.

Che cos'è l'impresa formativa simulata (IFS)?

L'impresa formativa simulata (IFS) è un progetto a cui puoi prendere parte con la tua classe e che ti consente di sperimentare la gestione aziendale attraverso una simulazione virtuale. Per imitare al meglio il contesto simulato, il tuo gruppo farà riferimento a un'azienda tutor, o madrina, e la emulerà in ogni sua fase di gestione. Avrai il supporto di un tutor formativo e di un tutor aziendale.

Quali attività svolgerò durante il periodo di ASL?

Le attività che svolgerai saranno decise dalla tua scuola, che, in collaborazione con l'impresa, progetterà un percorso formativo personalizzato, che si svolge nell'arco di tre anni, alternando attività a scuola e in azienda. Il percorso formativo personalizzato terrà conto sia delle tue abilità e aspirazioni personali sia degli obiettivi che dovrai conseguire al termine del periodo di ASL in base al profilo educativo, culturale e professionale del tuo corso di studi.

Quante ore mi impegneranno le attività per l'ASL?

400 ore complessive, se studi in un istituto tecnico o professionale; 200 ore, se sei invece iscritto a un liceo. Le ore dedicate all'ASL si dividono tra quelle che svolgerai a scuola e quelle che ti vedranno impegnato in azienda.

Quante ore dovrò svolgere a scuola e quante presso l'azienda?

Il tempo da dedicare alle diverse attività sarà scelto a discrezione della tua scuola e dell'ente che ti ospiterà. I percorsi in ASL hanno infatti una struttura flessibile e si articolano in periodi di formazione in aula e in periodi di apprendimento mediante esperienze di lavoro; la suddivisione delle ore viene decisa secondo criteri di gradualità e progressività che rispettino il tuo sviluppo personale, culturale e professionale in relazione alla tua età.

Che cosa dovrò fare prima di svolgere il tirocinio in azienda?

Dovrai svolgere obbligatoriamente un corso di formazione sulla salute e la sicurezza sui luoghi di lavoro. Inoltre, in base al progetto che la scuola e l'azienda hanno previsto per te, seguirai dei corsi e svolgerai delle attività nella tua scuola.

Dopo la permanenza in azienda, che cosa devo fare al rientro in classe?

Al rientro in classe devi:

- condividere e rielaborare in aula quanto sperimentato nel periodo trascorso in azienda;
- descrivere l'esperienza realizzata in una relazione finale sul percorso;
- autovalutare la tua esperienza, in genere compilando un questionario.

Che cosa avrò imparato al termine del percorso di ASL?

Avrai sviluppato conoscenze, abilità e competenze spendibili nel mondo del lavoro. L'esperienza presso l'azienda ti aiuterà inoltre a scoprire le tue vocazioni personali, migliorando il tuo processo di apprendimento e rinnovando la tua motivazione allo studio.

Progettazione, realizzazione e valutazione dell'ASL

Quali strutture possono avviare i percorsi di ASL con la mia scuola?

Possono partecipare tutte le aziende iscritte al Registro delle imprese (società di capitali, società di persone, imprese individuali), altri Enti, sia pubblici sia privati (per esempio le Onlus), nonché i professionisti.

Che cosa devono fare i soggetti ospitanti per dare la loro disponibilità ai percorsi di ASL?

Devono iscriversi a una sezione particolare del Registro delle imprese, descrivendo nel dettaglio il tipo di attività lavorativa offerta, il numero massimo di studenti che sono disposti a ospitare, i periodi dell'anno in cui è possibile svolgere l'attività, i loro contatti ed eventuali ulteriori informazioni ritenute utili.

Chi seleziona gli studenti per le posizioni offerte dalle diverse aziende? In base a quali criteri?

L'abbinamento degli studenti alle aziende è compito dell'istituzione scolastica, che tiene conto delle tue abilità e aspirazioni personali, degli obiettivi che dovrai conseguire al termine del periodo di ASL e anche delle richieste espresse dalle strutture ospitanti.

In base a quali criteri avviene la programmazione degli stage?

Gli stage sono programmati in una prospettiva pluriennale, prevedendo più momenti di permanenza in azienda, attraverso il frazionamento del monte ore complessivo. La programmazione può essere inoltre integrata o accompagnata da ulteriori momenti di coinvolgimento degli studenti, quali incontri con esperti, visite aziendali, simulazione di impresa ecc.

Nella mia scuola quali sono le figure di riferimento per il progetto di ASL?

Sono il dirigente scolastico e gli altri soggetti designati dall'istituzione scolastica (solitamente docenti) ad avere il compito di individuare e contattare i soggetti disponibili ad attivare i percorsi di ASL.

Chi è il tutor scolastico (o tutor interno)?

È il soggetto (solitamente un docente) indicato dalla tua scuola che, in collaborazione con il tutor aziendale, definisce le condizioni organizzative e didattiche del percorso di apprendimento, occupandosi del monitoraggio del tuo percorso (sia in itinere sia nella fase conclusiva) e verificando che siano correttamente attestate le attività che avrai svolto e le competenze che avrai acquisito.

Chi è il tutor aziendale (o tutor esterno)?

È la tua figura di riferimento all'interno dell'azienda, che collabora con il tutor scolastico alla progettazione, organizzazione e valutazione dell'esperienza di ASL. Il tutor aziendale può essere un soggetto sia interno (lavoratore dipendente) sia esterno (collaboratore o consulente).

Quali sono le funzioni che svolge il tutor aziendale?

Il tutor aziendale svolge in particolare le seguenti funzioni:

- favorisce il tuo inserimento nella struttura ospitante, affiancandoti e assistendoti durante il percorso di ASL;
- garantisce la tua formazione sui rischi specifici aziendali;
- pianifica e organizza le attività che dovrai svolgere in base al progetto formativo;
- fornisce alla tua scuola gli elementi concordati per valutare le tue attività e l'efficacia del processo formativo, coinvolgendoti nel processo di valutazione dell'esperienza di ASL.

È prevista una fase di orientamento prima del tirocinio in azienda?

Prima di confrontarti direttamente con la realtà aziendale, il tutor scolastico darà a te e alla tua famiglia tutte le informazioni per affrontare al meglio il periodo del tirocinio, illustrandoti le principali caratteristiche del contesto in cui avverrà. Il percorso si apre inoltre con una visita preventiva all'azienda, in cui conoscerai il tuo tutor aziendale, che ti illustrerà i contenuti generali del tirocinio e le regole da tenere in azienda, concordando con te i tempi, i luoghi e i modi operativi di svolgimento del tirocinio, che dovrai sottoscrivere nel Patto formativo.

Come mi devo comportare durante il periodo di stage in azienda?

Durante lo stage in azienda dovrai:

- avere un comportamento corretto verso tutte le persone che lavorano in azienda;
- usare un abbigliamento e un linguaggio adeguati all'ambiente in cui ti inserirai;
- osservare tutte le norme aziendali in materia di igiene, sicurezza e salute sui luoghi di lavoro;
- essere riservato su dati, informazioni o conoscenze sui processi produttivi e sui prodotti dell'azienda che acquisirai durante lo svolgimento del tirocinio;
- utilizzare correttamente le strutture, le strumentazioni e tutti i materiali che ti saranno forniti per lo svolgimento dell'attività, comportandoti in modo da non arrecare danni al patrimonio dell'azienda.

Le attività che svolgerò durante il tirocinio saranno valutate?

Sì, la valutazione è infatti un processo che accompagna l'intera esperienza formativa di ASL e riguarda sia l'efficacia del percorso di ASL in generale rispetto agli obiettivi previsti nel tuo Patto formativo, sia i risultati che otterrai durante il periodo di tirocinio.

Chi valuterà il mio percorso di ASL?

Sono diversi i soggetti impegnati nella valutazione del percorso di ASL. Il tutor aziendale e il tutor scolastico valuteranno le attività svolte in azienda, tenendo conto della loro coerenza con il progetto formativo, degli obiettivi che avrai raggiunto e della tua condotta durante il periodo di tirocinio; il consiglio di classe terrà conto del tuo percorso di ASL nella valutazione finale dell'anno scolastico con cui vengono certificate le competenze raggiunte e che incide sui voti disciplinari, il voto di condotta e l'attribuzione del credito; infine, anche tu dovrai valutare il tuo percorso di ASL, compilando un questionario di autovalutazione e realizzando una relazione finale sul percorso svolto.

I documenti dell'ASL

Chi deve farsi carico della documentazione necessaria per la realizzazione dell'ASL?

È compito della tua scuola farsi carico di predisporre tutta la documentazione necessaria al compiuto svolgimento del percorso di ASL.

Che cosa comprende la documentazione per l'ASL?

La documentazione del tuo percorso di ASL comprende di norma:

- la Convenzione, sottoscritta dall'istituzione scolastica e dall'azienda ospitante;
- il Patto formativo (o Progetto formativo), che devi sottoscrivere con l'azienda ospitante;
- la Scheda di autopresentazione;
- il Report giornaliero, che devi compilare quotidianamente durante il periodo di tirocinio per attestare la tua presenza e descrivere in modo sintetico le attività svolte;
- una o più Schede di valutazione, che il tutor aziendale compila, sempre interagendo con il tutor scolastico, durante lo svolgimento oppure al termine dello stage.

Che cos'è la Convenzione di ASL

La Convenzione è un documento stipulato fra la tua scuola e la struttura ospitante nel quale sono definite le condizioni in cui si svolgerà il tuo tirocinio in azienda. In particolare, il documento si sofferma sulle attività che dovrai svolgere durante l'esperienza di lavoro, sulle norme e sulle regole da osservare, sull'indicazione degli obblighi assicurativi, sul rispetto della normativa sulla privacy e sulla sicurezza dei dati, sulla sicurezza sui luoghi di lavoro.

In particolare, quali informazioni deve contenere la Convenzione?

Nella Convenzione sono indicati:

- i dati anagrafici della tua scuola e dell'azienda che ti ospiterà;
- la natura delle attività che sarai chiamato a svolgere durante il periodo di tirocinio;
- la durata del tuo percorso formativo in azienda;
- l'identificazione dei referenti sia interni sia esterni alla tua scuola e i loro relativi ruoli funzionali (consiglio di classe, tutor scolastico e aziendale ecc.) sia nella progettazione sia nella realizzazione delle attività;
- l'informazione e la formazione in merito alla salute e alla sicurezza nel mondo del lavoro;
- le strutture e il know-how messi a disposizione dall'azienda che ti ospiterà;
- gli obblighi e le responsabilità dell'istituzione scolastica e della struttura ospitante;
- le modalità con cui sarà acquisita la tua valutazione finale;
- i criteri e gli indicatori per il monitoraggio del progetto.

Che cos'è il Patto formativo?

Il Patto o Progetto formativo è il documento in cui sono indicate le tue generalità (nome, cognome, codice fiscale, classe di appartenenza ecc.) e con cui ti impegnerai, fra le altre cose, a:

- rispettare determinati obblighi durante il periodo di tirocinio (rispetto di persone e cose, abbigliamento e linguaggio adeguati all'ambiente, osservanza delle norme aziendali in materia di orari, igiene, sicurezza e salute, riservatezza relativamente ai dati acquisiti in azienda);
- conseguire le competenze previste per il tuo percorso di ASL;
- svolgere le attività secondo gli obiettivi, i tempi e le modalità previsti, seguendo le indicazioni del tutor esterno e del tutor interno e facendo riferimento a essi per qualsiasi esigenza o evenienza.

Quali informazioni devo inserire nel Report giornaliero?

Nel foglio di registrazione delle presenze devi segnare l'orario giornaliero di entrata e uscita dall'azienda durante il periodo di tirocinio. Il suo fine è infatti quello di attestare la tua presenza effettiva presso la struttura che ti ospita. Insieme al foglio di registrazione delle presenze, ti sarà utile dotarti di un "diario di bordo" in cui potrai descrivere quotidianamente l'attività svolta e i materiali utilizzati e fare un elenco dei principali termini appresi in azienda appartenenti al lessico tecnico-professionale in uso. Queste informazioni ti serviranno per realizzare la relazione finale sul percorso di ASL.

Quali sono i principali documenti di valutazione del percorso di ASL?

La valutazione del percorso di ASL si può avvalere dei seguenti documenti:

- questionario di valutazione del percorso di ASL a cura del tutor aziendale;
- questionario di valutazione del percorso di ASL a cura del tutor scolastico;
- scheda di autovalutazione a cura dello studente;
- relazione finale del percorso a cura dello studente;
- report del tutor aziendale e del tutor scolastico;
- scheda di valutazione e certificazione delle competenze acquisite durante il percorso di ASL.

Prevenzione e protezione sui luoghi di lavoro

In che cosa consiste il corso sulla sicurezza che devo svolgere prima del tirocinio in azienda?

Il corso deve essere adeguato ai diversi profili di rischio che l'azienda presenta. Per questo è diviso in una parte generale, in cui ti saranno illustrate le norme generali sulla sicurezza nei luoghi di lavoro, e in una parte specifica, in cui verrai a conoscenza dei principali rischi dell'azienda in cui svolgerai il tirocinio.

Chi si occupa della formazione sulla sicurezza?

La formazione generale deve essere garantita a tutti gli studenti per un numero di ore non inferiore a 4 ed è l'istituzione scolastica ad occuparsene, programmandola e inserendola nei propri curricoli oppure organizzando specifici momenti di formazione, anche in collaborazione con soggetti esterni abilitati. In entrambi i casi è la tua scuola ad attestare il pos-

sesso di tale formazione da parte degli studenti. La formazione specifica, invece, è destinata a te e agli altri studenti a seconda del contesto in cui sarete inseriti: può essere di 4 o 12 ore a seconda delle mansioni e dei settori di appartenenza dell'azienda ospitante e deve essere coerente con quanto previsto dal DVR (Documento di valutazione dei rischi).

Chi si occupa della copertura assicurativa INAIL?

Se ne occupa la tua scuola, comunicando all'INAIL il periodo e la durata del tuo stage, i tuoi dati personali e quelli dei soggetti accoglienti. L'istituzione scolastica deve assicurarti contro gli infortuni sul lavoro mediante la speciale forma di «gestione per conto dello Stato» (artt. 127 e 190 del D.P.R n. 1124/1965) e non deve, quindi, aprire una nuova posizione assicurativa. In caso di incidente durante lo svolgimento del tirocinio, la struttura ospitante si impegna a segnalare l'evento agli istituti assicurativi e alla scuola entro i tempi previsti dalla normativa vigente.

Esistono altre coperture assicurative, oltre a quella INAIL?

L'attività di stage può trovare copertura assicurativa anche nella polizza R.C. che la scuola stipula per tutti gli studenti ogni anno scolastico: essendo gli stage inseriti programmaticamente nell'attività didattica curricolare, tale polizza comprende anche i periodi destinati all'ASL, compresi i trasferimenti dal luogo di domicilio a quello lavorativo e viceversa, anche quando lo stage sia effettuato dopo il termine delle lezioni (giugno/luglio).

Quali sono le figure di garanzia della sicurezza sul luogo di lavoro?

Le persone che devono garantire la sicurezza durante il tuo periodo di stage sono:

- il datore di lavoro della tua scuola (cioè il dirigente scolastico);
- il tutor scolastico, che segue le tue attività durante il periodo di ASL;
- il datore di lavoro dell'azienda che ti ospita;
- il tutor dell'azienda, che sovrintende e vigila sulle tue attività in azienda durante il periodo di stage;
- i Responsabili del Servizio di Prevenzione e Protezione (RSPP) della scuola e dell'impresa ospitante.

Altre domande

Lo stage si configura come un rapporto di lavoro?

L'ASL è una metodologia didattica svolta sotto la responsabilità dell'istituzione scolastica, quindi anche durante il periodo di tirocinio presso l'azienda ospitante dal punto di vista giuridico rimani uno studente. L'inserimento in azienda non costituisce perciò un rapporto di lavoro, non si prefigura come impegno per una futura assunzione né comporta l'obbligo di una remunerazione.

Durante il tirocinio, per quante ore giornaliere devo essere presente in azienda?

Dipende dal numero complessivo di ore programmato per lo stage, dal tipo di attività svolta nella struttura ospitante e dai suoi orari di lavoro. Per esempio, un periodo di stage della durata di 120 ore può essere organizzato in tre settimane di 5 giorni (dal lunedì al venerdì), prevedendo una tua permanenza in azienda per 8 ore lavorative. In alternativa, potrebbero essere ridotte le ore giornaliere a 6, aumentando il numero di giorni, oppure riducendo il numero totale delle ore (per esempio a 80). In ogni caso, tutto è demandato agli accordi presi tra la scuola e il soggetto ospitante.

Durante il periodo di stage posso assentarmi o presentarmi sul luogo di lavoro in ritardo?

La puntualità e la frequenza durante il periodo di stage sono obbligatorie. Puoi assentarti solo in casi di forza maggiore (motivi di salute, motivi personali o familiari particolarmente gravi). Per la valutazione dell'esperienza è necessaria infatti una presenza pari ad almeno il 75% delle ore previste. Se sei in ritardo o non puoi recarti sul luogo di lavoro, devi avvisare tempestivamente prima il tutor aziendale e poi il tutor scolastico, comunicando l'eventuale ritardo o assenza. In caso di un evento programmato (per esempio una visita medica non differibile) puoi assentarti dandone comunicazione anticipata ai due tutor. Anche per questo devi ricordarti di avere sempre con te i recapiti telefonici e telematici di entrambi i tutor.

SEZIONE 2

Storie di vita e di mestieri

Nelle pagine che seguono proponiamo una serie di attività relative alle **competenze comunicative** – dalla lettura e interpretazione delle informazioni all'ascolto, dalla produzione di testi orali e scritti all'uso di un lessico vario e appropriato – "ambientate" nei contesti comunicativi più frequenti in **ambito professionale**.

Tali contesti richiedono infatti di adattare le competenze acquisite a scuola a finalità più specifiche.

COMPETENZE LINGUISTICHE

- padroneggiare gli strumenti espressivi e argomentativi indispensabili per gestire l'interazione comunicativa verbale in vari contesti
- leggere, comprendere e interpretare testi scritti di vario tipo
- produrre testi di vario tipo in relazione ai diversi scopi comunicativi

COMPETENZE CHIAVE

- imparare a imparare
- progettare
- comunicare
- collaborare e partecipare
- agire in modo autonomo e responsabile
- risolvere problemi
- individuare collegamenti e relazioni
- acquisire e interpretare l'informazione
- pensiero critico
- creatività
- competenza digitale

Marc Augé

Sapori d'Italia

CARTA D'IDENTITÀ

GENERE saggio

AUTORE Marc Augé (1935) è un etnologo e antropologo francese; ha condotto studi sulla cultura africana e si è poi interessato alla civiltà occidentale contemporanea.

Per l'autore non c'è niente di più simile alla felicità che gustare un piatto di pasta, preferibilmente in Italia e a tavola con amici. La pasta, infatti, crea convivialità e confidenza, rilassa, nutre ma invita a continuare il pranzo. È un cibo anche economico e, come tale, è una possibile soluzione alimentare tanto per chi mangia male perché ha pochi soldi quanto per chi di soldi non ne ha ed è esposto al rischio della fame.

ASCOLTA

Uno dei miei sogni ricorrenti di felicità, lo confesso, è partire alla volta dell'una o dell'altra città italiana dove qualche collega ha avuto la cortesia d'invitarmi. Quei viaggi di pochi giorni sono per me una festa: assaporo, insieme, le gioie del ritorno, i momenti felici dell'incontro, l'eccitazione dello scambio intellettuale e una sorta di allegria dei sensi sollecitata al tempo stesso dallo splendore delle città e dai sapori delle cucine locali.

Sono molte le ragioni che inducono ad amare l'Italia, e io per primo ne conservo numerosi ricordi felici – quei ricordi che non tradiscono alcuna nostalgia, ma che ci attraversano di tanto in tanto la mente come una promessa, un raggio di sole, un acquietarsi dell'anima che colora di sfumature più vive il nostro quotidiano. Tra i ricordi, quelli gastronomici non sono i meno intensi e, tra essi, la pasta occupa un posto di assoluto privilegio.

Va detto che arrivo ogni volta da una lunga astinenza, essendo la pasta uno dei punti deboli della gastronomia francese. Ma che dico? Non è un punto debole, bensì una vertiginosa lacuna,[1] un vuoto abissale, un buco nero culinario. Vero è che da qualche tempo la situazione è un poco migliorata, forse per influenza della *nou-*

• L'autore identifica la felicità con i viaggi in Italia e con i ricordi, spesso gastronomici, che essi gli lasciano. Anche tu conservi il ricordo di un sapore legato a un luogo che hai visitato?

1. **vertiginosa lacuna:** profonda e grave mancanza.

velle cuisine[2] e di una più scrupolosa conoscenza della tradizione italiana. Quand'ero bambino, invece, la pasta erano le *nouilles*.[3] Simbolo assoluto di non-cucina, erano come l'acqua, ossia incolori, inodori, insapori e, per di più, di consistenza molliccia, un po' collosa, che conferiva loro una certa parvenza di medicinale. Nel nostro gergo di scolaretti, *nouille* era un insulto, in cui la debolezza di carattere si assommava all'indolenza[4] fisica. Certe chiocciole lessate, condite con un po' di burro, si davano a bambini e malati per non appesantire lo stomaco. Eravamo costretti a ingollarle[5] con rassegnazione alla mensa scolastica o nel letto d'ospedale. Peggio ancora erano i sottilissimi vermicelli, annegati nella minestra, che mandavamo giù a "nidi" interi chiudendo gli occhi. Quale che fosse la forma e il nome che i pastifici attribuivano ai diversi tipi di "pasta alimentare", al mio sguardo di bambino tutti rimasero a lungo pure e semplici varianti noiosissime di chiocciole e vermicelli. [...]

• Tu ricordi i cibi che mangiavi da piccolo, più o meno volentieri?

Il mio amore per la pasta [...] si è risvegliato molto tempo dopo, quando ho scoperto l'Italia e la sua gastronomia [...].

Certo è che, per me, la gastronomia rimane inseparabile dall'amicizia. So gustare benissimo un buon piatto e un buon vino anche da solo, ma in buona compagnia il piacere è decuplicato. La complicità amicale esalta i piaceri del gusto, però vale anche il contrario. Per questo, parlare delle gioie della tavola è un modo di evocare anche la convivialità[6] e di ricordare persone che abbiamo incontrato e apprezzato, magari velocemente, ma sempre intensamente. [...]

• Mangiare in compagnia è per l'autore fonte di piacere. Lo è anche per te?

In questo patto d'amicizia s'inscrive anche la pasta – oggetto di suggerimenti che ci si scambia solamente tra intimi. Una sera, alcuni amici di Modena mi hanno portato, quasi di nascosto, in una locanda fuori città. L'anziana madre del proprietario andava famosa per la pasta, inimitabile, che da sempre sapeva fare. Mi sentii onorato, lusingato e quasi commosso all'idea di essere stato ammesso al culto che le veniva tributato dai clienti di più lunga data o, per meglio dire, dai suoi adoratori. Aggiungo che in Italia la pasta è la quintessenza[7] della prima portata.

Il "primo" è, in Italia, una vera e propria istituzione. [...] In Francia, abbiamo le *entrées*[8] che seguono gli *hors-d'œuvre*,[9] così come in Italia i primi seguono gli antipasti [...]. La carta del ristorante propone sempre la sequenza antipasti-primi-secondi (e dolce), mentre le proposte dietetiche sono più frequenti in Francia, dove figurano sul menu in forma alternativa: *hors-d'œuvre* e un piatto, oppure un piatto e dessert. In entrambi i casi, è l'*entrée* che scompare quale momento distinto del pranzo ed elemento costitutivo del menu [...]. Va detto che, in Francia, l'*entrée* ha contenuti variabili, dal pesce ad altre preparazioni, [...], mentre il "primo" italiano è essenzialmente un piatto di pasta o di riso. [...]

• Sapevi che la tipica struttura del pranzo italiano, con un primo e un secondo, non è frequente negli altri paesi? Ti è capitato di constatarlo di persona?

2. ***nouvelle cuisine*:** espressione francese che significa "nuova cucina" e che indica un movimento di rinnovamento della cucina francese nato negli anni settanta del Novecento; privilegia vivande leggere e poco elaborate e la creatività del cuoco.
3. ***nouilles*:** termine francese che significa "spaghetti".
4. **indolenza:** pigrizia.
5. **ingollarle:** ingoiarle intere.
6. **convivialità:** l'atmosfera di allegria, amicizia e dialogo che si instaura fra i commensali.
7. **quintessenza:** l'espressione più perfetta, completa.
8. ***entrées*:** termine francese (al singolare *entrée*) con il quale si indicano i piatti che aprono un pranzo dopo gli antipasti.
9. ***hors-d'œuvre*:** termine francese che letteralmente significa "fuori d'opera", cioè fuori dal menu, e che oggi è usato per indicare gli antipasti.

Il "primo" occupa idealmente un posto intermedio nello svolgimento del pranzo. La pasta "al dente" è leggera e offre una transizione ideale tra ciò che i maître un po' snob chiamano la "mise en bouche"[10] – ossia gli "stuzzichini" che precedono gli antipasti a stuzzicare, appunto, l'appetito o, come vuole il linguaggio popolare in Francia, ad "aprirlo" – e la portata principale, che si consuma per non avere più fame. La pasta deve lasciare intatto l'appetito del consumatore o addirittura lo deve eccitare durevolmente. Ma tali e tanti sono i modi di cucinarla, e così numerosi gli ingredienti previsti dalle ricette (formaggi, carni, pesci e crostacei, tartufi e funghi, verdure coltivate e piante raccolte nei prati) che si è tentati di considerarla fine a se stessa. Ho conosciuto un'italiana che pranzava talvolta con due diversi piatti di pasta. [...]

La pasta è dunque, nell'essenza, ambivalente. Sia per il posto che occupa nell'economia del menu, come abbiamo visto, sia per la consistenza: ogni errore di cottura la condanna a essere molle come le stomachevoli *nouilles*, nondimeno dev'essere data in preda all'acqua bollente per conservarsi al tempo stesso soda e tenera. L'interesse gastronomico della pasta risiede nella qualità intrinseca alla preparazione e alla cottura, sebbene essa ami modestamente fingersi semplice sostegno di altri sapori. Tutti abbiamo in mente i diversi accompagnamenti che le assegnano il nome che la qualifica, derivante dalla geografia o dalla natura (alla carbonara, alla bolognese, all'aglio o alle vongole...) nonché il gusto e il profumo dell'insieme definitivo. Al termine di questa alchimia, si è creato qualche cosa: un insieme irriducibile[11] – com'è proprio delle opere d'arte – alla somma delle componenti.

La pasta è fine a se stessa, *è* la propria perfezione. La sua vocazione normale è creare un'attesa, invitare a continuare il pranzo – vocazione anche sociale. Le conversazioni a tavola seguono infatti un ritmo che si accorda con quello del pranzo. Di solito, la pasta è servita nel momento in cui il grande appetito degli inizi si è un poco placato e i commensali si abbandonano con maggiore libertà ai piaceri dello scambio verbale. Il peso degli alimenti e delle bevande non grava ancora sulla vivacità dei discorsi. È, questo, il momento della massima civiltà prandiale.[12]

Tra cotto e crudo, duro e molle, semplice e complesso, la pasta, di origine lontana, ma ormai profondamente e definitivamente italiana,[13] [...] ha conquistato pacificamente il mondo, tuttavia è buona cosa che focolai attivi di creatività artigianale continuino a esistere sul posto (o altrove nel mondo, quando ha accompagnato l'emigrazione) a testimoniare la misura della richiesta di qualità e di eccellenza davanti ai rischi sempre in agguato della banalizzazione e commercializzazione o di accomodamenti. Sulla pasta grava sempre la minaccia di tornare a essere *nouille*, ove sia cucinata con negligenza da cuochi fasulli. La posta in gioco è importante. Si tratta di sapere se domani la pasta globale rimarrà o no "al dente".

• L'autore si preoccupa che la buona qualità della pasta non vada perduta. Avevi mai pensato che la qualità dei cibi può essere messa a rischio dalle logiche del mercato? Abbiamo degli strumenti per difenderla?

10. mise en bouche: come spiega subito dopo il testo, sono i piatti di stuzzichini serviti prima di quanto ordinato senza essere stati richiesti, come omaggio dello chef.
11. irriducibile: non corrispondente.
12. prandiale: del pranzo.
13. la pasta... italiana: qui lo scrittore presta fede alla tradizione che vuole la pasta alimentare inventata dai cinesi. Ma in realtà essa deve essere considerata originaria sia della Cina (la più antica testimonianza conosciuta in proposito risale al 1800 a.C. e parla di *noodles* di miglio) sia dell'Italia, dove era già conosciuta nel X secolo a.C. Il termine "pasta" deriva dal greco *pàssein*, "impastare".

La pasta è pertanto esemplare sotto diversi aspetti. Potrebbe addirittura offrire qualche motivo di ottimismo a quanti sono giustamente in ansia per il futuro del pianeta e dell'umanità. La pasta va meritata: bisogna imparare ad apprezzarla. Va fabbricata: persino coloro che si limitano a cucinarla sanno quanto sia grande la loro responsabilità. Da ogni punto di vista, la pasta è il prodotto di un'educazione. Apprezzare la pasta significa coniugare la serietà dello spirito e il senso del piacere. Significa, inoltre, capire che la necessità di nutrire il mondo, il mondo intero, non esige forzatamente di rinunciare alla qualità. Sappiamo bene come le ricette povere del passato si ritrovino spesso, per effetto di uno snobismo[14] proprio del nostro tempo, nei piatti dei ricchi, che hanno imparato a gustarne la forza e le finezze, mentre i poveri di oggi, per ragioni economiche o d'altro genere, sono sovente condannati a nutrirsi male. Quanto ai più poveri tra loro, sono esposti ovunque al rischio della carestia. La via è tracciata: è necessario nutrire una parte dell'umanità e insegnare a mangiare all'altra parte. L'ideale consisterebbe nel riuscire a far convergere le due ambizioni.

M. Augé, *Momenti di felicità*, Raffaello Cortina Editore, Milano 2017

- L'autore riflette sul legame fra livello sociale ed economico e alimentazione. Hai mai pensato che le persone nella nostra società si nutrono in base alle possibilità economiche?

14. **snobismo:** ostentato atteggiamento di superiorità sociale e raffinatezza di gusti.

TU E IL TESTO Comprendere

1. Rispondi alle seguenti domande.

a. Che cos'è per l'autore un sogno di felicità?
b. Quali ricordi conserva l'autore dei suoi viaggi in Italia?
c. Quale posto assegna l'autore alla pasta nei suoi ricordi dell'Italia?
d. Quali tipi di pasta era costretto a mangiare l'autore da bambino?

2. INVALSI Quando l'autore ha iniziato a rivalutare la pasta?

a durante una cena a Modena
b da adulto, durante i suoi viaggi in Italia
c da bambino, dopo aver assaggiato le *nouilles*
d a scuola, alla mensa

3. Come si presenta la pasta *al dente* (r. 55)?

a cruda b stracotta c cotta nel brodo
d tenera esternamente, compatta internamente

4. INVALSI Che cosa significa la frase *La pasta deve lasciare intatto l'appetito del consumatore o addirittura lo deve eccitare durevolmente* (rr. 59-60)?

a la pasta, essendo un primo, non deve saziare, deve invece stuzzicare l'appetito e preparare a mangiare il secondo
b la pasta deve saziare
c la pasta deve essere servita in piccolissime porzioni
d la pasta deve tener desta l'attenzione di chi si siede a tavola

5. RAGIONARE Che cosa intende l'autore con l'espressione *pasta globale* (r. 91)?

6. RAGIONARE Perché l'autore afferma che la pasta può *far sperare in un futuro migliore* (rr. 92-94)?

LINGUAGGIO SETTORIALE La pasta

7. Paste regionali Alle righe 72-73 sono elencati alcuni piatti a base di pasta tipici di regioni italiane. Inseriscili nella tabella e completala in modo che per ogni regione sia citata una ricetta. L'esercizio è avviato.

Veneto	
Liguria	*pasta al pesto*
Emilia-Romagna	
Toscana	
Lazio	*pasta alla carbonara*
Campania	
Puglia	
Calabria	
Sicilia	

8. Parole solidali Scrivi il significato delle seguenti espressioni.

spianare la pasta • tirare la pasta • scolare la pasta • buttare la pasta • levare la pasta

9. Pasta per tutti i gusti Alcuni aggettivi sono tradizionalmente accostati alla parola "pasta" per indicarne le caratteristiche. Definisci le espressioni elencate, eventualmente con l'aiuto di internet.

pasta fresca • pasta secca • pasta lunga • pasta corta • pasta comune • pasta integrale • pasta liscia • pasta rigata • pasta verde • pasta reale

10. Famiglia di parole Nella seguente famiglia lessicale c'è un intruso. Cancellalo; poi scrivi il significato delle parole rimaste.

pastaio • pastificio • pastasciutta • impastare • colapasta • pastina • pastificare • pasteggiare • coppapasta • impasto • pastella

11. Pasta di tutte le forme La pasta ha moltissimi formati, legati alle tradizioni locali o alle proposte delle maggiori case produttrici. Attribuisci i nomi corretti a quelli raffigurati, scegliendo dal seguente elenco.

vermicelli • rigatoni • eliche • fusilli • chiocciolíne • spaghetti • fettuccine • paccheri • orecchiette • tagliatelle • lasagne • ravioli • penne • gomiti • gnocchi • tortellini

a. ....

b. ....

c. ....

d. ....

e. ....

f. ....

g. ....

h. ....

i. ....

l. ....

m. ....

n. ....

o. ....

p. ....

q. ....

r. ....

EMPLOYABILITY Sviluppare le competenze chiave

ACQUISIRE E INTERPRETARE L'INFORMAZIONE

12. Leggere per trarre informazioni Procurati un pacchetto di pasta e riporta nella tabella i dati indicati sulla confezione.

marca	
formato	
tipo di farina	
tecnica di trafilatura	
ingredienti	
modalità di conservazione	
tempo di cottura consigliato	
valori nutrizionali medi	
data, azienda e luogo di produzione	
data di scadenza	

13. Ascoltare per trarre informazioni L'insegnante leggerà un testo regolativo sulla cottura della pasta (→ *Guida per l'insegnante*). Ascolta con attenzione e, mentre ascolti, completa la tabella.

regola 1	
regola 2	
regola 3	
regola 4	
regola 5	

14. Ascoltare per trarre informazioni L'insegnante leggerà un testo che spiega la possibilità di stampare la pasta con una stampante 3D (→ *Guida per l'insegnante*). Ascolta con attenzione, poi indica se le seguenti affermazioni sono vere o false.

a. Il settore ricerca di un'importante ditta alimentare sta sperimentando la stampa della pasta con una stampante 3D. V F

b. Si è scelto di stampare, fra gli alimenti, la pasta perché il pane non è adatto. V F

c. Attualmente si riesce a stampare un piatto di pasta in un minuto. V F

d. In futuro nei ristoranti i clienti potranno farsi stampare formati di loro invenzione. V F

e. Si potranno stampare tipi di pasta adatti alle esigenze alimentari e dietetiche personali. V F

f. Malgrado questa invenzione, non avverrà la sperata rivoluzione nel campo dell'alimentazione. V F

COMPETENZA DIGITALE • COLLABORARE E PARTECIPARE

15. Fare una ricerca in internet Le tradizioni regionali italiane sono ricche di tipi e formati di pasta diversi, soprattutto nel centro e nel sud del paese. Dividetevi in piccoli gruppi: ciascun gruppo sceglierà una regione e farà in internet una ricerca sui formati di pasta che caratterizzano la sua cucina, poi esporrà alla classe il risultato della ricerca con il supporto di immagini idonee.

PROGETTARE • COLLABORARE E PARTECIPARE • CREATIVITÀ

MINICOMPITO DI REALTÀ
La pasta come piatto unico

Oggi la pasta non è più solo un primo piatto. Nel modo di mangiare dei giovani è spesso piatto unico. Lavorate in gruppi: ciascun gruppo elaborerà il menu di un ristorante di nuova apertura che propone solo pasta, in molte combinazioni diverse. Trovate il modo più accattivante per classificare e proporre ai clienti piatti unici di pasta, tradizionali e di vostra invenzione, e non dimenticate di corredare il menu di un listino prezzi.

RACCONTO

Silvana La Spina

Pranzo di nozze

CARTA D'IDENTITÀ

GENERE racconto giallo
AUTORE Silvana La Spina, nata a Padova nel 1945, è autrice di racconti e romanzi gialli ambientati soprattutto in Sicilia.

Una bella ragazza siciliana esce dal collegio pronta per il matrimonio. La famiglia, nobile e ricca, organizza una festa per presentarla in società e trovarle marito. Il pretendente giusto non si fa attendere, ma il nipote della futura sposa, innamorato perdutamente di lei, ha dei sospetti: riuscirà il ragazzino a smascherare il "rivale"?

ASCOLTA

Ciarbiddùzzu abbuttunàtu[1]

Preparazione

Si prenda un capretto molto giovane, lo si faccia ripulire e mondare: di pelle, interiora,[2] estremità zoccolute;[3] lo stomaco ripulito si unga con sugna salata e pepata. Poi si prepari il battuto: due cipolle, 6 spicchi d'aglio, un grosso mazzo di prezzemolo, una manciata di foglie di menta: quindi sale, pecorino grattugiato e mezzo bicchiere d'olio.

Si cucia la pancia e si sistemi in forno caldo fino a cottura, girando di tanto in tanto e irrorando con un battuto di olio e succo di limone.

Quando pronto si stenda sul piatto da portata, bello caldo e croccante e si contorni con fette di limone, foglie di alloro e spinu santu,[4] pianta spinosa e arida ma sempre augurale[5] nei pranzi di nozze.

• In questa ricetta quale ingrediente ti sembra presente in gran quantità? Più avanti capirai come questo tipico piatto siciliano ha un ruolo determinante nella vicenda.

1. *Ciarbiddùzzu abbuttunàtu*: "capretto imbottito" (dialetto siciliano).
2. *interiora*: gli organi contenuti nella cavità toracica e addominale degli animali; sono dette anche "frattaglie".
3. *estremità zoccolute*: zampe con gli zoccoli.
4. *spinu santu*: "spino santo" (siciliano), cioè l'astragalo dell'Etna, pianta cespugliosa con lunghe spine.
5. *augurale*: di buon augurio, di buon auspicio.

Questo infatti è piatto idoneo per matrimoni in grande stile, come fu quello di mia zia Antonietta, la più bella delle mie zie ma anche la più sfortunata, essendosi fatta zita[6] con il baronello[7] Ernesto Zuccarello, dei baroni di Casamazza. Erede unico di quella casata, ricca solo di storie truci e miserande,[8] e lui più miserando di tutti, almeno così penso io, che ho scoperto casualmente la sua vera natura. Di vampiro.[9]

La zia Antonietta era una bruna diciottenne, con la pelle dorata e i capelli fitti e ricci, che a lavarli ci volevano due domestiche, Sara e Maruzza, le quali sul terrazzo di casa per mezza giornata li pettinavano e li sgrondavano[10] dell'acqua saponosa e poi li passavano con non so che olio odoroso che li rendeva morbidi e profumati. Insomma, mia zia era una vera bellezza e io l'ho sempre amata alla follia, perciò speravo di arrivare presto ai dodici anni, così che un giorno avrei avuto il permesso di salire su Zorro, il nero stallone[11] di mio padre, e con quello furarmela,[12] portarmela nella grotta di Ianu il bandito, per tenermela lì come schiava e moglie.

Invece non è andata così. Mia zia era appena tornata dal collegio delle Immacolatelle, dove le ragazze dovrebbero studiare canto, musica e un poco di francese ma in realtà sospirano tutto il giorno l'amore. Tornò col calesse[13] di don Cola, il nostro portinaio e amministratore[14] [...].

Don Cola avvisò la famiglia del suo arrivo col suo «ohooo, affacciatevi» e tutti scendemmo giù per andare a vedere la zia che non vedevamo da quattro anni, «bella figlia mia», si commosse la nonna, che venne portata giù a braccia dalle sue domestiche, poiché malata da anni di un male che chiamano diabete[15] e che le rende le gambe poco salde.[16] Mia madre invece che ha senso più pratico incominciò subito a dare gli ordini: «Prendete quei bauli e portateli sopra. Avanti don Cola, che non possiamo stare qui l'intera mattinata». Io invece non mi mossi neanche per abbracciarla, immobile e basito come il geco[17] che sempre cerco di cogliere con un colpo di pietra. Fatalmente e inesorabilmente[18] innamorato.

Un mese dopo armammo[19] il festino per il suo ritorno. Le domestiche levarono i drappi che avvolgono i mobili del salone e ripulirono i mobili medesimi con pasta di cera che lascia nell'aria un odore speziato, levarono le ragnatele dai quadri di famiglia e lavarono col petrolio e col Sidol[20] le cornici arricciolate, le specchiere delle bergère ossidate dai secoli,[21] i grandi lampadari di cristallo a piombo[22] che

- Nella tua famiglia si compiono grandi pulizie quando c'è un pranzo importante?

6. **fatta zita:** "fidanzata" (siciliano).
7. **baronello:** diminutivo di "barone", nel senso di "giovane barone" o "figlio di barone".
8. **truci e miserande:** violente e degne di commiserazione.
9. **vampiro:** creatura del folklore dell'Europa dell'Est. È un morto vivente che si nutre di sangue umano; esce dalla sua tomba solo di notte, perché alla luce del sole morirebbe; può essere tenuto a distanza dall'aglio e da simboli religiosi, come il crocifisso o l'acqua santa; la sua figura non si riflette negli specchi; può essere ucciso trafiggendogli il cuore con un bastone appuntito.
10. **sgrondavano:** asciugavano facendoli sgocciolare.
11. **stallone:** cavallo maschio destinato alla riproduzione.
12. **furarmela:** "rapirla" (siciliano).
13. **calesse:** veicolo a due ruote trainato da un cavallo.
14. **amministratore:** in questo caso, chi gestisce le proprietà finanziarie e immobiliari della famiglia.
15. **diabete:** malattia del sangue.
16. **poco salde:** insicure, malferme.
17. **basito come il geco:** paralizzato per lo stupore come un geco, rettile che può rimanere immobile anche per giorni.
18. **Fatalmente e inesorabilmente:** per colpa del destino e senza scampo.
19. **armammo:** preparammo, termine del linguaggio militare qui usato ironicamente per sottolineare la grandezza dell'impresa.
20. **Sidol:** famoso prodotto per la pulizia dei metalli inventato in Germania negli anni dieci del Novecento e ancora in produzione.
21. **bergère... secoli:** specchiere dei mobili da toilette ossidate (in quanto metalliche) a causa del passare del tempo.
22. **cristallo a piombo:** il cristallo è un vetro molto ricco di ossido di piombo.

il bisnonno aveva ordinato direttamente a una fabbrica boema,[23] e che raccontano rimasero fermi due mesi in un vagone alla stazione di Ragusa, poiché il bisnonno medesimo aveva scordato quell'ordine.

Per la cucina vennero invece chiamate in forza[24] le mogli dei campieri,[25] specie donna Agrippina, la moglie di massaro[26] Iudicello, che è capace durante la mietitura di cucinare per cento uomini, e mio padre stesso deve ammettere che lo fa benissimo, se una volta ha avuto la bontà di dirle: «Voi siete meglio di monsieur[27] Maurice, lo chef del migliore ristorante di Parigi».

Donna Agrippina volle sotto di sé dieci donne, che si era portata direttamente dalla campagna nostra, e insieme a loro arrivarono sui carretti le vettovaglie,[28] conigli nelle stie,[29] capponi legati per le zampe e capretti belanti; tutti ancora vivi e da scannare perché donna Agrippina aveva detto perentoriamente: «L'animale da cucinare deve essere scannato sul momento, altrimenti si guasta».

E come non bastasse tutto questo, a casa nostra ci fu il viavai delle sarte, delle modiste e delle parrucchiere; mentre don Cola andò in giro a dispensare[30] inviti per il ballo, perché dalle nostre parti gli inviti debbono essere portati a mano, altrimenti la gente si offende. Tranne naturalmente per gli invitati di fuori città, che per questi bisogna necessariamente fare uso della posta e del postino.

Nessuno seppe però per quali vie traverse l'invito giunse anche ad Ernesto Zuccarello, nessuno mai volle ammettere che nella lista degli invitati quel nome doveva essere cancellato, essendo noi da due generazioni in lite coi baroni di Casamazza, anche se poi nessuno più ne ricordava il motivo. Ma oramai il danno era fatto, alla festa per il ritorno di mia zia Antonietta fu invitato anche quel bellimbusto[31] e non senza danno e scorno[32] della famiglia, perché non appena mia zia lo vide, bella nel suo vestito di voile[33] e il capo bruno cosparso di margherite appuntate con le forcine che la faceva apparire una fata dei boschi, esclamò: «Chi è quel giovane pallido e biondo, così bello che mi pare un angelo?».

Di questi baroni di Casamazza bisognerebbe per prima cosa raccontare la storia. Che è poi la storia solita delle parti nostre: eredità che si incrociano, figlie di notai portatrici di robba con cui si rimpinguano le finanze indebolite da secolari cause con i parenti e i vicini di feudo;[34] a causa magari di un limitare[35] mal diviso, per una domestica parrucchiera passata da una casa all'altra. [...] Ma la famiglia dei Casamazza ha un'altra iattura, che il nonno di Ernesto trovandosi a passare le acque[36] dalle parti di Baden Baden[37] s'incapricciò[38] di una baronessa

23. **boema:** la Boemia è una regione oggi facente parte della Repubblica Ceca e famosa fra l'altro per la produzione dei cristalli.
24. **chiamate in forza:** arruolate, assoldate; altro termine del linguaggio militare.
25. **campieri:** controllori di parti della grande proprietà terriera della famiglia.
26. **massaro:** fattore.
27. **monsieur:** signore (termine francese).
28. **vettovaglie:** viveri, cibo.
29. **stie:** gabbie.
30. **dispensare:** distribuire.
31. **bellimbusto:** giovanotto belloccio e vanitoso (termine spregiativo).
32. **scorno:** vergogna, umiliazione.
33. **voile:** tessuto di cotone o di lino leggerissimo e trasparente (termine francese).
34. **figlie... feudo:** figlie di notai con ricche doti (*robba*, "roba") in grado di ripristinare patrimoni familiari dispersi in cause giudiziarie con i parenti e con i proprietari terrieri confinanti.
35. **limitare:** confine.
36. **passare le acque:** fare una cura termale.
37. **Baden Baden:** famosa città termale tedesca.
38. **s'incapricciò:** s'invaghì.

slava,[39] bellissima creatura ma pazza tutta, dalla testa ai piedi. Che prima di finire chiusa nella sua stanza come una bestia nella tana, senza mai più aprire le finestre, volle dare scandalo in tutti i modi: impiantando fabbriche di merletti a tombolo[40] con certe amiche sue che manco[41] sapevano tenere i fuselli[42] in mano, costruendo un collegio per le figlie dei massari da cui quelle notte tempo se ne fuivano col primo mascolo che passava.[43] Che allevò le due figlie come fossero due maschi, sempre a girare per il mondo, vestite da amazzoni,[44] e lasciando abbandonato ai servi l'unico maschio, che crebbe come un selvaggio. Che alla fine della vita si rinchiuse in una specie di tetra cella, senza più lavarsi e nutrendosi parcamente[45] con croste di pane e di formaggio, e a detta dei domestici uscendo solo la notte sotto forma di tallarita.[46]

È forse da lei che ha preso il nipote Ernesto? Non era slavo anche il conte Dracula?[47] Per la verità da quando è cominciato il fidanzamento ognuno in famiglia fa finta di scordare quell'ava[48] eccentrica,[49] persino la serva Domenica, che ha sempre criticato tutto e tutti delle nostre frequentazioni, è diventata muta come una mula, e anzi non fa che lodare questo fidanzamento, che insieme, dice, i due fanno una coppia bella come i pupi di zucchero,[50] essendo lui biondo e pallido, lei bruna e vivace; che finiranno per avere dei figli incantevoli, che mettendo insieme le doti ereditate faranno vita da gran signori; che in pratica mia zia Antonietta mai si poteva sognare un fidanzato come questo.

Ma io ero ugualmente convinto che il baronello Ernesto fosse un vampiro, per questo dovevo vigilare e vegliare.

I vampiri, lo sappiamo tutti, escono solo di notte e vagano per la campagna oppure si fermano dietro un cantone[51] in attesa che qualche passante caschi nelle loro braccia. A quel punto essi lo afferrano e si attaccano con i denti cavi alla vena iugulare[52] e ne suggono[53] il sangue fino a lasciare il disgraziato più morto che vivo. Anzi, peggio. Perché se il disgraziato è morto, basta, la faccenda finisce lì, ma se quello per caso seppur dissanguato resta vivo, si muta anche lui in vampiro.

Un vampiro di sangue nobile però se può si nutre del sangue dei nobili, specialmente delle nobili donzelle[54] [...]. Eppure le donne impazziscono per queste bestie immonde[55] che sono i vampiri; sarà che hanno pena per le loro disgrazie, oppure che sono avventurose e preferiscono vivere con un morto vivente piuttosto che nella noia quotidiana, oppure che sono stupide e non vedono il pericolo in cui incorrono. E fatalmente alla fine diventano anche loro compagne di vampiri, e vampiri a

39. **slava:** dell'Europa dell'Est.
40. **merletti a tombolo:** pizzi realizzati su una specie di tamburo imbottito (chiamato appunto "tombolo").
41. **manco:** neanche.
42. **fuselli:** piccoli fusi usati per realizzare i merletti a tombolo.
43. **notte tempo... passava:** di notte scappavano con il primo uomo che passava (dialetto siciliano).
44. **amazzoni:** cavallerizze.
45. **parcamente:** semplicemente, in modo frugale.
46. **tallarita:** o *taddarita*, "pipistrello" (dialetto siciliano).
47. **conte Dracula:** protagonista del famoso romanzo omonimo (1897) dello scrittore irlandese Bram Stoker, è un vampiro.
48. **ava:** nonna.
49. **eccentrica:** stravagante.
50. **pupi di zucchero:** statuette di zucchero colorato; sono un tipico dolce siciliano.
51. **cantone:** angolo di strada.
52. **vena iugulare:** vena che porta il sangue dalla testa al cuore.
53. **suggono:** succhiano.
54. **donzelle:** fanciulle.
55. **immonde:** disgustose, sudicie.

loro volta. Vivono così durante il giorno in una bara decrepita[56] dai secoli e la notte si alzano e si mettono a caccia di prede.

Io non avrei voluto più vedere mia zia Antonietta dopo il suo matrimonio, sapevo bene che non avrei avuto pace a dormire sotto il suo stesso tetto.

Di Ernesto l'ho scoperto a un mese esatto dal fidanzamento. Eravamo a pranzo con tutta la famiglia, di fronte mi capitò proprio lui, lo zio, sempre pallido ed emaciato,[57] bellissimo sì devo ammetterlo ma come un pupo di cera. [...]

In questo pranzo mia zia aveva voluto fare mostra di essere buona cuoca e aveva cucinato le sarde a beccafico,[58] che sono un piatto altamente indigesto a causa dell'aglio ma anche elaborato e di una certa figura[59] – *bisogna per prima cosa pulire le sarde e aprirle lasciandole unite per il dorso; poi far tostare in poco olio del pan grattato nel quale incorporare due spicchi d'aglio tritato, due cucchiai di aceto, mezzo di zucchero e uno di prezzemolo, settanta grammi di pinoli e altrettanto di uva sultanina,[60] quindi amalgamare il composto e distribuirlo su ogni sarda, che viene arrotolata e messa con le altre in forno, dentro una teglia ben unta di olio d'oliva, e irrorata[61] con olio, succo di limone, sale e pepe.*

- Tu che cosa prepari quando vuoi fare bella figura con gli amici? Hai una tua ricetta speciale?

Ma quando il baronello Ernesto si portò alla bocca una delle sarde il pallore divenne ancora più evidente. «C'è aglio?» chiese. «Sì, certo» rispose la zia, «come altrimenti si fanno le sarde a beccafico?»

Insomma, il baronello per poco non svenne, e in ogni caso sputò maleducatamente il boccone nel piatto, e da pallido divenne quasi cianotico,[62] poi tra i sudori spiegò che una strana allergia gli impediva di mangiare cibo con aglio.

Tutti erano sconvolti, mia madre disse: «Poverino». Mia nonna scosse la testa, mio padre sospirò guardando in aria, io invece solo fra tutti nel silenzio esclamai: «Proprio come i vampiri». Ma nessuno colse la mia allusione, anzi mia madre mi diede un orrendo pizzicotto sul braccio rendendomelo livido per una settimana. [...]

Ma non basta, gli elementi per chi ha la pazienza di raccoglierli si accumulano da soli. Perché Ernesto non veniva mai a trovare la fidanzata di giorno, ma solo verso l'imbrunire?[63] Quando lo chiesi, qualcuno rispose che di giorno andava dalle sue masserie,[64] ma la nonna più cautamente disse che forse a ben vedere quel giovane perdeva il sonno a giocare[65] e che era bene qualcuno indagasse sul conto di quel giovanotto, che non voleva certo dare in moglie una figlia di quella bellezza a qualcuno che poi risultava un mascalzone, e così via.

Mia zia allora mi fece chiamare: «Senti tu, perché cerchi di mettere zizzania[66] tra la mia famiglia ed Ernesto?».

«Perché è un vampiro» dissi «e la notte se ne va in cerca di vittime a cui succhiare il sangue, e dopo sposati farà diventare vampiro anche te.»

56. **decrepita:** rovinata.
57. **emaciato:** magro e smunto, sofferente.
58. **sarde a beccafico:** piatto tipico siciliano.
59. **di una certa figura:** di un certo tono, elegante.
60. ***uva sultanina*:** uva bianca sottoposta a essiccazione, detta anche uva passa o uvetta.
61. ***irrorata*:** cosparsa con un liquido, bagnata.
62. **cianotico:** del colore ciano (bluverde) che assume una persona che non riesce più a respirare.
63. **verso l'imbrunire:** al tramonto (quando il cielo si fa "bruno", cioè scuro).
64. **masserie:** aziende agricole, fattorie.
65. **giocare:** giocare d'azzardo.
66. **mettere zizzania:** mettere discordia; il modo di dire deriva dal fatto che la zizzania è una pianta infestante che cresce tra i cereali.

«Questi sono affari miei, non credi?»

«Ma anche miei, zia» dissi arrossendo «lo sai quanto ti voglio bene.»

Nessuno credette alla mia dichiarazione di sincerità e premura affettiva, mia zia per la verità mi disse solo: «Vai», lanciandomi uno sguardo risentito,[67] ma mio padre mi prese e mi portò nello studio, mi fece calare i calzoni e mi diede due cinghiate, di quelle che ha sempre chiamato "di avviso", urlando nel contempo che le carogne come me andavano chiuse in collegio, lontano dalla vista della famiglia [...].

Mi chiusero a pane e acqua nello stanzino del primo piano, per una settimana, dove passai i giorni a immaginare una fine consona[68] per quel futuro zio prima che vampirizzasse tutta la mia famiglia. Avessi avuto una pistola che sparava bossoli d'argento[69] non avrei avuto dubbi: sui gradini dell'altare, mentre mia zia, bellissima in abito bianco da sposa in merletto di Bruxelles,[70] gli lanciava sguardi amorevoli e cupidi,[71] io avrei urlato: «Ernesto Zuccarello dei baroni di Casamazza!» e lui voltandosi avrebbe esposto il petto ai miei proiettili assassini. Anche se poi non sono mai stato sicuro che tali bossoli vadano bene anche per i vampiri, per i lupi mannari invece sì, di questo almeno sono certo.

• Anche a casa tua si conservano le ricette di famiglia?

Poi trovai tra il bailamme[72] e la polvere e i resti di mobili rotti una cassa con libri vecchi, quasi tutti libri da cucina, che le mie ave e trisavole[73] avevano usato nei secoli [...]. Infine trovai quella ricetta: *Ciarbiddùzzu abbuttunàtu.*

Donna Agrippina venne dalla campagna come la volta precedente, portandosi appresso sui carretti femmine da lavoro[74] e vettovaglie, stie con conigli e capponi appesi per le zampe, volatili e capretti da scannare sul momento, appena prima di arrostirli e infornarli, altrimenti si sa il sapore si guasta.

Per quel matrimonio, dichiarò la moglie di massaro Iudicello, avrebbe fatto faville,[75] un pranzo da far leccare le unghie anche al più inappetente degli ospiti. «Vi crediamo, donna Agrippina», disse mia madre, e la stessa cosa disse alla sarta e alla modista che non lasciarono mai casa nostra, fino al momento del matrimonio.

Di mia zia per giorni non seppi nulla, non la vidi se non nel momento in cui l'organo della chiesa principiò a suonare le prime note dell'*Ave Maria.*[76] Ed era bellissima. I capelli tenuti alti da una coroncina di perle, lo sguardo esultante, il corpo prorompente vitalità: al suo fianco Ernesto, pallidissimo, un filo di uomo in quel tight[77] dalle lunghe code nere di tallarita. Una faccia così pallida non l'ho mai veduta a nessuno sposo, ma si sa, diceva la gente sottovoce, l'emozione può fare qualunque scherzo.

Mutò quella faccia lo zio Ernesto solo quattro ore più tardi – la cerimonia fu lunghissima e costellata[78] di svenimenti –, solo al momento del pranzo nuziale, dopo

67. **risentito:** offeso.
68. **consona:** adatta.
69. **bossoli d'argento:** proiettili d'argento; come riconosce poi il protagonista, secondo la tradizione i proiettili d'argento servono per uccidere i lupi mannari.
70. **merletto di Bruxelles:** Bruxelles, in Belgio, è sempre stata famosa per i pizzi.
71. **cupidi:** pieni di desiderio.
72. **bailamme:** confusione.
73. **trisavole:** antenate.
74. **femmine da lavoro:** cameriere, donne di servizio.
75. **faville:** un'ottima figura.
76. ***Ave Maria*:** brano musicale tradizionalmente eseguito ai matrimoni: il testo della preghiera *Ave Maria* è cantato su una melodia del musicista tedesco dell'Ottocento Franz Schubert.
77. **tight:** abito da cerimonia maschile da giorno, lungo e stretto ai fianchi.
78. **costellata:** piena; letteralmente il termine significa "piena di stelle".

che la sposa bellissima aveva lanciato il suo mazzo[79] tra le cugine – lo prese una certa Augustina di Agrigento che non avevo mai veduto prima –, dopo le lacrime della nonna per quella bella figlia che se ne partiva da casa, dopo gli schiamazzi e le foto ricordo davanti al sagrato, dopo il lancio augurale dei confetti.

Mutò il colorito di Ernesto Zuccarello dei baroni di Casamazza da cereo in livido e poi in bruno paonazzo,[80] come di chi soffoca e impazzisce sentendosi chiuso il condotto dell'aria.[81]

In mano però fino all'ultimo tenne la forchetta col boccone di Ciarbiddùzzu abbuttunàtu; solo nel momento dell'estremo sussulto di vita dello sposo, che celermente se ne partiva da questo mondo, mia zia urlò: «L'aglio, Dio mio l'aglio!». Ma oramai era troppo tardi per salvarlo.

Ho nascosto la ricetta del Ciarbiddùzzu abbuttunàtu nell'ultimo cassetto del cantarano[82] della nonna. Nessuno sa come sia finita nei giorni dei preparativi tra le mani di donna Agrippina. La massara[83] del resto se l'è scordata e a chiunque le chieda: «Che fu? Che cucinaste?». Lei imperturbabile[84] risponde: «Non so, non ricordo, il demonio ci deve aver messo le mani».

Nel caso vi servisse però ricordatevelo: nell'ultimo cassetto del cantarano e... aglio a volontà.

S. La Spina, *Pranzo di nozze*, in Aa. Vv., *Il delitto è servito. Ovvero quando il cibo si tinge di giallo. 15 racconti d'autore*, a cura di F. D'Adamo e R. Guacci, Gambero Rosso Editore, Roma 1996

- Hai capito adesso perché il racconto si apre con quella ricetta?

79. **la sposa... mazzo:** secondo la tradizione, la sposa, dopo la cerimonia nuziale, lancia il proprio mazzo di fiori alle invitate: colei che lo prende si sposerà entro la fine dell'anno.
80. **da cereo... paonazzo:** da bianco come la cera a blu e poi a marrone violaceo.
81. **condotto dell'aria:** cioè, in questo caso, la trachea.
82. **cantarano:** o canterano, mobile a cassetti.
83. **massara:** la moglie del massaro.
84. **imperturbabile:** senza scomporsi.

TU E IL TESTO Comprendere

1. RAGIONARE Quale ingrediente hanno in comune le due ricette descritte nel racconto? Perché nella vicenda narrata è un ingrediente fondamentale?

2. INVALSI Indica se le seguenti affermazioni sono vere o false.

- **a.** La zia Antonietta ha diciotto anni ed è bellissima. V F
- **b.** La zia Antonietta decide di sposare il baronello Ernesto perché è nobile. V F
- **c.** La zia Antonietta incontra per la prima volta il suo futuro sposo in chiesa, durante la messa. V F
- **d.** Il pranzo di nozze viene preparato dalla moglie del massaro. V F
- **e.** La moglie del massaro viene accusata di omicidio. V F

3. Rispondi alle seguenti domande.

- **a.** Perché il protagonista odia il fidanzato della zia?
- **b.** Come interpreta il protagonista l'allergia del baronello Ernesto all'aglio?
- **c.** Come riesce il protagonista a smascherare il baronello Ernesto?
- **d.** Come si conclude il racconto?

4. Completa la tabella con le informazioni richieste riguardo ai tre pranzi descritti nel racconto.

	quando viene organizzato?	chi cucina?	che cosa cucina?	chi viene invitato?
primo pranzo				
secondo pranzo				
terzo pranzo				

5. INVALSI Come definiresti il comportamento del protagonista? Puoi scegliere più di una risposta.

a giusto
b comprensibile
c ingiustificato
d inappropriato
e illecito
f condivisibile
g criminale
h giustificato

LINGUAGGIO SETTORIALE La cucina

6. **Termini culinari** Nelle due ricette presenti nel racconto sono evidenziati alcuni termini tecnici del settore culinario. Con l'aiuto del dizionario scrivine il significato.

amalgamare • battuto • incorporare • irrorare • mondare • piatto da portata • sugna • teglia • tostare

7. **Piatti ricchi e poveri** Che cosa sono i beccafichi? Cerca in internet l'origine della ricetta delle sarde a beccafico.

8. **Cucine e cucine** A quale tipo di cucina fra quelle elencate appartengono le ricette del racconto? Motiva la tua scelta, spiegando sia la definizione che hai scelto sia quelle che hai scartato.

a cucina internazionale
b fast food
c cucina regionale
d nouvelle cuisine
e cucina etnica
f cucina creativa
g cucina vegetariana
h cucina fusion

9. **Cucinare la carne** I piatti citati nel racconto sono a base di carne. Associa ciascun metodo di cottura della carne elencato alla relativa definizione.

a. ☐ arrostire
b. ☐ friggere
c. ☐ bollire
d. ☐ stufare
e. ☐ scottare
f. ☐ grigliare

1 gettare in acqua bollente per brevissimo tempo, sbollentare
2 cuocere a fuoco vivo abbrustolendo
3 cuocere a fuoco lento e in una pentola chiusa
4 cuocere in acqua bollente
5 cuocere su una griglia posta sopra la brace
6 cuocere nell'olio o in altro grasso portato ad alta temperatura

EMPLOYABILITY Sviluppare le competenze chiave

ACQUISIRE E INTERPRETARE L'INFORMAZIONE • IMPARARE A IMPARARE

10. Ascoltare e rispondere L'insegnante leggerà una ricetta in cui è usato l'aglio (➜ *Guida per l'insegnante*): fai attenzione al nome del piatto, agli ingredienti, alle fasi di preparazione. Dopo la lettura dovrai rispondere alle seguenti domande.

a. Come si chiama la salsa di cui hai ascoltato la ricetta?
b. Quanti pinoli servono per la salsa? Quante acciughe? Quanti spicchi d'aglio?
c. In quale recipiente vengono pestati gli ingredienti?
d. Come viene servita la salsa, cruda o cotta?

11. Ascoltare e rispondere Ascolta un'altra ricetta letta dall'insegnante (➜ *Guida per l'insegnante*), ma questa volta prendi appunti durante l'ascolto. Dopo la lettura dovrai rispondere alle seguenti domande.

a. Come si chiama la salsa di cui hai ascoltato la ricetta?
b. Quale tipo di olio occorre utilizzare per la ricetta?
c. In quale recipiente viene pestato l'aglio?
d. In che cosa viene inzuppato il pane incorporato alla fine?
e. Dove è versata la salsa quando è pronta?

> ▶ **Confronta le due esperienze di ascolto: prendere appunti ti ha aiutato a seguire meglio il testo e a rispondere con più precisione alle domande?**

COMUNICARE

12. Dare istruzioni oralmente Spiega oralmente una delle ricette presenti nel racconto o un'altra ricetta, a tua scelta, che conosci molto bene: durante la spiegazione orale dovrai essere sicuro di quello che dici e avere padronanza della ricetta. Preparati per tre esposizioni, immaginando di rivolgerti di volta in volta a:

- un gruppo di **studenti di un corso di cucina**: cerca di essere molto didattico, cioè di spiegare con precisione, senza tralasciare alcun ingrediente e scandendo bene le fasi di preparazione;
- **clienti del ristorante** presso cui lavori che ti hanno chiesto una spiegazione perché sono indecisi sul piatto da scegliere: in questo caso devi essere più sintetico e mettere in evidenza i punti di forza del piatto per aiutarli nella scelta;
- **un tuo amico**: puoi essere più informale, se vuoi anche spiritoso, senza rinunciare però a comunicargli la ricetta in modo corretto.

Dopo alcune prove, registrati. In questo modo potrai controllare se hai eseguito l'esercizio in modo convincente e fornirai all'insegnante la possibilità di riascoltarti, di valutarti, di darti consigli per migliorare la tua esposizione orale.

CREATIVITÀ

13. Inventare una ricetta Inventa una ricetta "antivampiro" di sicura efficacia e riportala nello spazio al piede della pagina.

> ▶ **Ricorda che nelle ricette si utilizza uno dei seguenti modi verbali:**
> - l'infinito: *Pelare le patate, far soffriggere l'aglio...*
> - il congiuntivo esortativo: *Si pelino le patate, si faccia soffriggere l'aglio...*
> - l'imperativo, di solito plurale: *Pelate le patate, fate soffriggere l'aglio...*

La mia ricetta

Ingredienti

- ....
- ....
- ....
- ....

Procedimento

....
....
....
....
....
....
....

COMPETENZA DIGITALE

14. Organizzare e archiviare Riproduci al computer, utilizzando un programma di videoscrittura, una pagina-contenitore per ricette analoga a quella proposta nell'esercizio precedente. Usala poi come pagina modello in cui trascrivere man mano tutte le ricette, di tua invenzione o già esistenti, che ti interessa conservare. Creerai così un tuo personale ricettario.

PROGETTARE • COLLABORARE E PARTECIPARE

MINICOMPITO DI REALTÀ
La cucina regionale

Le due ricette del racconto sono entrambe siciliane. Come sapete, ogni regione italiana è ricca di piatti tipici e di antica tradizione, legati alla storia, alla cultura materiale e ai prodotti locali. Fate una ricerca su questo argomento seguendo le fasi elencate.

Obiettivo

- Elaborare un testo sulla cucina regionale da esporre oralmente in classe.

Scegliere

- Dividetevi in gruppi di tre e scegliete una regione italiana per ciascun gruppo.

Cercare

- Ciascun gruppo dovrà cercare in rete articoli sulla cucina regionale in Italia (È opportuno valorizzare la cucina regionale? Come è possibile farlo?) e alcune ricette tipiche della cucina della regione scelta.

Organizzare

- Organizzate le informazioni e i materiali che avete trovato. Potete basarvi su una struttura di questo tipo:
  - una parte generale introduttiva, che inquadri l'argomento;
  - una parte centrale, che dia informazioni più specifiche sulla cucina della regione scelta, con esempi di ricette tipiche (3 o 4 scelte da voi);
  - una parte conclusiva di commento, con considerazioni per esempio sull'importanza della valorizzazione della cucina regionale.

Integrare

- Potete arricchire il vostro elaborato anche con interviste (per esempio a una nonna esperta della cucina di una regione particolare), immagini dei piatti e dei luoghi oppure video con l'esecuzione di una ricetta.

Presentare

- Infine organizzatevi per presentare il vostro lavoro dividendovi i ruoli affinché ciascun membro del gruppo possa intervenire.

regione: ....

regione: ....

Cibo di qualità? Italiano, naturalmente

Il prodotto alimentare italiano si sta affermando in tutto il mondo: gusto, tradizione e qualità, affiancati alla garanzia nella certificazione e alla ricerca di tecnologie sostenibili.

Un interesse in costante crescita

Mangiare italiano non è più solo una moda, un fenomeno temporaneo. È una tendenza che si va consolidando in Europa e nel mondo grazie alla qualità dei **prodotti agroalimentari** del nostro paese. Lo testimoniano i dati ISTAT relativi alle esportazioni del settore, che ogni anno crescono sensibilmente. Dopo aver superato i 38 miliardi di euro nel 2016, i primi sei mesi del 2017 hanno fatto registrare un aumento generale del 10,9%. La Coldiretti, la maggiore associazione di rappresentanza dei coltivatori italiani, segnala che gli incrementi riguardano le produzioni di tutto il territorio nazionale, in particolare al Nord.

Vino, ortaggi e frutta, pasta, formaggi, olio d'oliva sono i prodotti più richiesti. Ma ci sono anche new entry, come la **birra** (esportata persino nei paesi che tradizionalmente la producono, come la Germania e la Gran Bretagna), il **caviale** (esportato anche in Russia!) e i **funghi freschi**. Prodotti che vanno a finire per due terzi sulle tavole dei paesi dell'Unione europea, ma che hanno grande successo anche negli Stati Uniti, in Cina, in Giappone e in Australia.

Perché il *made in Italy* ha successo?

Sono diversi i fattori che concorrono a questa crescente affermazione, oltre ovviamente all'eccellenza della qualità, dei sapori e del gusto:

- la certificata **qualità igienico-sanitaria** dei prodotti;
- la documentata **tracciabilità**, ossia l'indicazione di tutto il percorso di ciascun alimento, dai campi alla tavola;
- la sicurezza della **provenienza dei prodotti** certificata con i marchi DOP (Denominazione di Origine Protetta), IGP (Indicazione Geografica Protetta) e STG (Specialità Tradizionale Garantita);
- la grande espansione del **sistema di produzione biologico**, che fa un uso limitatissimo di sostanze chimiche (ampiamente usate nell'agricoltura convenzionale o tradizionale per combattere i parassiti), utilizza tecniche di lavorazione non distruttive per il terreno, mantiene gli animali in condizioni conformi alle esigenze delle singole specie.

A ciò si aggiungono da una parte l'attenzione dei **giovani imprenditori** alle esigenze e alla salute dei consumatori, alla salvaguardia dell'ambiente, all'eccellenza del prodotto, dall'altra quella dei **consumatori** alle caratteristiche nutrizionali del cibo.

Una dieta salutare

Il boom dell'agroalimentare italiano ha certamente trovato un trampolino di lancio nel grande interesse internazionale verso i vantaggi per la salute della **dieta mediterranea**, ovvero l'alimentazione, tipica dei paesi mediterranei, basata sugli **alimenti di origine vegetale**, come verdura, frutta, legumi, pane, pasta, olio d'oliva, sui **latticini** come formaggi e yogurt, sul **pesce** e sulla **carne bianca** (pollo, tacchino, coniglio).

La dieta mediterranea è stata riconosciuta dall'Unesco nel 2010 come **patrimonio culturale immateriale dell'Umanità**, in quanto sistema alimentare particolarmente idoneo a prevenire malattie cardiovascolari, obesità, diabete, alcune tipologie di cancro, morbo di Alzheimer, e in generale a garantire una maggiore longevità e benessere fisico.

Davvero italiano?

I prodotti agroalimentari italiani sono così apprezzati che vengono **imitati** in tutto il mondo. L'**agropirateria**, cioè la produzione e la vendita di alimenti spacciati per italiani, con immagini suggestive, false indicazioni di località, improprie utilizzazioni di nomi e marchi, permette di fatturare 60 miliardi di euro.

Sei prodotti alimentari di tipo italiano su dieci in vendita sul mercato internazionale sono il risultato dell'agropirateria, precisa la Coldiretti, con evidente **grave danno** per la nostra economia e per il "buon nome" dei prodotti stessi. Parmigiano reggiano, Grana padano, prosciutto di Parma o di San Daniele, per citare i prodotti più famosi, sono impunemente imitati. Per non parlare dell'olio d'oliva.

I vantaggi per il turismo

L'affermazione del cibo *made in Italy* è supportata anche da una crescente attività di **promozione**. Per esempio nel nostro paese, per tutto l'anno, in moltissime località si svolgono eventi di degustazione e presentazione di nuovi prodotti.

Tra i più famosi, **Eurochocolate** a Perugia, la **Fiera internazionale del tartufo bianco** ad Alba, **Vinitaly** a Verona, **Pianeta birra** a Rimini. Turisti di ogni angolo del mondo assaggiano e apprezzano i nostri cibi e le nostre bevande, ammirano le bellezze ambientali, approfondiscono le conoscenze culturali.

È questo il cosiddetto **turismo enogastronomico**, che costituisce ormai una consolidata e rilevante fonte di entrate per la nostra economia (▶ p. 150).

APPRENDIMENTO COOPERATIVO

collaborare e partecipare • competenza digitale • individuare collegamenti e relazioni

In Italia sta ottenendo sempre maggiore successo la produzione di birra artigianale.

- Eseguite una ricerca in internet in proposito, reperendo, divisi in piccoli gruppi di lavoro, informazioni sulle esperienze più interessanti e significative presenti nella vostra provincia o regione.
- Completate la ricerca con dati, fotografie e indicazioni di siti internet.
- Confrontate quanto ritrovato dai gruppi, selezionate il materiale raccolto e preparate una presentazione del vostro lavoro in PowerPoint® o in Prezi®.

RACCONTO

Laila Wadia

Curry di pollo

CARTA D'IDENTITÀ

GENERE racconto umoristico

AUTORE Laila Wadia (1966) è nata in India e vive a Trieste, dove insegna inglese all'università. Ha scritto libri dedicati al tema della mescolanza di culture – quella d'origine e quella italiana – che caratterizza la sua formazione e quella di molti altri immigrati.

Anandita ha sedici anni, abita a Milano, frequenta il liceo, è segretamente fidanzata con Marco e ha due genitori che più indiani di così non si può. Anche se li ama molto, qualche volta preferirebbe che fossero meno "indiani". Il desiderio di Anandita di trasformarli in genitori perfettamente italiani diventa fortissimo quando la ragazza invita Marco a cena.

ASCOLTA

A volte vorrei essere orfana. È una cosa terribile da dire, lo so. Non sono un'ingrata, forse mi sono espressa male. Voglio un bene da matti ai miei, lo giuro. È solo che vorrei che fossero... diversi. Normali, cioè. Come i genitori di tutti gli altri ragazzi della mia classe al Liceo Petrarca.

Ho sedici anni e vivo a Milano, diamine. Non posso non andare in discoteca, non posso non farmi il piercing, non posso non avere un ragazzo – lo fanno e ce l'hanno tutte le mie amiche. Sono stufa di inventarmi delle scuse per non dire la verità. I miei sono dei Flintstones[1] indiani che pensano di vivere ancora in una capanna di fango nell'oscuro villaggio di Mirapur, nell'India centrale, con le loro due mucche e le tre capre. Invece, da più di vent'anni abitano qui nel centro di Milano. Ma per loro non è cambiato niente. Dentro di loro vivono ancora circondati dalla puzza dello sterco di vacca, dall'umidità spaventosa delle piogge monsoniche[2] e an-

1. **Flintstones:** famiglia di cavernicoli protagonista di una popolarissima serie di cartoni animati statunitensi conosciuta in Italia come *Gli antenati*. La narratrice intende dire che i suoi genitori sono molto "primitivi".

2. **piogge monsoniche:** piogge violente e abbondanti portate dai monsoni, venti che soffiano nell'oceano Indiano.

che, devo ammetterlo, dal profumo degli alberi di mango[3] in fiore. Per loro una casa con l'acqua corrente, un gabinetto interno e il frigorifero sembrano non fare alcuna differenza, anzi. Quasi quasi rimpiangono il fatto di non dover più andare al pozzo a prendere l'acqua, l'abitudine di alzarsi all'alba per dare da mangiare alle galline, la fatica immane[4] sotto il sole cocente nei campi. Nonostante la lunga permanenza in Italia, mamma si veste sempre all'indiana, sfoggiando un sari[5] sgargiante dopo l'altro, si pettina sempre all'indiana, cucina sempre all'indiana, parla sempre indiano. Scommetto che se ci fosse un modo di russare all'indiana lo farebbe.

Mio padre, invece, in estate e in inverno indossa lo stesso maglione blu-violetto con il collo a V, troppo largo sulle braccia e troppo stretto sulla pancia prominente.[6] Non ha più capelli da pettinare o oliare da un bel po' di tempo. Sebbene parli un italiano comprensibile, ragiona ancora come un contadino indiano.

A volte la loro ostinata nostalgia mi fa impazzire.

«Ma perché hai lasciato il tuo villaggio se era così "figo"?», domando esasperata quando papà si spaparanza davanti alla tv nella poltrona di velluto verde un po' sgualcito e stinto, con l'impronta indelebile[7] della sua nuca sulla testiera. Mio padre e la sua poltrona verde vivono in simbiosi[8] e hanno finito per assomigliarsi. Papà è grande e floscio proprio come la poltrona, e giorno dopo giorno la vita sfrega via una parte di lui come lui fa con i braccioli consunti del suo amato ricettacolo.[9] Meno male che, a parte per il naso a patata, non gli somiglio affatto. Sono più simile alla mamma: snella, alta e color miele di castagno (lo dice il mio ragazzo). Con il suo sudore di onesto lavoratore, ed il coraggio di uomo venuto in Italia con visto turistico e cinquantamila lire, ora proprietario dell'impresa di pulizie Shakti («15 dipendenti e 100 milioni di fatturato, netto netto, tutto fatto da me!»), papà pensa di lasciare il suo segno indelebile sull'Occidente. Ma non si rende conto che la sua è un'impronta che verrà lavata via non appena se ne tornerà nel suo adorato Mirapur ad ammirare le sue due mucche e le tre capre e a costruirsi una nuova capanna di fango dopo ogni monsone.

«Ma dai, non posso andare in giro con le treccine oleate, mamma!»

«Sì che puoi», risponde mia madre. La sua voce è ferma, mentre con la sua mano da giocoliera gira il pane indiano nell'olio bollente. «Ora che hai rovinato i tuoi bei capelli con questo stupido colore devi pur rimediare in qualche modo. Un po' di olio di cocco gli ridarà lucentezza.»

«Ma se tutte le donne indiane si mettono l'henné[10] in testa!»

«Tu che ne sai? Non sei mai stata in India.»

«Me l'hai detto tu!»

«Appunto. L'henné. Che è una pianta indiana e fa bene. Non questa cosa che ti sei fatta fare tu. Sembra che un pavone inferocito ti abbia beccato in testa.»

- Ci sono anche nella tua famiglia abitudini (nel comportamento, nel modo di vestire, nell'alimentazione) che fai fatica ad accettare, come succede alla protagonista?

3. **mango:** grosso frutto di forma ovale con polpa gialla e succosa.
4. **immane:** immensa, smisurata.
5. **sari:** tradizionale abito indiano da donna.
6. **prominente:** sporgente.
7. **indelebile:** che non può essere eliminata, cancellata.
8. **vivono in simbiosi:** hanno un legame di dipendenza reciproca.
9. **ricettacolo:** rifugio.
10. **henné:** polvere ricavata macinando le foglie di un arbusto chiamato henna, utilizzata per colorare di rosso i capelli e le stoffe e per creare tatuaggi temporanei.

«Si chiamano riflessi ramati, mamma. E vanno molto di moda. Ce l'hanno tutte le mie amiche. Samantha li ha uguali uguali.»

«Ah, questa sera quando vedo Samantha gliene dico due, vedrai.» [...]

«Sam è la mia migliore amica. Non ti azzardare a dirle niente!»

«Amica! Che amica è una che ti convince a rovinare i tuoi bei capelli lunghi e neri! E hai ancora il coraggio di portarli tutti sciolti. Sembra che tu abbia una scopa arrugginita sulle spalle.» La mamma e la teiera sbuffano all'unisono.[11] «Ora, se non ti metti l'olio in testa, farò il curry di pollo per Samantha e questo suo amico Makku a cena stasera», minaccia.

«Marco, si chiama Marco.»

«Makko?»

«Ma-R-co. È un banalissimo, comunissimo nome italiano, mamma. E poi ti prego, ti supplico, non dire che farai il curry neanche per scherzo. Ti prometto che mi metterò una bottiglia piena di olio di cocco in testa durante il weekend. Per oggi lasciami andare a scuola così!» Il mio piagnucolio raggiunge le orecchie di mio padre che sta ingurgitando dieci litri di tè speziato e un quintale di pane indiano con una serie di verdure asfissiate dall'olio, dalla curcuma e dai semi di senape.

«Anandita!», mio padre alterna un ruggito con una serie di rutti piccanti. «Vieni qui! Fatti vedere!»

Striscio dalla cucina in salotto e prendo il mio posto a tavola. Mi verso un po' di crusca e latte in una scodella e aggiungo dello zucchero, senza guardarlo.

«Be'? Che succede? Che è 'sta storia di non voler portare l'olio nei capelli? Mia madre ha portato l'olio di cocco nei capelli tutta la vita e quando, pace all'anima sua, è venuta a mancare alla venerabile età di settant'anni li aveva ancora lunghi, lisci e corvini.»[12]

«Lo so, lo so», sospiro. Ho sentito la storia della nonna Rupa almeno un milione di volte. «E poi se hai sentito tutto perché me lo domandi? Lo sai già, no?»

Mio padre cambia discorso e si scola un altro mezzo litro di tè con la grazia di un cinghiale.

«Perché mangi queste schifezze?», mi domanda, tirando a sé la mia scodella e facendo una faccia disgustata come se l'avesse vista piena di vermi.

Me la riprendo e gli rispondo seccata: «Nessuno ti sta dicendo di mangiarlo, e poi se proprio vuoi sapere perché lo mangio, lo mangio perché fa bene».

«Questo sterco di coniglio fa bene? Ti credo che vai in giro con questa testa mezza rossa e mezza nera come una zebra che ha preso un'insolazione! Non puoi che avere la testa piena di segatura se mangi solo questa roba qua! Non so dove trovi l'energia per studiare. Un po' di buone verdure con qualche fetta di pane indiano fritto – ecco cosa ci vuole per affrontare bene la giornata. E guarda come ti pavoneggi con questi pantaloni a zampa d'elefante. Li portavo io trent'anni fa quando

• Ci sono dei cibi che ti piacciono ma che i tuoi genitori non approvano? Quali? Perché?

11. **all'unisono:** simultaneamente, nello stesso momento.

12. **corvini:** color nero intenso e lucido (come le penne del corvo).

sono venuto in Italia, ma me ne vergognavo già allora. Sembri contenta di andare in giro come il tuo povero padre che è venuto a cercare fortuna in Occidente con una valigia di cartone in mano!»

Non gli rispondo. Non vale la pena sprecare fiato. Tanto so come andrà a finire: mi dovrò sorbire la storia di come lui ha fatto i soldi dal niente, di come devo essere grata di avere un padre che ha messo su un'impresa di pulizie che fa addirittura i lavori nei Ministeri – non era mai successo prima, non si sono mai fidati di una ditta gestita da un extracomunitario. Mio padre ce l'aveva fatta. Da Mirapur a Milano, una lunga strada in salita. E io dovevo prenderne esempio, bla, bla, bla. Il tutto punteggiato da lunghi silenzi durante i quali si è grattato le orecchie, massaggiato la pancia e i piedi, ha fatto versi da pifferaio stonato per liberarsi dalle verdure che gli si sono infilate tra i denti.

E alla fine, la solita minaccia: «Ah, è ora che cominci sul serio ad informarmi con mio fratello per trovarti un buon marito indiano dal nostro villaggio. Alla tua età tutte le donne di Mirapur sono già maritate. Mia madre, pace all'anima sua, aveva già dato alla luce tre figli alla tua età».

- Per quale motivo la protagonista e narratrice è sempre arrabbiata con i suoi genitori? Ti sembra un motivo condivisibile?

Comunque oggi, invece di chiedergli perché ha lasciato il suo villaggio incantevole dove i campi di grano cantavano nel vento e gli alberi di cocco danzavano nella pioggia, per questo schifo di città con le strade pavimentate e le case fatte di mattoni, solo per pulire i cessi della Pubblica Amministrazione, me ne starò zitta, buona buona. Non ribadirò il fatto che sono nata e cresciuta in Italia, che in Italia nessuno si sogna di far sposare una figlia di sedici anni, e che non voglio sposarmi con un mungitore di vacca o con il campione degli arrampicatori di cocco[13] di Mirapur. Mi sposerò solo con Marco, il mio bel ragazzo dagli occhi di zaffiro e i capelli di Brad Pitt. Non miagolerò che non voglio mettermi il vestito indiano come fa la mamma. (A Marco piace la minigonna.) Che non voglio mettermi il puntino sulla fronte[14] come fa la mamma. (Marco dice che ho una pelle vellutata come un camoscio.) Che non voglio portare i sandali infradito. (Marco adora i tacchi alti.) [...] Comunque, oggi non farò niente che possa dare fastidio ai miei genitori, perché questa è una giornata troppo speciale. Ho invitato Marco a cena (e Samantha per fare da copertura). Marco è il mio ragazzo da 45 giorni, 3 ore e 12 minuti, ma i miei non lo sanno. Non sanno neanche che ho un piercing all'ombelico, che quando dico che vado a studiare da Samantha la domenica pomeriggio in verità andiamo in discoteca, che butto via il sacchetto con il pane indiano farcito di verdure strangolate nell'olio e nelle spezie che la mamma mi fa portare a scuola per merenda. Le cose che non sanno non possono fargli male. Le cose che sanno fanno andare in escandescenza[15] mio padre e puntualmente introducono il suo mantra:[16] «Ah, è ora che cominci sul serio ad informarmi con mio fratello per trovarti un buon marito in-

- Anandita tiene nascoste molte cose ai suoi genitori. Lo fai anche tu?

13. arrampicatori di cocco: lavoratori che si arrampicano sulle palme per raccogliere i frutti ("cocchi").
14. puntino sulla fronte: segno colorato disegnato tra gli occhi che indica la condizione di donne sposate o l'appartenenza religiosa.
15. escandescenza: violenta manifestazione di rabbia.
16. mantra: nell'induismo, formula sacra che viene ripetuta più volte; qui, lamentela noiosa, sempre uguale.

diano dal nostro villaggio. Alla tua età tutte le donne di Mirapur sono già maritate. Mia madre, pace all'anima sua, aveva già dato alla luce tre figli alla tua età».

Ma stasera viene Marco. Oh Dio, quanto sono nervosa per questa cena! Io non sono mai stata a casa sua e lui non è mai stato a casa mia. Ci siamo sempre incontrati o a scuola (lui è un anno più grande) o a casa di Samantha. Ho beccato sua madre al telefono qualche volta ed è sempre stata gentile. «Sì, cara. Ti passo subito Marco.» Ha la voce di una che si fascia il collo con un foulard di Trussardi.[17] Quando gliel'ho detto, Marco ha confessato che se i suoi sapessero che ha una ragazza extracomunitaria diventerebbero neri dalla rabbia. Votano Lega[18] e pensano che Bossi[19] sia fin troppo «tollerante». Ho colto la palla al volo e ho detto che anche i miei non farebbero salti di gioia se sapessero che la loro figlia ha una relazione con uno di qui, e che non votano affatto, anche se mio padre ha la tessera della CGIL.[20]

Mamma ci raggiunge a tavola con due pacchetti (uno per me e uno per papà) di pane indiano farcito con verdure defunte avvolte in carta stagnola che riesce a tamponare la fuoriuscita d'olio per dieci minuti circa.

«Allora faccio pakora di spinaci e poi un bel curry di pollo stasera per Samantha e Makku», dice, sciogliendo e rifacendo la sua lunga treccia nera.

La guardo seccata.

«Ah, no, non Makku, Makko», si autocorregge.

Vedendo i miei occhi mutarsi in pozzi di petrolio la mamma si mette a ridere. «Scherzo! Scherzo! Farò le penne al pomodoro, come d'accordo.» Mia madre ride come un ruscello che salta di roccia in roccia.

> • Chi a casa tua si occupa della preparazione del cibo?

Tiro un sospiro di sollievo.

«Ma a Samantha piacciono tanto i miei pakora con gli spinaci», aggiunge lei.

Non so se sta ancora scherzando ma è tardi e devo andare a scuola. Bacio prima lei e poi mio padre. «Ti prego, mamma, mi hai promesso che non farai il curry o altre cose indiane. E ti prego di sforzarti di parlare in un italiano corretto. A che cosa ti è servito il corso che hai fatto all'Università Popolare? Sai, Marco non è mai stato in una casa indiana prima.»

«Mai stato in una casa indiana prima?» Mio padre sgrana gli occhi come se fosse la cosa più innaturale e blasfema[21] di questo mondo. «Povero ragazzo. Proprio per questo dovresti far fare a tua madre il suo strepitoso curry di pollo. Questo Marco ne andrebbe matto. Tua madre segue la ricetta che usava mia madre, pace alla buon'anima sua. E sappi che mia madre sapeva fare il miglior curry di pollo di tutto il distretto di Mirapur.»

17. Trussardi: casa di moda italiana.
18. Lega: Lega Nord per l'Indipendenza della Padania, partito politico italiano fondato nel 1989; fra le altre cose, contrasta l'immigrazione e la società multiculturale e l'Unione europea.
19. Bossi: Umberto Bossi, politico italiano, fondatore della Lega Nord per l'Indipendenza della Padania, di cui è stato segretario fino al 2012.
20. CGIL: Confederazione Generale Italiana del Lavoro, uno dei più importanti sindacati italiani.
21. blasfema: sacrilega, che offende una divinità.

Incrocio le dita e spero che non riesca a far cambiare menu a mia madre durante la mia assenza. Già sono nervosissima pensando alla reazione che avrà Marco quando vedrà mia madre vestita da indiana, e la sentirà parlare un italiano stentato. Sono tutta un fremito all'idea che mio padre possa cominciare uno dei suoi monologhi sulla bellezza dei villaggi indiani senza fognature e acqua potabile e sulla decadenza della vita occidentale malgrado i suoi bidet e la sua vasta scelta di carta igienica profumata. Sono tre giorni che non dormo pensando se ho fatto bene o male ad invitarlo a cena. Veramente è stato lui ad insistere che lo facessi. «Ora che stiamo insieme da 45 giorni forse è meglio che venga a casa tua. Se i tuoi mi conoscono forse non ti faranno tante storie per uscire la sera.»

Non ho avuto il coraggio di dirgli che forse sarebbe stato proprio il contrario, però gli ho fatto giurare di non fare trapelare niente della nostra relazione. L'avrei presentato come un mio compagno di classe e come il ragazzo di Samantha.

• Ti sembra una buona idea la cena organizzata da Anandita? E pensi che abbia fatto bene a chiedere alla madre di cucinare cibo italiano?

Ore otto. La stufa è accesa e fa caldo ma ho le mani ghiacciate. Mamma pure è nervosa. Non abbiamo quasi mai ospiti e non ha mai cucinato la pasta per degli italiani prima d'oggi. È una cuoca strepitosa e la sa fare bene la pasta, ma da come aggiusta e riaggiusta il sale della salsa e il drappo del suo sari arancione capisco che è agitata almeno quanto me. Anche papà è agitato ma non lo dà a vedere. Sfoglia il giornale facendo un gran rumore, tradendo il fatto che non lo legge per niente. [...] Sta pensando se cominciare col raccontargli la sua storia d'immigrato con una valigia di cartone in mano e la successiva ascesa da domestico tuttofare a imprenditore o se iniziare il suo monologo con un'arringa[22] sulla bella, sana vita contadina indiana priva di vizi e ozi.

Ore otto e cinque. Sono qui! Corro ad aprire la porta e inciampo.

«Vedi cosa succede se ti metti quei trampoli ai piedi», mormora papà da dietro il "Corriere della Sera". «A Mirapur tutte le donne vanno in giro a piedi nudi, con cavigliere tintinnanti in puro argento. Quando incedono con passo leggero e sensuale sembra di udire una melodia celeste. Qui invece vi mettete un carrarmato sotto i piedi.»

«Non cominciare, ti prego», dico tra me e me.

Sam nota la mia espressione tirata e mi dice di rilassarmi. Marco mi stringe la mano per dire che è tutto ok. Preme il suo dito mignolo forte contro il mio – è il nostro bacio segreto.

Per un quarto d'ora va tutto liscio. La prima pagina del "Corriere", mio padre e la meteorologia tengono banco. Per fortuna fa molto più freddo del solito e si riesce a parlare di correnti artiche e venti dell'est per un bel po', argomenti che non conoscono colore o razza o estrazione sociale.

Poi, cade la prima tegola.[23]

«Dimmi, Marco, tuo padre cosa fa? Il tuo lavora in banca, vero Samantha?»

22. arringa: discorso di tono elevato pronunciato per difendere un'idea o una persona.

23. cade la prima tegola: espressione metaforica per dire "accade la prima disgrazia".

«Mio babbo lavora come muratore, signor Kumar», risponde Marco.

«Muratore????»

Mamma, provvidenziale, entra con un vassoio fumante di penne al pomodoro.

«Magiare pronto. Venire. Veni Makko, tu sedi qui. Samantha vicino suo Pappa.» Le perdono tutto.

Ci serviamo e Marco, pensando di far bene, fa scivolare il discorso sulla bontà della pastasciutta e del suo "appeal"[24] internazionale.

Le sirene si accendono nella mia testa, ma stranamente papà non gli risponde per le rime. Non è abituato alla pasta e la masticazione di questo cibo non familiare sembra richiedere tutte le sue energie, fisiche e mentali. Poi deglutisce il primo boccone di grano duro come un pellicano farebbe con una rana salterellante, si schiarisce la gola e domanda: «E quanto guadagna?».

Faccio un sospiro profondo affinché non mi scoppi la testa prima di far cadere appositamente la forchetta a terra.

«Anche Anandita non è abituata a mangiare queste cose e con queste forchette», dice mio padre annuendo per convincere se stesso. «A noi non piace questa roba, a noi piace il curry. E mangiare con le mani. Ma Anandita ha detto che a te non piace il curry, Marco.»

- È successo anche a te di essere a disagio mentre eri a tavola con qualcuno?

Voglio morire.

Marco si mimetizza con la pasta. «No, no, mi piace il curry, signor Kumar.»

«Vedi!», mio padre sbuffa. «Anandita, cosa ti avevo detto?»

«Non lo sapevo», rispondo sottovoce.

«Dove hai mangiato il curry, Marco? Scommetto che in vita tua non hai mangiato un curry così buono come quello che fa mia moglie.»

«Ne sono sicuro signor Kumar. L'ho mangiato sulla pizza una volta: pizza con funghi, panna e curry.»

Mio padre fa un rumore a metà strada tra un conato di vomito[25] e un singhiozzo. Ci giriamo verso di lui preoccupati.

Il mio povero ragazzo, ignaro del rigor mortis[26] che ha provocato in mio padre, continua imperterrito: «E una volta abbiamo preso un pacchetto di riso ai gamberetti e curry. Lo ha fatto la mamma una sera. Era proprio buono. Basta aggiungere un cucchiaio di parmigiano e una noce di burro».

- Ti è capitato di assaggiare per la prima volta a tavola con estranei cibi che non conoscevi?
- Come reagisci alle novità? Con curiosità o con diffidenza?

Ora che mio padre sa che il padre di Marco fa il muratore e che mangia il curry sulla pizza non c'è niente al mondo che potrà rivalutarlo ai suoi occhi. È scaduto di brutto, proprio come la sua bustina di risotto ai gamberetti.

«Era meglio fare il curry, no?» Mio padre si gira verso Samantha per trovare un po' di solidarietà vera. A Sam il curry di mia madre piace davvero. A dire la verità a Sam piace tutto, basta trovarlo pronto. A casa sua non c'è mai niente di pronto, e otto volte su dieci non trova nemmeno i suoi genitori – passano più tempo in giro per i bar che a casa.

24. appeal: capacità di attrazione (termine inglese).

25. conato di vomito: impulso di vomitare senza poi farlo.

26. rigor mortis: rigidità muscolare delle persone morte.

Mio padre batte le mani come una foca ammaestrata. «Moglie! Moglie!», urla infervorato. «Vedi se c'è un po' di curry di pollo rimasto da ieri. Meglio il curry avanzato che questi tubi di gomma qui.»

Dio aiutami. Non so se sopravviverò a questa cena.

Mia madre alza le braccia, sembra sconsolatissima. «Niente. Finito curry. Solo pasta pomodoro.»

Mia madre è un angelo. Le farò un monumento. Le porterò dei fiori ogni giorno per il resto della sua vita. Mi metterò l'olio di cocco in testa ogni santo giorno (o almeno di notte).

Hai presente la faccia di uno che sta ascoltando l'estrazione dei biglietti della lotteria il giorno della befana? Con quel bel montepremi multi-miliardario? La faccia di uno che azzecca tutti i numeri fino a quella maledetta ultima pallina rossa impazzita? Be', quella era la faccia di mio padre.

«Non è possibile, non è possibile.» La delusione s'impossessa delle sue corde vocali.

«Ci inviterete un altro giorno per il curry, signor Kumar», dice Samantha, sorridendo.

«Per forza, per forza», risponde papà. «Devo far provare a questo giovanotto la sublimazione dei sensi.[27] Devo fargli dimenticare gli orrori della pizza al curry o del risotto al curry in busta. Sai, mia moglie segue la stessa ricetta che usava mia madre, pace all'anima sua. Faceva il miglior curry di pollo dell'intero distretto di Mirapur. Prima macinava tre tipi di peperoncini con le altre spezie – senape, coriandolo, cardamomo, papavero, cannella, chiodi di garofano –, poi li friggeva con la cipolla e l'aglio e infine ci aggiungeva un pomodoro, il latte di cocco e il pollo. Ora volete che vi racconti un po' della bella vita che si fa nella campagna indiana? Niente smog, niente povertà e quelle stupide cose che vi fanno vedere in tv con gente ammalata e moribonda. Noi a Mirapur abbiamo solo vacche grasse e capre felici e campi di grano che ridono nel sole...»

«Anandita passa Pappa vassoio con peperoncino e spezie per mettere su pasta. Così lui brucia bocca e sta zitto poco poco», dice la mamma.

Ci mettiamo tutti a ridere.

«Vedi, vedi Marco», papà dice con espressione bonaria.[28] «Meno male che tu hai scelto una ragazza italiana e non una peperina indiana come quelle di questa casa. Vedi cosa mi tocca sopportare ogni giorno per un piatto di curry di pollo?»

Marco sorride imbarazzato e Sam mi strizza l'occhio. Marco mi fa cenno di passargli il peperoncino e le spezie. Mentre allunga la mano per prendere il vassoio, preme forte il suo mignolo contro il mio. Per fortuna papà ha cominciato a raccontare la storia della sua vita e mamma si sta aggiustando il drappo del suo sari. I miei genitori non si accorgono di niente.

L. Wadia, *Curry di pollo*, in Aa. Vv., *Pecore nere. Racconti*, a cura di F. Capitani e E. Coen, Laterza, Roma-Bari 2005

- Come riesce la mamma di Anandita a sciogliere la tensione? Pensi che a questo punto la cena sia salva?

27. **sublimazione dei sensi:** estasi, esaltazione dei sensi.
28. **bonaria:** benevola, tranquilla.

TU E IL TESTO Comprendere

1. Rispondi alle seguenti domande.

a. Chi è Anandita? Quanti anni ha? Dove abita? Che cosa fa nella vita?
b. Perché decide di invitare due amici a cena? Come si chiamano i due amici?
c. Da dove provengono i genitori di Anandita?
d. Che cosa fa il padre di Anandita nella vita? E la madre?
e. Com'è fisicamente il padre? E la madre?
f. Che cosa mangia il padre di Anandita a colazione? Che cosa mangia invece Anandita?
g. Che cosa minaccia di cucinare per cena la mamma di Anandita se la figlia non si metterà l'olio sui capelli? Che cosa cucina invece? Perché?
h. Quali affermazioni di Marco scandalizzano il padre di Anandita a cena? Chi salva la situazione? Come?

2. INVALSI Che cosa non riesce a capire Anandita dei suoi genitori?

a perché continuano a sognare e ad amare l'India nonostante siano emigrati in Italia da tanto tempo
b perché odiano Milano benché ci vivano da tanto tempo
c perché non mangiano regolarmente la pasta
d perché non leggono i giornali e non votino

3. INVALSI Indica se le seguenti affermazioni sono vere o false.

a. Marco ha gli occhi azzurri e i capelli chiari. V F
b. Marco ha la medesima età di Anandita. V F
c. Marco adora i vestiti indiani. V F
d. Il padre di Marco fa il muratore. V F
e. I genitori di Marco non sono molto tolleranti. V F
f. Marco ama la pasta e lo dice. V F
g. Marco non ha mai mangiato il curry di pollo. V F
h. Marco non conosce il curry. V F
i. A cena Marco mette le spezie sulla pasta, come il padre di Anandita. V F
l. Marco è fidanzato con Samantha, l'amica del cuore di Anandita. V F

4. Nel testo, ironicamente, la protagonista dice che le verdure con cui la madre farcisce il pane sono *asfissiate* (r. 67), *strangolate* (r. 124) e *defunte* (r. 143) a causa dell'abbondanza di olio. Riconosci in questa sequenza di aggettivi una figura retorica di ordine?

5. La mamma e il papà di Anandita usano alcune pittoresche immagini per definire i capelli della figlia. Ritrovale nel testo e spiegale.

LINGUAGGIO SETTORIALE La cucina etnica

6. Tante spezie Come hai letto nel racconto, la cucina indiana è ricca di spezie. In gruppi di tre, dividetevi le spezie elencate (4 a testa) e di ciascuna ricercate e scrivete le caratteristiche. Poi scambiatevi le informazioni con i compagni di gruppo e preparatevi a presentare alla classe alcune delle spezie. Potete anche cercare in rete un'immagine rappresentativa della spezia da mostrare.

cannella • cardamomo • chiodi di garofano • coriandolo • curcuma • curry • noce moscata • papavero • peperoncino • senape • zafferano • zenzero

7. Specialità indiane La mamma di Anandita è specializzata nel preparare curry di pollo e pakora. Qual è l'ingrediente principale di ciascun piatto?

8. Piatti dal mondo Associa ciascun piatto dell'elenco alla relativa cucina tradizionale. Se non conosci il piatto, documentati in internet.

- a. ☐ anatra alla cantonese
- b. ☐ biryani di verdure
- c. ☐ borsh
- d. ☐ salmone teriyaki
- e. ☐ spaghetti di riso
- f. ☐ dashi
- g. ☐ kebab
- h. ☐ pollo masala
- i. ☐ ravioli al vapore
- l. ☐ chili
- m. ☐ samosa
- n. ☐ sarmale
- o. ☐ couscous
- p. ☐ sukiyaki
- q. ☐ sushi
- r. ☐ tempura
- s. ☐ tortilla
- t. ☐ gulasch

1 cucina araba
2 cucina cinese
3 cucina dell'Europa orientale
4 cucina giapponese
5 cucina indiana
6 cucina messicana

9. Olio in tavola Nel testo sono citati due tipi di olio, di oliva e di cocco. Entrambi hanno un uso cosmetico e un uso alimentare. Ma esistono molti altri oli alimentari: nel seguente elenco sottolinea i due che non lo sono.

olio di palma • olio di semi d'arachide • olio di semi di colza • olio di gomito • olio di semi di girasole • olio di semi di lino • olio di semi di mais • olio di semi di sesamo • olio di semi di soia • olio di canfora • olio di vinaccioli

10. Il pane di Anandita Cerca in internet quanti tipi di pane indiano esistono, come si chiamano, quali sono i loro ingredienti, qual è la principale differenza col pane che mangi tutti i giorni. Infine attribuisci il nome corretto al pane che prepara la mamma di Anandita.

11. Purché ci sia il pane Il pane è un alimento di base presente nella cultura alimentare di molti paesi del mondo. In coppia con un compagno e con l'aiuto del dizionario completa la tabella.

gli ingredienti del pane	farina,
le azioni di chi lavora il pane	impastare,
il pane di farine diverse	pane di frumento, di segale,
il pane con ingredienti in più	pane alle olive,
il pane in base alla forma	michette, rosette,
il pane in base alla provenienza geografica	pane arabo,
il pane in base al colore	pane bianco,
il pane in pasticceria	pan di Spagna,

12. Il tè delle cinque e non solo Il padre di Anandita accompagna la colazione con il tè. Ma quale tè? Cerca di ricordarlo senza rileggere il testo.

- [a] tè verde: tè non fermentato di origine giapponese
- [b] tè nero: tè fermentato
- [c] tè semifermentato (tè oolong): una via di mezzo fra il tè verde e il tè nero
- [d] tè bianco: tè pregiato, derivato da una pianta che ha una peluria bianca sulle foglie
- [e] tè speziato: tè verde a cui vengono aggiunte spezie
- [f] tè aromatizzato: tè a cui vengono aggiunti aromi di vario tipo

EMPLOYABILITY Sviluppare le competenze chiave

ACQUISIRE E INTERPRETARE L'INFORMAZIONE

13. Ascoltare e trarre informazioni dai testi L'insegnante leggerà una presentazione della cucina indiana, della cucina giapponese e di quella dell'Europa orientale (➜ *Guida per l'insegnante*). In ognuno dei tre testi individua le seguenti informazioni:

- le caratteristiche più significative della cucina tradizionale di cui parla il testo;
- i lati positivi di quella cucina, anche in relazione alla salute;
- i difetti di quella cucina, anche in relazione alla salute.

Prendi appunti durante l'ascolto: ricorda che gli appunti possono essere organizzati sotto forma di schema o di tabella.

COMUNICARE

14. Riferire oralmente un testo ascoltato Riferisci oralmente una sintesi dei testi che hai ascoltato nell'esercizio 13 presentando:

- le caratteristiche generali delle cucine esaminate;
- vantaggi e svantaggi per la salute.

Cerca di tenere presente, mentre parli, due obiettivi: la chiarezza e la completezza del tuo discorso. Se hai utilizzato appunti sotto forma di schemi mentre ascoltavi, riproducili alla lavagna per permettere a chi ascolta di seguirti meglio.

PENSIERO CRITICO

15. Scrivere un testo argomentativo È sempre più diffusa l'abitudine di frequentare ristoranti etnici. Che cosa ne pensi? Ti pare che questo possa favorire la conoscenza di altre culture o invece rischi di indebolire le tradizioni culinarie locali? Sostieni la tua opinione in un testo argomentativo di circa 30 righe così strutturato:

- dichiara la tua posizione con almeno tre motivazioni;
- spiega brevemente che cosa pensano coloro che hanno un'opinione diversa dalla tua; chiarisci quali sono i loro argomenti (almeno due) e perché, secondo te, non sono condivisibili;
- concludi ribadendo in modo sintetico ed efficace il tuo punto di vista.

PROGETTARE • COLLABORARE E PARTECIPARE • AGIRE IN MODO AUTONOMO E RESPONSABILE

MINICOMPITO DI REALTÀ
Organizzare un incontro

Organizzate un incontro con degli esperti per approfondire un tema a scelta fra questi due:

– *Abitudini alimentari: conservare o rinnovare? Che cosa va conservato e che cosa no delle abitudini alimentari della nostra famiglia? È possibile integrarsi a tavola con persone di tradizioni, consuetudini, gusti diversi? Come?*

– *Il successo della cucina etnica e fusion: come interpretare questa tendenza? Come potranno rispondere alle esigenze di una clientela sempre più sperimentatrice gli operatori del settore che si stanno formando ora nelle scuole italiane?*

I relatori
- Selezionate due o tre persone adatte a parlare del tema scelto e invitatele: potrebbero essere un cuoco, un ristoratore, un genitore di origini non italiane, un giornalista che si occupa di rubriche di cucina o simili...

Il moderatore
- Scegliete un moderatore che all'inizio dell'incontro presenti i relatori e introduca il loro intervento e, alla fine, ringrazi e saluti ospiti e pubblico.

Le domande
- In gruppi di tre, preparate 2 o 3 domande per approfondire il tema scelto.
- Confrontate le domande dei gruppi e create una lista unica; terminati gli interventi potrete rivolgerle a turno ai relatori.

La sintesi
- Alla fine dell'incontro sintetizzate in una relazione quanto emerso dalla discussione.

Vicki Baum

Nella hall di un grande albergo

CARTA D'IDENTITÀ

GENERE romanzo
AUTORE Vicki Baum (1888-1960), nata a Vienna e morta a Hollywood, è considerata una delle prime scrittrici di best seller. Ha scritto oltre cinquanta romanzi, dieci dei quali sono diventati film.

Siamo a Berlino nel 1929. Nella hall del più raffinato hotel della città passano, si incontrano, si scontrano tanti personaggi diversi sotto gli occhi vigili del portiere Senf e degli altri addetti dell'albergo.

ASCOLTA

Quando uscì dalla cabina n. 7 il portiere era un po' pallido; cercò il berretto che aveva posato sul termosifone nella stanza dei telefoni.

«Di che si trattava?» chiese il telefonista, seduto al suo pannello di comando, la cuffia alle orecchie e le dita ingombre di spinotti[1] rossi e verdi.

«Mia moglie, l'hanno portata in ospedale, all'improvviso. Non capisco proprio che senso abbia. Lei dice che ci siamo. Ma non è possibile che sia già a quel punto, santo Dio!» disse il portiere.

Il telefonista lo ascoltò soltanto a metà, dato che stava collegando qualcuno. Disse di sfuggita: «Calma, calma e gesso,[2] signor Senf. Vedrà che domattina avrà il suo bambino...».

«Allora, grazie di nuovo per avermi fatto venire al telefono qui. Al banco non posso strombazzare[3] le mie faccende private davanti a tutti. Il servizio è servizio.»

• Riesci a immaginare una "stanza dei telefoni" come quella qui descritta? L'hai mai vista in un film?

1. spinotti: elementi che vanno inseriti in appositi fori per attivare la linea telefonica.
2. calma e gesso: espressione che si usa per invitare a non prendere decisioni affrettate e che deriva dal gioco del biliardo: quando un giocatore deve fare un tiro difficile, prende tempo strofinando con il gesso la punta della sua stecca e intanto valuta la situazione.
3. strombazzare: divulgare pubblicamente.

«Appunto. E appena arriva il bambino le passo la chiamata», disse distratto il telefonista, senza smettere i suoi collegamenti.

Il portiere prese il berretto e si allontanò in punta di piedi. Lo fece senza farci caso: pensava infatti a sua moglie, che ora era laggiù e stava per avere un bambino. Quando fu in mezzo al corridoio, su cui si affacciavano, silenziose e con le luci semispente, le sale di lettura e di scrittura, rifiatò e si passò una mano tra i capelli. Notò con stupore che la mano gli era rimasta umida, ma non si concesse il tempo di andarsi a lavare. Dopotutto non si poteva pretendere che l'attività dell'albergo s'interrompesse perché al portiere Senf doveva nascere un bambino.

Dal *tea-room*, nell'ala nuova dell'edificio, la musica sincopata[4] avanzava a balzi lungo gli specchi che coprivano le pareti. L'odore burroso dell'arrosto, tipico dell'ora di pranzo, si spandeva con discrezione, ma dietro le porte del salone ristorante era ancora tutto vuoto e tranquillo. Nella saletta bianca, Mattoni, l'addetto al *frigidaire*,[5] stava apparecchiando il suo buffet freddo. Il portiere si sentì per un attimo le ginocchia stranamente deboli e si fermò sulla soglia, fissando intontito le lampadine colorate che luccicavano dietro i blocchi di ghiaccio.[6] Nel corridoio c'era un operaio, inginocchiato sul pavimento, che riparava qualcosa dell'impianto elettrico. Da quando avevano montato quei grandi riflettori, là fuori sulla facciata, alle linee sovraccariche dell'albergo ne capitava sempre una. Il portiere richiamò all'ubbidienza le gambe che gli vacillavano e si diresse verso il suo posto. Aveva affidato il banco alla custodia di Georgi, il piccolo tirocinante. Il padre di Georgi era proprietario di una grande catena alberghiera e voleva che il suo successore cominciasse la carriera dalla gavetta,[7] al servizio di un'altra azienda. Senf attraversò la hall, facendosi strada in mezzo alla folla animata. Qui la musica jazz del *tea-room* s'incontrava col languore[8] dei violini del giardino d'inverno, nel mezzo c'era il leggero mormorìo dello zampillo illuminato di una finta fontana veneziana, bicchieri tintinnavano sui piccoli tavolini, c'era il crepitìo[9] delle sedie di vimini e da ultimo, in questa consonanza,[10] si fondeva il rumore più sommesso, il delicato fruscìo con cui si muovono le donne nelle loro pellicce e negli abiti di seta. Dalla porta girevole la frescura di marzo s'insinuava con piccole ventate tutte le volte che il *boy* faceva entrare e uscire degli ospiti.

• Sei mai stato nella hall di un grande albergo? Che cosa ti ha colpito?

«*All right!*» disse il piccolo Georgi quando il portiere Senf raggiunse con un ultimo slancio il banco, il porto che gli era familiare.

«La posta delle sette. Il 68 ha piantato una grana perché non abbiamo trovato subito lo *chauffeur*. Una signora un po' isterica, non le pare?»

«Il 68..., ma è la Grusinskaja» disse il portiere, mentre con la destra cominciava già a smistare la posta. «È la ballerina, la conosciamo bene. Da diciotto anni. Prima di andare in scena, ogni sera, le prendono i nervi e pianta qualche grana.»

4. **musica sincopata:** è il jazz. La sincope in musica è un particolare effetto di ritmo.
5. ***frigidaire*:** frigorifero (termine francese).
6. **blocchi di ghiaccio:** il racconto si svolge quasi un secolo fa: i cibi venivano conservati con grossi blocchi di ghiaccio.
7. **gavetta:** periodo di apprendistato, in cui si svolgono molte funzioni diverse, anche umili.
8. **languore:** malinconica dolcezza.
9. **crepitìo:** scricchiolio.
10. **consonanza:** unione di più suoni piacevole all'udito.

Nella hall un signore si alzò dalla sua poltrona di pelle, un signore alto, con delle gambe che sembravano prive di articolazioni, e si avviò a capo chino verso il banco del portiere. Prima di avvicinarsi all'ingresso gironzolò per un po' nella hall, con un'aria di marcata[11] indifferenza e di noia; esaminò le riviste esposte nel piccolo chiosco dei giornali,[12] si accese una sigaretta, ma alla fine approdò davanti al portiere e chiese distrattamente: «È arrivata della posta per me?».

Il portiere, dal canto suo, era pronto a recitare la piccola commedia. Dapprima guardò nella casella della n. 218 e poi rispose: «No, dottore, stavolta purtroppo niente».

Al che il signore alto si rimise lentamente in movimento, dopo qualche deviazione raggiunse la sua poltrona e vi si lasciò cadere con rigidità, fissando poi la hall con uno sguardo inespressivo in volto. Quel volto, tra l'altro, c'era soltanto per quella metà che mostrava un profilo sottile e aguzzo, gesuitesco,[13] e che terminava con un orecchio straordinariamente ben modellato sotto i capelli radi e grigi della tempia. L'altra metà non esisteva. La rimpiazzava un confuso viluppo,[14] sghembo,[15] rattoppato e rammendato, in cui, fra suture e cicatrici, luccicava un occhio di vetro. «Un *souvenir* delle Fiandre»,[16] era così che il dottor Otternschlag definiva di solito quel suo volto, quando parlava fra sé e sé... [...]

«Quel tizio è stancante», disse il portiere al piccolo Georgi. «Sempre con questa storia della posta. Ogni anno, da dieci anni, sta per un paio di mesi da noi e non è mai arrivata una lettera, non l'ha cercato neanche un cane. E lui se ne sta là seduto da qualche parte e aspetta...»

«Chi è che aspetta?» chiese da lì accanto Rohna, il direttore della reception, sporgendo il suo capo di un color rossiccio chiaro oltre il basso tramezzo[17] di vetro del suo ufficio. Ma la risposta del portiere non arrivò; in quel momento a Senf era sembrato di sentire sua moglie che gridava – gli sembrava di sentirla dentro di sé. Subito dopo, la sua vita privata tornò ad eclissarsi[18] nel fondo, dato che bisognava aiutare il piccolo Georgi a spiegare in spagnolo, al signore messicano della 117, una complicata coincidenza di treni. Dall'ascensore uscì a precipizio il *boy* n. 24, le guance in fiamme e la pettinatura fissata con l'acqua, e disse con raggiante eccitazione, ma troppo ad alta voce per una hall così distinta:[19] «C'è da chiamare lo *chauffeur* per il barone Gaigern!». Rohna, simile a un direttore d'orchestra, levò in alto una mano, che voleva ammonire e smorzare.[20] Il portiere, al telefono, trasmise le istruzioni per lo *chauffeur*. Gli occhi di Georgi si riempirono di un'aspettativa fanciullesca. Si diffuse un profumo di lavanda e di buon tabacco. Immediatamente dietro al profumo avanzò attraverso la hall un personaggio

11. **marcata:** evidente, profonda.
12. **chiosco dei giornali:** piccola costruzione adibita alla vendita di quotidiani e riviste.
13. **gesuitesco:** da gesuita. I gesuiti sono i religiosi membri della Compagnia di Gesù, fondata da Ignazio di Loyola nel 1534. Di solito "gesuitesco" vuole dire "falso, ipocrita", ma qui significa "austero, severo".
14. **viluppo:** ammasso intricato, groviglio.
15. **sghembo:** storto.
16. **Un *souvenir* delle Fiandre:** un ricordo delle Fiandre, regione del Belgio attraversata dalle trincee nella Prima guerra mondiale. Evidentemente il dottore è stato ferito nelle Fiandre.
17. **tramezzo:** divisorio.
18. **eclissarsi:** nascondersi, scomparire.
19. **distinta:** elegante, raffinata.
20. **ammonire e smorzare:** rimproverare e far abbassare il tono di voce.

di tal fatta[21] che molti si voltarono a guardarlo. Lungo la sua scia le poltrone di pelle e quelle di vimini si animarono. La scialba[22] signorina, che stava al chiosco dei giornali, sorrise. Anche il nuovo venuto sorrise, senza che se ne scorgesse[23] il motivo; sembrò farlo così, semplicemente perché si compiaceva di se stesso.[24] Era straordinariamente alto, straordinariamente ben vestito, si muoveva con l'elasticità di un felino o di un asso del tennis. Sullo smoking[25] non indossava un cappotto da sera, ma un *trenchcoat*[26] blu, che, sebbene inappropriato, gli conferiva un'aria simpaticamente disinvolta. Diede uno scappellotto alla ben leccata scriminatura[27] del *boy* n. 24; senza guardare sporse un braccio verso il banco del portiere e ricevette un pugno di lettere, limitandosi a ficcarsele in una tasca dalla quale, nello stesso tempo, tirò fuori i suoi guanti di camoscio trapunti.[28] Al direttore della reception mandò un cameratesco[29] cenno del capo. Si assestò[30] lo scuro cappello a cencio,[31] prese l'astuccio delle sigarette e se ne infilò una fra le labbra, senza accenderla. Subito dopo tornò a togliersi il cappello, cedendo il passo a due signore che si avviavano verso la porta girevole. Era la Grusinskaja, piccola e sottile, imbacuccata fino al naso in una pelliccia, seguita da un essere vago e inespressivo,[32] che portava delle borse da viaggio. Quando l'addetto ai veicoli, là fuori, ebbe sistemato in auto le due ospiti, il simpatico signore con l'impermeabile blu si accese la sigaretta, cacciò di nuovo una mano nella tasca, diede furtivamente una moneta al *boy* n. 11, che stava alla porta girevole, e scomparve, oltre il dondolìo dei vetri lucidati a specchio, con l'espressione di un ragazzino felice perché ha avuto il permesso di andare sulla giostra.

- Che impressioni lascia dietro di sé questo ospite di riguardo?

Dopo che quel signore, quell'attraente barone Gaigern ebbe lasciata la hall, ci fu all'improvviso un gran silenzio, tanto da far percepire il fresco, delicato mormorìo dello zampillo illuminato nella fontana veneziana. La hall infatti adesso si era vuotata; l'orchestrina jazz del *tea-room* aveva smesso di lavorare, nel ristorante la musica non era ancora cominciata, e il trio viennese del giardino d'inverno si concedeva una pausa. In quell'improvviso silenzio arrivò il concitato,[33] ininterrotto suono dei clacson, della città che, fuori dalla porta dell'albergo, proseguiva la sua vita serale. Dentro, però, nella hall, quel silenzio, all'inizio, aveva fatto credere che tutta la musica, i rumori e il ronzare della gente se li fosse portati con sé il barone nell'andar via.

Il piccolo Georgi, facendo un cenno verso la porta girevole, disse: «Quello è un tipo come si deve. In tutto e per tutto».

Il portiere scrollò le spalle, con l'aria di chi conosce il mondo. «Bisognerebbe poi vedere, se è come si deve. Ha qualcosa... non so. Mi pare troppo sfacciato. Quella

21. **di tal fatta:** di tale classe.
22. **scialba:** insignificante.
23. **scorgesse:** comprendesse.
24. **si compiaceva di se stesso:** era contento di sé.
25. **smoking:** abito maschile elegante da sera.
26. ***trenchcoat*:** impermeabile sportivo con cintura in vita (termine inglese).
27. **ben leccata scriminatura:** riga dei capelli perfettamente definita.
28. **trapunti:** trapuntati, con cuciture in vista come ricamo.
29. **cameratesco:** amichevole.
30. **assestò:** sistemò.
31. **cappello a cencio:** modello di cappello in feltro – un tipo di lana pressata e compatta – floscio, di forma morbida.
32. **un essere... inespressivo:** un personaggio dotato di scarsa personalità.
33. **concitato:** frenetico.

maniera di comparire e quelle grosse mance... sembra di essere al cinematografo. Chi è che viaggia con tutto questo lusso, oggi come oggi... a parte qualche imbroglione? Se fossi Pilzheim, lo terrei davvero d'occhio.»

Rohna, il direttore della reception, che tendeva le orecchie verso ogni dove, spinse di nuovo la testa oltre il tramezzo di vetro; il cuoio capelluto gli luccicava ceruleo[34] sotto i radi capelli rossicci. «Senf, lasci perdere» disse. «Gaigern è uno come si deve; lo conosco. È stato compagno di mio fratello al collegio di Feldkirch.[35] Per lui non c'è da scomodare Pilzheim.»

Pilzheim era il detective del Grand Hotel.

Senf portò la mano alla visiera e tacque, pieno di riverenza.[36] Di queste cose Rohna se n'intendeva. Era lui stesso un conte, uno dei Rohna della Slesia,[37] un ufficiale in congedo, uno in gamba. Senf tornò a salutare militarmente, mentre la sagoma da levriero di Rohna si ritirava per riprendere ad esistere solo sotto forma di ombra dietro il tramezzo di vetro smerigliato.[38]

V. Baum, *Grand Hotel*, trad. it. di M. Rubino, Sellerio, Palermo 2009

34. **ceruleo:** di tonalità azzurra.
35. **Feldkirch:** città austriaca.
36. **riverenza:** profondo e sentito rispetto.
37. **Slesia:** provincia della Prussia divisa dopo la Seconda guerra mondiale tra Polonia, Cecoslovacchia (oggi Repubblica Ceca) e Germania.
38. **smerigliato:** lavorato a smeriglio e quindi non trasparente.

TU E IL TESTO Comprendere

1. INVALSI La vicenda narrata è ambientata negli anni venti del Novecento. Da che cosa si capisce?
   - a da come è organizzata la sala dei telefoni
   - b dal fatto che al portiere stia per nascere un bambino
   - c dal tipo di musica che si suona in albergo
   - d dai riferimenti alla guerra
   - e dal fatto che Georgi faccia tirocinio in un albergo che non è del padre, che pure è proprietario di alberghi
   - f dal riferimento alla crisi economica che colpì la Germania dopo la Prima guerra mondiale: Senf pensa che solo gli imbroglioni possano permettersi un tenore di vita molto alto
   - g da molti dettagli dell'abbigliamento degli ospiti
   - h dalla presenza di mezzi tecnologici in albergo

2. RAGIONARE Se si legge il testo con attenzione è possibile scoprire anche il mese e il momento della giornata in cui si svolgono i fatti. Quali sono?

3. Dalla riga 17 alla riga 31 viene fatta una descrizione dell'hotel dal punto di vista del portiere che attraversa i corridoi per tornare al suo posto. Che cosa vede Senf? Con quali sensi, oltre alla vista, percepisce l'ambiente dell'hotel?

4. INVALSI Chi sono gli addetti alla reception?
   - a il portiere Senf
   - b il piccolo Georgi
   - c il *boy* n. 24
   - d il conte Rohna
   - e il barone Gaigern
   - f il telefonista
   - g la Grusinskaja
   - h Pilzheim

5. Uno dei temi del testo sono le chiacchiere che gli addetti alla reception scambiano fra loro. Di che cosa parlano, prevalentemente?

6. Metti a confronto i tre ospiti dell'hotel di cui parla il testo, completando una tabella come la seguente. Attenzione: non tutte le caselle potranno essere riempite.

	qual è il suo aspetto fisico?	quale tipo di abbigliamento indossa?	come si comporta? quale carattere se ne deduce?	qual è il suo livello economico? da che cosa si capisce?
la Grusinskaja				
dottor Otternschlag				
barone Gaigern				

LINGUAGGIO SETTORIALE L'albergo

7. Zone di rappresentanza Nel testo sono evidenziati i vari ambienti comuni a tutti gli ospiti dell'hotel. Scrivine la funzione e precisa se questi ambienti esistono ancora oggi.

chiosco dei giornali • giardino d'inverno • hall • reception • sale di lettura e di scrittura • saletta del buffet • salone ristorante • stanza dei telefoni • *tea-room*

8. Un addetto per ogni funzione Nel testo sono evidenziati anche i nomi dei diversi addetti dell'hotel. Con l'aiuto delle informazioni fornite dal testo, scrivi quali mansioni svolgono. Poi precisa se queste figure esistono ancora oggi e se eventualmente hanno cambiato nome.

addetto al buffet • addetto ai veicoli • addetto al *frigidaire* • *boy* • *chauffeur* • detective • direttore della reception • portiere • telefonista

9. Tanti tipi di albergo Associa ciascuna struttura ricettiva dell'elenco alla relativa definizione.

agriturismo • albergo di città • albergo di soggiorno• bed and breakfast • motel • residence • resort • rifugio • villaggio turistico

a. ....: struttura che sorge in un centro urbano e ha una clientela che viaggia prevalentemente per lavoro. Spesso è dotato di ampie sale riunioni; la clientela è più numerosa in settimana che nei weekend

b. ....: struttura che sorge lungo grandi vie di comunicazione, porti o approdi turistici ed è pensata per offrire un posto per dormire a chi guida e un posto di assistenza per le auto o le imbarcazioni

c. ....: struttura medio-piccola, spesso a conduzione familiare, che sorge in località turistiche e concentra la propria attività nei periodi di maggiore affluenza; può chiudere durante il resto dell'anno; cura particolarmente il servizio ristorante

d. ....: può essere un vero e proprio albergo con personale qualificato o un semplice bivacco non custodito dove gli sportivi si fermano per la notte durante escursioni in montagna di più giorni

e. ....: struttura che sorge in un'area piuttosto vasta e si configura come un insieme di villette o bungalow in cui i nuclei di turisti alloggiano separatamente; dotato di impianti sportivi e di giochi per i bambini, punta molto sull'intrattenimento degli ospiti desiderosi di dedicarsi allo sport e di socializzare

f. ....: struttura ricettiva costituita da più appartamentini dotati di cucina, autonomi rispetto alla struttura centrale che pure, di solito, è presente per garantire servizi come la lavanderia o la pulizia; gli ospiti si fermano per periodi medio-lunghi (non meno di tre giorni), per turismo o per lavoro

g. ....: struttura che sorge in una proprietà di campagna e può consistere in stanze o appartamentini; quando la struttura prevede un servizio di cucina, gli ospiti consumano i prodotti della tenuta agricola

h. ....: struttura ricettiva che garantisce agli ospiti pernottamento e prima colazione, di solito a prezzi contenuti e in un ambiente familiare; si tratta di una forma di ospitalità che favorisce il contatto interpersonale

i. ....: struttura ricettiva polivalente, che comprende, oltre al normale servizio alberghiero, anche servizi complementari

EMPLOYABILITY Sviluppare le competenze chiave

ACQUISIRE E INTERPRETARE L'INFORMAZIONE

10. Ascoltare e individuare informazioni scorrette L'insegnante leggerà alcuni consigli, tratti da un manuale di ricevimento (→ *Guida per l'insegnante*), per impostare i saluti e le presentazioni quando si lavora in una reception. Ma attenzione: alcuni consigli sono sbagliati! Individuali e segna il numero a cui corrispondono. Poi spiega perché sono errati.

....

COMUNICARE • RISOLVERE PROBLEMI

11. Comunicare alla reception Chi lavora nella reception di un hotel deve essere in grado di esprimersi con naturalezza e gentilezza tanto nella comunicazione verbale in presenza di un interlocutore quanto nella comunicazione telefonica. Immagina di lavorare in una reception e trova le frasi giuste da pronunciare nelle seguenti situazioni:

- si presenta un cliente che non ha prenotato e chiede una camera;
- si presenta un cliente che non ha prenotato e insiste nel dire di aver prenotato per telefono;
- stai registrando i dati anagrafici di un cliente appena arrivato e il telefono squilla;
- rispondi al telefono: è il signor X che vorrebbe parlare con il signor Y della camera n. 12 e tu passi la chiamata;
- chiami il signor X per il signor Y della camera n. 12, ma X dice di non conoscere Y.

▶ **Alcuni consigli per comunicare al telefono:**

- usa un tono di voce calmo e controllato;
- dai la giusta importanza alle cose che dici e metti un tocco, non eccessivo, di entusiasmo nel chiacchierare con il cliente;
- presentati con una formula professionale come «Buongiorno, sono... dell'Hotel..., in che cosa posso esserle utile?»;
- chiedi lo spelling delle parole che non hai capito;
- riassumi il contenuto della telefonata per fare il punto della situazione;
- lascia che sia il cliente a riattaccare per primo.

12. SCRITTURA CREATIVA **Dialoghi alla reception** In coppia con un compagno immagina e scrivi un dialogo telefonico fra Georgi, il tirocinante, e un ammiratore della Grusinskaja – la ballerina ospite dell'hotel – che vorrebbe parlare con lei. Ma la ballerina è uscita e, in ogni caso, non ama essere disturbata... Che cosa dirà Georgi? Che cosa risponderà l'interlocutore?

▶ **Quando scrivi il dialogo non dimenticare le regole di cortesia e professionalità a cui sono tenute le persone che lavorano in hotel.**

13. Compilare un modulo per comunicare messaggi Immagina che, dopo aver ricevuto la telefonata ideata per l'esercizio 12, Georgi voglia lasciare un biglietto alla ballerina, per informarla del contenuto della conversazione. Compila il modulo predisposto per la comunicazione di messaggi.

B

Grand Hotel, Berlino

COMUNICAZIONE

data .... ora ....

Alla cortese attenzione di ...., camera ....

Ha chiamato .... alle ore ....

Ha lasciato il seguente messaggio: ....

....

A sua disposizione,

il ricevente ....

COMPETENZA DIGITALE • CREATIVITÀ

14. Elaborare un biglietto di auguri L'albergo in cui lavori ti ha dato l'incarico di elaborare un biglietto elettronico per inviare via e-mail gli auguri di Natale ai clienti abituali dell'albergo. Realizza il biglietto inserendo immagini e utilizzando le risorse di grafica dei programmi che conosci.

COLLABORARE E PARTECIPARE • COMPETENZA DIGITALE

MINICOMPITO DI REALTÀ
Realizzare il sito dell'hotel

Vi è stato dato l'incarico di elaborare un progetto per realizzare il sito internet dell'albergo. Ecco le operazioni che dovete eseguire:

- pensate anzitutto alla struttura del sito: quante pagine deve avere e in quale modo devono essere collegate tra loro; date un titolo a ciascuna pagina;
- decidete in quali lingue è opportuno realizzare il sito;
- per ogni pagina del sito scegliete immagini, testi e link;
- stendete il vostro progetto sotto forma di tabella, impostandola come quella a fianco.

	pagina 1	pagina 2
titolo		
immagini		
testo		
link		
altro		

▶ **Per progettare un sito ben strutturato è utile consultare i siti di diversi alberghi e metterli a confronto per capire quali sono le scelte comunicative migliori.**

RACCONTO

Piero Chiara

Tommasino degli schiaffi

CARTA D'IDENTITÀ

GENERE racconto umoristico
AUTORE Piero Chiara (1913-86), autore di romanzi e racconti, spesso ambientati in provincia, è noto per la vena ironica e grottesca della sua narrativa.

*Siamo negli anni sessanta del Novecento. Tommasino lavora all'*Albergo del Rinoceronte *come girarrosto: deve cioè far girare lo spiedo su cui cuoce la carne nel camino. Sarà "promosso" lavapiatti solo dopo una serie di disavventure. Il racconto di Piero Chiara ci trasporta in un mondo d'altri tempi, regolato da usi ormai scomparsi... fortunatamente!*

ASCOLTA

L'*Albergo del Rinoceronte*, che apriva la sua unica porta a metà di una stretta via in discesa, si animava soltanto nei giorni di mercato, una volta la settimana, quando negozianti e contadini convenivano[1] nel borgo di Cividale[2] dai paesi sparsi per la valle del Natisone e lungo il corso del Tagliamento.[3]

In quei giorni, fin dal mattino, fumavano le pentole sul focolare, che secondo l'uso friulano si elevava nel mezzo del locale, sovrastato da una corona di ferro ritorto[4] e da una cappa a imbuto. Sul piano del focolare alto mezzo metro da terra, bruciavano fascine[5] e carbonella sotto pentole d'ogni dimensione, mentre da un lato girava lo spiedo. Ed era un ragazzetto annoiato a regolarne l'andamento, col capo sempre voltato a guardare la gente che entrava, indifferente agli schiaffi che le figlie del proprietario, passando, gli tiravano per richiamarlo al suo lavoro. Si chiamava Tommasino e risultava figlio di una povera vedova che abitava dietro l'albergo.

- Riesci a immaginarti il focolare descritto nel racconto? Prova a disegnarlo.

Gli schiaffi che Tommasino aveva cominciato a prendere senza batter ciglio, gli procurarono presto altri schiaffi da vari clienti, attirati dalla sua faccia tonda e morbida, dove la mano si stendeva piacevolmente, suscitando uno schiocco allegro come un applauso.

1. convenivano: si trovavano assieme.
2. Cividale: grosso paese del Friuli.
3. Natisone, Tagliamento: fiumi che scorrono in Friuli.
4. ritorto: attorcigliato.
5. fascine: fasci di ramoscelli.

Chi lo mandava a prendere una posata o un tovagliolo, gli dava uno schiaffo per avviarlo. Altri che lo spedivano a comperare un pacchetto di tabacco o gli chiedevano un tizzo[6] per accendere la pipa, lo compensavano sempre con uno schiaffo. Il nobile Peregalli, proprietario di case e di terreni, si può dire che andasse al *Rinoceronte* solo per dare in faccia[7] a Tommasino. Perfino il canonico[8] Floreani, che abitava nella via ed entrava a bere un *taglio*[9] di vino tornando dalla messa, gli dava il suo schiaffo per ricordargli di non mancare alla dottrina.[10] Capitò che dei forestieri di passaggio, solo vedendo il bel faccione di Tommasino, gli dessero anche loro per scherzo o per sollazzo[11] delle guanciate.[12]

Il ragazzo che anch'io gratificavo[13] ogni tanto di un buffetto,[14] si era come persuaso dell'ineluttabilità[15] di quel complimento e non se ne lagnava,[16] anzi spesso sorrideva ai colpi più sonori,[17] quasi contento di aver collaborato alla buona riuscita dello schiaffo.

Era tutta gente, quella che schiaffeggiava Tommasino, abituata a far strada nel mondo, la poca strada che aveva fatta, a costo di gravi umiliazioni o pagando pedaggi[18] dolorosi. Contadini, artigiani, mediatori,[19] commercianti e forse anche il canonico, avevano avuto nella vita duri inizi. Nessuno, a quei tempi, perveniva[20] ad una certa indipendenza prima dei trent'anni, tanto era lungo il tirocinio: e solo dopo aver penato[21] sotto padri severi, duri padroni o crudeli pedagoghi,[22] prodighi[23] nonché[24] di schiaffi, di vergate[25] e calci dei quali qualcuno portava per sempre il segno e tutti, sicuramente, la memoria. Arrivati a vivere dei loro guadagni, quei buoni uomini trovavano morale[26] far passare a un principiante come Tommasino qualche penosa vigilia[27] o iniziazione,[28] secondo loro necessaria per temprarlo[29] alle asprezze del vivere.

- Hai capito quale funzione si attribuiva, all'epoca, agli schiaffi? Tu che cosa pensi di questo "metodo"?

Ma capitò una volta all'osteria persona contraria a simili princìpi. E fu l'avvocato Costamagna, uno dei maggiori professionisti del luogo, che andato a pranzo con un cliente al *Rinoceronte*, poté assistere a tutta una serie di schiaffi riscossi da Tommasino e coronata[30] da un bel ceffone suonatogli dalla figlia del proprietario.

L'avvocato Costamagna non passava per un benefattore o per un protettore degli orfani, ma per un usuraio,[31] arricchito con i prestiti e le ipoteche.[32] Eppure quel giorno, al rumore della manata ricevuta da Tommasino, divenne rosso in volto come se fosse toccata a lui. Balzò in piedi, afferrò la giovane per un braccio e le misurò,[33] senza mollarglielo, un manrovescio[34] di ben altra forza. Poi si voltò verso i

6. tizzo: pezzo di legno o di carbone ardente.
7. dare in faccia: dare schiaffi in faccia.
8. canonico: parroco.
9. un *taglio*: un quarto di litro.
10. dottrina: catechismo.
11. sollazzo: divertimento.
12. guanciate: sberle sulle guance.
13. che anch'io gratificavo: al quale anch'io donavo.
14. buffetto: colpetto scherzoso.
15. ineluttabilità: inevitabilità, necessità.
16. lagnava: lamentava.
17. sonori: rumorosi.
18. pedaggi: tasse di passaggio; qui metafora che indica i sacrifici fatti per affermarsi nella professione.
19. mediatori: intermediari, procacciatori di affari.
20. perveniva: arrivava.
21. penato: faticato, sofferto.
22. pedagoghi: maestri, educatori.
23. prodighi: generosi.
24. nonché: oltre che.
25. vergate: bastonate, frustate.
26. morale: giusto, ben fatto.
27. vigilia: veglia; qui però il termine è usato nel senso di "periodo di preparazione".
28. iniziazione: complesso di riti e prove che permettono di entrare a far parte di un gruppo o di accedere a una condizione superiore.
29. temprarlo: renderlo forte.
30. coronata: conclusa.
31. usuraio: chi fa prestiti a usura, cioè chiedendo interessi eccessivi.
32. ipoteche: beni dati in garanzia di prestiti.
33. le misurò: fece il gesto di darle.
34. manrovescio: forte schiaffo in faccia.

clienti che avevano smesso di mangiare, e come se si trovasse nella sala delle udienze[35] e non all'osteria, lasciato il braccio della giovane, tenne una perorazione[36] piena di sdegno e dispetto.[37]

«È una vergogna» disse «profittare di un debole. Se il ragazzo non ha nessuno che lo possa difendere, son qui io a proteggerlo. E vi dico che se qualcuno oserà ancora toccarlo, farà i conti con me!»

Il finale fu accolto da una generale risata di scherno,[38] alla quale fece in tempo ad associarsi il canonico Floreani che passando per la strada aveva sentito quella voce tonante[39] e aveva messo il capo dentro l'uscio.

L'avvocato, profondamente offeso, gettò il tovagliolo sul tavolo e se ne andò senza guardare il ragazzo e senza neppure ricordarsi di salutare il suo cliente.

«Tutto per non pagare il conto» disse il canonico.

Ma non era così, perché da quel giorno il Costamagna tornò un paio di volte alla settimana al *Rinoceronte*, ora a mezzogiorno ora alla sera, facendosi servire pranzo o cena solo per controllare il comportamento dei padroni e dei frequentatori dell'osteria.

Nessuno toccava più Tommasino, ma non c'era neppure più chi gli badasse o si servisse di lui. Il ragazzo, al quale era stato tolto l'incarico di girarrosto, vagava per l'osteria e spesso si rifugiava nel cortile, dove infilava una porticina e se ne andava a casa sua. Privato degli schiaffi, si sentiva ignorato da tutti, disprezzato, e messo sotto accusa, quasi che la protezione dell'avvocato l'avesse chiesta lui.

Un giorno di mercato che il Costamagna, seduto al tavolo di fondo, teneva sotto il suo sguardo tutto il locale, Tommasino, entrato con il suo passo silenzioso dal cortile, gli si mise alle spalle. Alzate lentamente le braccia, con le sue manine gli fece spuntare due paia di corna dietro la testa. Uno dopo l'altro i clienti se ne accorsero, e stettero a guardare senza ridere, per tema che l'avvocato si avvedesse[40] dello scherzo.

Il Costamagna non se ne avvedeva e continuava a fissare inviperito[41] tutta quella gente che sembrava osservarlo con incredibile interesse. Ma dovette infine intuire qualcosa o sentire nell'aria una tensione, perché si voltò di scatto e sorprese Tommasino con le braccia tese, immobile come una statua. A quella vista si alzò, arretrò di un passo, poi gli mollò due forti schiaffi che il ragazzo, lasciate cadere le braccia lungo i fianchi, ricevette con indifferenza. Nel silenzio che seguì, l'avvocato prese la porta e se ne andò per sempre dal *Rinoceronte*.

Tommasino, applaudito e festeggiato dalla clientela e dai padroni, si trovò ad avere chiuso con quei due schiaffi la prima fase della sua carriera, perché venne promosso lavapiatti e passato in cucina, dove nessuno pensò più a schiaffeggiarlo e dove solo il cuoco, di tempo in tempo, gli dava qualche pedata per ricordargli che la strada d'ogni mestiere è sempre seminata di triboli[42] e di pene.

P. Chiara, *Tommasino degli schiaffi*, in *Le corna del diavolo*, A. Mondadori, Milano 2001

- Che cosa pensi del modo in cui Tommasino "fa carriera"?
- Che cosa pensi del comportamento del cuoco nei suoi confronti?

35. sala delle udienze: in tribunale.
36. perorazione: discorso per difendere una persona o un principio.
37. sdegno e dispetto: indignazione e rabbioso disappunto.
38. scherno: derisione.
39. tonante: forte.
40. per tema... avvedesse: per paura che l'avvocato si accorgesse.
41. inviperito: irritato, stizzito.
42. seminata di triboli: piena di preoccupazioni.

TU E IL TESTO Comprendere

1. Rispondi alle seguenti domande.

a. Dove si trova l'*Albergo del Rinoceronte*?
b. In quali giorni ha più clienti del solito?
c. Secondo te, si tratta di un albergo lussuoso?
d. Da chi è condotto?
e. Quali sono i locali dell'albergo nominati nel racconto?

2. RAGIONARE In quale epoca si svolgono i fatti del racconto? Quali indizi lo rivelano?

3. INVALSI Ordina cronologicamente, numerandoli, gli eventi narrati nel racconto.

a. ☐ L'avvocato Costamagna difende pubblicamente Tommasino.
b. ☐ L'avvocato Costamagna schiaffeggia Tommasino e se ne va per sempre dall'albergo.
c. ☐ Tommasino viene promosso lavapiatti.
d. ☐ Tommasino fa girare lo spiedo nell'albergo e prende schiaffi da tutti.
e. ☐ Nessuno osa più schiaffeggiare Tommasino, che si sente trascurato.
f. ☐ Tommasino si prende gioco dell'avvocato Costamagna.

4. Quali sono i personaggi del racconto? Elencali nella seguente tabella distinguendoli nelle due categorie indicate.

personaggi che lavorano nell'albergo	
personaggi che frequentano l'albergo come clienti	

5. Che cosa sappiamo di Tommasino? Completa la seguente tabella con le informazioni che puoi ricavare dal racconto.

età	
caratteristiche fisiche	
carattere, comportamento	
condizioni sociali ed economiche	
mansioni lavorative	

LINGUAGGIO SETTORIALE La sala e la cucina

6. **Posate per tutti gli usi** Il termine "posata" è un iperonimo che comprende moltissimi iponimi. Scrivi sotto ciascuna immagine il nome (iponimo) corretto, scegliendolo dal seguente elenco.

coltello da bistecca • coltello da burro • coltello da formaggio • coltello da pesce • coltello da tavola • cucchiaino da caffè • cucchiaino da tè • cucchiaio da salsa • cucchiaio da tavola • forchetta da dessert • forchetta da tavola • forchetta da pesce

a. ....
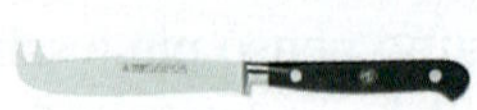
b. ....

c. ....

d. ....

e. ....

f. ....

g. ....

h. ....

i. ....

l. ....

m. ....
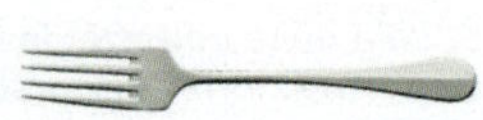
n. ....

7. A ciascuna ricetta... Anche i contenitori di cottura hanno forme e nomi specifici in base all'uso che se ne fa. In coppia con un compagno, attribuisci i nomi corretti a quelli qui raffigurati.

a. ....

b. ....

c. ....

d. ....

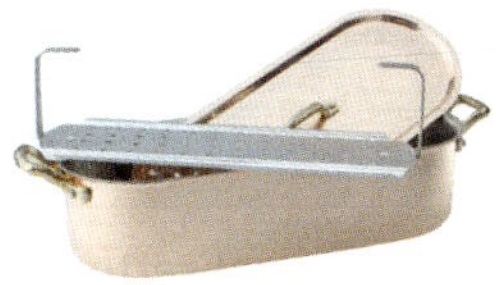
e. ....

f. ....

g. ....

h. ....

i. ....

l. ....

m. ....

n. ....

8. Il tovagliato Nel seguente elenco di biancheria da tavola individua l'intruso; poi scrivi la definizione di ciascun termine.

frangino • runner • tovagliolo • tovaglia • guéridon • mollettone • sottopiatto • salvamacchia

9. C'è mansione e mansione Oggi nei ristoranti le mansioni sono molto più numerose e complesse di quelle di cui parla il racconto. Con l'aiuto dei tuoi manuali tecnici, scrivi quali sono le mansioni delle figure professionali indicate.

argentiere • cameriere di sala • capo cuoco • casseruoliere • cuoco capo partita • cuoco di guardia • garzone • lavapiatti • proprietario o gestore • rosticciere • secondo cuoco

EMPLOYABILITY Sviluppare le competenze chiave

ACQUISIRE E INTERPRETARE L'INFORMAZIONE

10. Ascoltare per trarre informazioni L'insegnante leggerà un testo informativo che parla del settore alberghiero e delle sue risorse lavorative (→ *Guida per l'insegnante*). Ascolta con attenzione e, mentre ascolti, compila la seguente scheda riassuntiva.

la forza lavoro del comparto ristorativo
Il settore alberghiero è in ....
Tre quarti dei lavoratori del settore lavorano ....
Le piccole imprese hanno in media meno di ....
Le donne costituiscono .... della forza lavoro.
Sotto il profilo qualitativo, dato che il settore si è molto rinnovato, occorrono sempre più ....
La parola chiave per capire le richieste del settore è ....

mondiale, con la bomba atomica il mondo finisce in un soffio, così: e butta nel fuoco del camino un ritaglio di stoffa o un avanzo di filo da imbastire.[6] Mia madre cuce di bianco[7] e lavora con la Singer a pedale:[8] fa le camicie da uomo su misura, gira i polsini e i colletti,[9] rinforza i bottoni, ripassa le asole, ricama le cifre[10] dei signori.

Io aiuto un po', l'osteria la mandano avanti mia nonna e mia madre. Di regola non dovrebbero andare d'accordo, ma loro due invece ci riescono, forse perché sono vedove di guerra tutte e due, forse hanno tutte e due la reversibile,[11] forse perché sono di chiesa, forse perché mi vogliono bene. Sta di fatto che non fanno mai questione,[12] non alzano mai la voce e non si maledicono, come spesso sento che accade nelle altre famiglie del palazzo: e di questo non finirò mai di ringraziarle. Magari parlano poco e seguono ritmi di vita diversi (la nonna per esempio alla domenica va alla prima messa, quella delle 5,30, mia madre a quella delle 7), ma sono pienamente d'accordo sui princìpi fondamentali della vita:

1. i Talevi[13] sono nati disgraziati (controprova: se i Talevi si mettono a fare i cappelli, la gente nasce senza testa);
2. nella vita tocca accontentarsi (variante: nella vita non si può avere tutto);
3. nella vita siamo come storni[14] (vuol dire che siamo di passaggio);
4. se fai l'obbligo del tuo dovere, Dio te ne renderà merito.

[...] La nostra non è l'unica osteria della città, ma di sicuro è una delle migliori del centro, se non la migliore in assoluto. Qualche mese fa ho provato a fare un censimento delle osterie cittadine, percorrendo la città con la mia bicicletta (una 24[15] usata, da fornaio, che mia madre mi ha regalato per l'esame di terza),[16] ma ho visto subito che è un'impresa impossibile, almeno per un ragazzo di nove anni come me: le osterie sono troppe, ce ne sono in ogni quartiere, dentro e fuori le mura, al di qua e al di là della Nazionale[17] e della ferrovia, al porto, due-tre perfino vicino al camposanto, dove molti, ho notato, si rifugiano dopo l'accompagno.[18] [...]

L'odore della nostra osteria è buono ed è costituito dai seguenti componenti, nelle dosi indicate:

– vino 70%;
– fumo 15% (di cui 5% nazionali senza filtro,[19] 3% sigaro toscano, 2% trinciato[20] forte, 5% camino dove noi bruciamo la legna di Bocca Trabaria);[21]
– varechina[22] 5%;
– lupini e bruscolini[23] 3%.

6. **filo da imbastire:** filo usato per fissare la stoffa prima della cucitura vera e propria.
7. **cuce di bianco:** confeziona biancheria.
8. **Singer a pedale:** la macchina per cucire della nota marca americana, nel modello azionato a pedale.
9. **gira... colletti:** per nascondere la parte consumata e rimettere così a nuovo le camicie.
10. **cifre:** iniziali di nome e cognome.
11. **la reversibile:** la parte della pensione del coniuge morto che spetta al coniuge ancora in vita.
12. **non fanno mai questione:** non litigano.
13. **Talevi:** è il cognome della famiglia del narratore.
14. **storni:** uccelli migratori, che si spostano in stormi di diverse centinaia di individui, ben visibili anche in città.
15. **una 24:** bicicletta da ragazzo (il numero indica, in pollici, il diametro della ruota).
16. **esame di terza:** l'esame di terza elementare, abolito nel 1959.
17. **Nazionale:** la strada statale.
18. **accompagno:** accompagnamento del defunto al cimitero, funerale.
19. **nazionali senza filtro:** un tipo di sigaretta.
20. **trinciato:** tabacco.
21. **Bocca Trabaria:** valico dell'Appennino umbro-marchigiano che divide la provincia di Perugia da quella di Pesaro-Urbino.
22. **varechina:** candeggina, liquido dall'odore penetrante e caratteristico utilizzato per sbiancare i tessuti e disinfettare.
23. **lupini e bruscolini:** i lupini sono legumi ricchi di proteine e naturalmente privi di glutine; i bruscolini sono semi di zucca arrostiti e salati.

Il rimanente 7% varia ogni giorno e dipende dal cibo che cucina mia nonna (o mia madre) sul fornello a gas o sui cerchi concentrici in ghisa della cucina economica.[24]

• Sapresti descrivere con la stessa precisione l'odore di un luogo che frequenti spesso?

[...] Il vino che serviamo noi del *Rastèll* è buono, non è allungato con l'acqua né fatto col bastone, cioè con la polverina o il bisolfito,[25] come fanno i furbi. È il vino della nostra zona, dello stesso contadino di Ginestreto dove andava il bisnonno. Inutile quindi, come fa d'estate qualche forestiero venuto per i bagni, chiedere se abbiamo il Barbera[26] o il Chianti.[27] Il vino è il vino e basta.

L'unica distinzione possibile, da noi come nelle altre osterie, è quella tra bianco e nero, cioè tra vino bianco e vino rosso, a ciascuno dei quali corrisponde grosso modo un semestre: il bianco è indicato per la primavera e l'estate, il nero per l'autunno e l'inverno. Dopo le pulizie di Pasqua,[28] quando ci si alleggerisce coi panni,[29] si parte col bianco; alla fine dell'estate, quando ricomincia la scuola, quando poi arriva la burrasca dei morti[30] e magari anche l'estate di San Martino,[31] si ritorna al nero.

Il maestro Crivelli, che è vedovo e senza figli, mi ha spiegato che nella nostra zona il vitigno[32] del rosso si chiama sangiovese[33] e albanella[34] quello del bianco; dalle altre parti, immagino, sarà la stessa cosa, sia pure con altri nomi. Quand'ero piccolo, la nonna per prendermi in giro mi aveva fatto credere che il vino non l'aveva scoperto Noè, come dice la Bibbia, bensì San... Giovese, un santo gioviale[35] e cortese, una specie di San Francesco nostrano sempre allegro, che poi è quello attaccato a San Terenzio nell'affresco della chiesa del camposanto. Adesso che faccio la quarta ho aperto gli occhi ma prima, nelle mie orazioni, mettevo sempre anche San Giovese.

Comunque la nostra è un'osteria come si deve: a misura d'uomo, dice il maestro Crivelli, che al pomeriggio viene sempre da noi a correggere i compiti dei suoi scolari. Da noi certe cose semplicemente non si fanno e non si dicono.

In questa casa non si bestemmia!, ammonisce[36] il cartello appeso a sinistra del camino, intendendo sia la casa sia il locale; l'altro, a destra, elenca quali sono i giochi proibiti: Morra, Passatella e Zecchinetta,[37] più numerosi altri che non conosco. Una volta è capitato un tale che bestemmiava, e non era neanche ubriaco, ma la nonna gli ha detto a muso duro in dialetto antico: «*Sòr clòm, an savé léggia?*», cioè «Signor quell'uomo, non sapete leggere?», dandogli educatamente del voi ma nello stesso tempo bollandolo come analfabeta.[38] [...]

• Hai mai visto affissi in luoghi pubblici cartelli che ricordano le norme della buona educazione?

L'arredo della nostra osteria è semplice e razionale: cartesiano,[39] secondo il

24. **cucina economica:** cucina con fornelli e forno alimentati a legna o a carbone.
25. **la polverina o il bisolfito:** additivi chimici usati per conservare il vino, ma che possono comprometterne la qualità.
26. **Barbera:** vino rosso tipico del Piemonte ricavato dall'omonimo vitigno.
27. **Chianti:** vino rosso prodotto in Toscana.
28. **pulizie di Pasqua:** riprendendo una tradizione ebraica, prima di Pasqua è uso procedere alla pulizia generale della casa.
29. **ci si alleggerisce coi panni:** ci si veste più leggeri.
30. **dei morti:** del giorno in cui si ricordano i defunti, il 2 novembre.
31. **estate di San Martino:** così vengono chiamati i primi giorni di novembre (san Martino si festeggia l'11 novembre) quando sono particolarmente caldi.
32. **vitigno:** varietà coltivata di vite.
33. **sangiovese:** vitigno a bacca nera tra i più diffusi in Italia.
34. **albanella:** vitigno a bacca bianca coltivato soprattutto in Romagna.
35. **gioviale:** allegro, simpatico, affabile.
36. **ammonisce:** avvisa.
37. **Morra... Zecchinetta:** giochi d'azzardo.
38. **bollandolo come analfabeta:** dandogli il marchio dell'analfabeta.
39. **cartesiano:** logico, rigoroso, razionale (dal nome del filosofo francese Cartesio, 1596-1650).

maestro Crivelli, che ormai è diventato una persona di casa. I tavoli sono quadrati, ciascuno dotato di quattro sedie impagliate dai matti del manicomio (saranno anche matti, ma come lavorano!). I piani hanno il lato di cm 80, misura ideale per quattro giocatori di carte. Due tavoli però sono rettangolari, pur seguendo la stessa logica (la stessa *ratio*,[40] direbbe il maestro Crivelli): lato maggiore cm 160, lato minore cm 80. Questi ultimi, invece delle sedie, hanno delle panche lungo i lati maggiori. Quando capita di unire dei tavoli, per comitive o famiglie, le mosse sono semplici: si accostano quattro tavoli quadrati, oppure due tavoli rettangolari, oppure un tavolo rettangolare e due tavoli quadrati. Il risultato non cambia: un quadrato avente di lato cm 160.

[...] Io amo la geometria, perché mi piacciono le cose che si possono misurare.

Ma la misura che più mi piace in assoluto è quella del vino, cioè le bottiglie che sono sistemate nella credenza, su tre piani distinti come sul podio del campo sportivo, dopo essere state lavate e asciugate, e dopo che sono state lasciate un po' a scolare capovolte sul piano zigrinato[41] dello sciacquatore. Lo so anch'io, il maestro Crivelli mi riprende ogni volta: in italiano si dice acquaio, non *sciacquadór* o sciacquatore; ma con tutto il rispetto per il maestro Crivelli, che ormai è una specie di zio, credo che lui abbia torto: alcuni oggetti, non tutti, sono nati in dialetto e a dirli in italiano si storcono, diventano ghiacci e senza odore.[42] Acquaio dà effettivamente l'idea dell'acqua, è vero, ma sciacquatore te la fa vedere l'acqua, che scorre dalla cannella,[43] che si raccoglie nella graniglia[44] e poi confluisce nel buco di scarico girando in senso antiorario.

Solo un genio può aver ideato e disegnato la misura del vino, forse Pitagora o Archimede.[45] Si tratta di una bottiglia di vetro spesso che, invece di avere il collo stretto, come le normali bottiglie, ha la bocca larga come se avesse il *pitriòlo* (cioè l'imbuto) incorporato; anche se poi è rastremata[46] al centro per favorire la presa. È perfetta per la sua funzione, che non è quella di conservare ma di servire ai tavoli modeste quantità di vino. Il maestro Crivelli, che quando c'è mia madre fa un po' il capiscione,[47] mi ha spiegato che potrebbe anche definirsi come un solido ottenuto da due tronchi di cono capovolti, ma insomma la misura del vino, secondo me, è un oggetto bellissimo, utile e concreto. Per questo non mi dispiace quando mi tocca lavare le misure e non ho mai pensato che sia un lavoro da femmina, perché la geometria non è né maschio né femmina. Io procedo come ho sempre visto fare: prendo un foglio di giornale vecchio, sminuzzo la carta in tanti coriandoli, li infilo nella misura, aggiungo un po' d'acqua, e agito la misura tenendola tappata con la mano: facile con il quarto,[48] difficile con il litro. Insisto finché il vetro non è tornato trasparente; nei casi più difficili uso un po' d'aceto o di sale grosso, poco perché costano; nei casi impossibili lascio a mollo un dito di varechina.

40. *ratio*: parola latina che significa "criterio, norma".
41. zigrinato: non liscio, con fitte righe parallele in rilievo.
42. senza odore: in senso metaforico, senza personalità, senza carattere.
43. cannella: tubo metallico con rubinetto da cui fuoriesce l'acqua.
44. graniglia: il materiale (marmo misto a cemento) della vasca del lavandino e, qui, la vasca stessa.
45. Pitagora o Archimede: filosofo e matematico greco il primo, matematico e inventore greco il secondo; vissuti rispettivamente nel VI e nel III secolo a.C.
46. rastremata: assottigliata.
47. capiscione: uno che capisce e sa tutto (termine familiare).
48. il quarto: il recipiente da un quarto di litro.

Queste bottiglie, identiche nella forma ma in scala, sono di tre tipi, che ovviamente equivalgono a tre diverse misure:

- quella grande contiene un litro (1 litro);
- quella media mezzo litro (1/2 litro);
- quella piccola un quarto di litro (1/4 di litro).

Il quarto riempie due bicchieri (sempre di vetro, ma col culo[49] spesso): da cui si può dedurre che il bicchiere da osteria contiene un ottavo di litro (1/8 di litro).

Altre misure disponibili sono il boccione, con chiusura metallica e guarnizione di gomma, che contiene 2 litri, e il fiasco impagliato, che contiene (da noi) 1,750 di litro.

L'unico difetto riscontrabile della misura del vino è la mancanza di beccuccio ma, come dice il secondo postulato dei Talevi, nella vita non si può avere tutto (o hai il *pitriòlo* incorporato o hai il beccuccio). Quindi, versando il vino nei bicchieri, a volte ne sgocciola un po'. E, se si tratta di vino nero, questo lascia dei cerchi sul piano del tavolo, cerchi perfetti che si sovrappongono a canone[50] formando disegni che sembrano fatti col compasso: lunette, mezzelune, corone circolari all'infinito, come le fasi lunari. [...]

Da noi, come in tutte le altre osterie, oltre a bere si può anche mangiare. Anche qui le cose sono semplici e seguono la logica migliore. Ciascun avventore, se vuole, mangia quello che si porta da fuori. Ci sono alcuni contadini (li riconosco dall'abbigliamento, da come parlano, dalla circospezione[51] con cui entrano, dalle scarpe che indossano, dalla gran fatica che rivelano dopo essere stati all'anagrafe[52] per cavare le carte,[53] alle poste per la pensione, al distretto[54] o al dispensario antitubercolare)[55] che hanno due fette di pane con la frittata o la mortadella, un cartoccio di sardoni[56] comprati dalla Tita. Qualcuno, che in città c'è già stato, è passato al forno e ha comprato un panino all'olio, che per loro è meglio del dolce, e lo inzuppa lentamente nel vino, assaporandolo e magari dividendolo con i familiari come Gesù Cristo coi dodici Apostoli. Altri hanno un culo di filone[57] riempito di trippa;[58] altri ancora un tocchettino di porchetta[59] comprata al mercato delle erbe.[60] Non ci sono problemi. Se hanno il loro da mangiare, per noi va benissimo: vendiamo loro solo il vino o le nostre altre bevande, la gazzosa, il chinotto, la birra e ultimamente anche la spuma.[61] La guerra è finita da quattro anni e i tempi stanno cambiando.

Altrimenti, se si accontentano, da noi troveranno sempre qualcosa da mangiare: un po' di salame nostrano, un po' di pecorino fresco (nostrano); un uovo tosto o sodo (di gallina nostrana); oppure, a seconda della stagione, quello che ha cucinato la

• Conosci le bottiglie tradizionali per misurare il vino di cui parla il racconto? Se non le hai mai viste, prova a immaginarle con l'aiuto della descrizione e fanne un disegno.

• Eri a conoscenza dell'uso, antico e tradizionale, di portare il proprio cibo in osteria e di mangiarlo accompagnato dal vino che si acquista lì?

49. **culo:** fondo.
50. **a canone:** in successione; il canone è una composizione musicale in cui diversi motivi si sovrappongono come rincorrendosi.
51. **circospezione:** cautela e anche timidezza, impaccio.
52. **anagrafe:** ufficio pubblico che conserva il registro della popolazione e che emette i certificati relativi allo stato civile delle persone.
53. **cavare le carte:** preparare i certificati occorrenti per il matrimonio.
54. **distretto:** gli uffici del comando militare della zona.
55. **dispensario antitubercolare:** ufficio che dispensa, cioè distribuisce, i farmaci contro la tubercolosi, un'infezione batterica che colpisce soprattutto i polmoni.
56. **sardoni:** sarde (termine dialettale).
57. **culo di filone:** parte finale di un pane dalla forma stretta e allungata.
58. **trippa:** stomaco di bovini tagliato a piccoli pezzi e cucinato in vario modo.
59. **tocchettino di porchetta:** pezzetto di maiale cotto al forno o allo spiedo.
60. **erbe:** verdure.
61. **spuma:** bibita analcolica a base di zucchero, acqua gassata e aromi vari, di colore bruno rossastro.

nonna o la mamma: i garagoli[62] (nei mesi con la *r*: febbraio, marzo, ecc.)[63] o i bovoletti,[64] con tanto di stecchino per tirare su il cigolo;[65] i fagioli con le cotiche;[66] una fetta di ciambelline; i bracciatelli[67] per Santa Lucia;[68] i lupini tutto l'anno.

Da noi, grazie al cibo e alla misura del vino, oltre a bere, a mangiare e a giocare alle carte, si raccontano storie.

Quelle nuove sono belle perché riferiscono di cose che da noi non si sono mai viste né sentite: come quando Mister Sullivan, che in guerra era un pilota della Raf,[69] dice che a Londra c'è un treno che corre sottoterra. Non tutti ci credono però, perché Sullivan è un tipo strano, anche perché è stato buttato giù dalla contraerea[70] e si è salvato col paracadute: basti dire che è l'unico, in tutta l'osteria, che continua a chiamare «Sìngher» la macchina da cucire, che tutti pronunciano con la *g* di gelo.

Ma le storie più belle per me sono quelle vecchie raccontate più di una volta, cioè riraccontate fino a raggiungere la loro perfezione. Non è detto che siano storie vere, ma sono raccontate in maniera tale che non è possibile che non siano vere. Alcune sono dei capolavori, ed io anzi sono convinto che il nostro vino e le nostre misure facciano parte integrante di tali storie: che siano ad esse consustanziali,[71] come dice il parroco. [...]

E non è neanche vero che i nostri clienti siano solo uomini.

La Itala per esempio, la levatrice che mi ha lavato con l'acqua ghiaccia appena nato, capita spesso. Anche lei non è una che parli molto ma quello che dice è sempre misterioso e interessante. Vorrei chiedere anche a lei di farmi vedere i ferri del suo mestiere, ma temo che sia maleducazione. [...] Vorrei chiederle come fa a far nascere i bambini. Al cinema della parrocchia ogni tanto si vede qualcosa, ma non si capisce granché. Nei film dei cow-boy, quando sta per nascere un bambino, dicono di far bollire dell'acqua, prendono una camicia e la tagliano a strisce. Il padre deve rimanere fuori e cammina avanti e indietro; poi improvvisamente si sente il pianto di un bambino, esce una donna tutta trafelata che dice «maschio!» oppure «femmina!», e tutti danno delle gran pacche sulle spalle del padre.

La Itala viene dopo il lavoro, quindi dopo che lei ha fatto nascere qualche bambino. Beve solo un chinotto e parla sempre sottovoce.

«Due gemelli!», ha detto una volta lasciandosi cadere su una sedia. Sembrava esausta, come se li avesse fatti lei.

P. Teobaldi, *Il senso della misura*, in Aa. Vv., *Confesso che ho bevuto. Racconti sul vino e sul piacere del bere*, a cura di L. Anania e S. Novelli, DeriveApprodi Editore, Roma 2004

- Sei mai stato in un bar in cui si raccontano storie di persone del paese (o del quartiere), eventi di cronaca, fatti divertenti o pettegolezzi?

62. **garagoli:** più comunemente detto anche piede di pellicano, il garagolo è un mollusco dal gusto forte e deciso particolarmente diffuso sulle coste delle Marche.
63. **nei mesi... ecc.:** la tradizione di mangiare i frutti di mare solo nei mesi con la *r* ha qualche fondamento: infatti quando non esistevano i frigoriferi era meglio conservarli e mangiarli non in estate.
64. **bovoletti:** lumachine che vivono solitamente a terra o nelle sterpaglie vicino al mare.
65. **cigolo:** il mollusco dentro la chiocciola.
66. **i fagioli con le cotiche:** piatto tipico della cucina contadina; la cotica (o cotenna) è la pelle del maiale utilizzata in diversi piatti tradizionali e nella preparazione di alcuni salumi.
67. **bracciatelli:** tipici dolci romagnoli a base di farina e uova con un foro centrale.
68. **Santa Lucia:** come in altre regioni d'Italia, nelle Marche il 13 dicembre, giorno in cui si festeggia santa Lucia, viene celebrato con dolci tradizionali.
69. **Raf:** aviazione militare inglese (acronimo di *Royal Air Force*).
70. **contraerea:** armi da fuoco pesanti impiegate per reagire attivamente agli attacchi aerei.
71. **consustanziali:** presenti insieme nella stessa sostanza (termine teologico).

TU E IL TESTO Comprendere

1. Rispondi alle seguenti domande.

a. Da che cosa si capisce che il narratore è ancora un bambino?

b. Chi sono le persone che gestiscono l'osteria? Hai l'impressione che lo facciano bene? La gestione è severa o permissiva?

c. Quali vini si servono in osteria?

d. Come sono i tavoli? Dove ci si siede?

e. Quali sono le misure che affascinano di più il bambino?

f. Chi mangia in osteria? Che cosa mangia?

2. RAGIONARE Secondo te, perché il racconto si intitola *Il senso della misura*? Le risposte sono almeno due.

3. INVALSI Indica se le seguenti affermazioni sono vere o false.

a. Nell'osteria lavorano il padre e il nonno del narratore. V F

b. Nell'osteria si può anche mangiare. V F

c. L'osteria è frequentata solo da uomini. V F

d. Nell'osteria è vietato fumare. V F

4. INVALSI Qual è la cosa che appassiona di più il protagonista?

a girare in bicicletta per la città

b misurare le cose

c andare a scuola

d parlare con i clienti dell'osteria

LINGUAGGIO SETTORIALE Osterie, bar, enoteche

5. Osteria Con l'aiuto del dizionario scopri l'etimologia del termine "osteria".

6. Osteria e trattoria Qual è la differenza fra un'osteria e una trattoria?

7. Più di un locale Associa ciascun nome di locale in cui ci si reca a consumare bevande contenuto nell'elenco alla relativa definizione.

american bar • aperitif bar • bar caffè • bar gelateria • bar pasticceria • birreria • caffè • disco bar • hall bar • lounge bar • osteria • piano bar • snack bar • tea room • wine bar

a. ....: bar che, nei grandi alberghi, sta vicino alla portineria o alla sala ristorante

b. ....: locale che, al servizio di caffetteria, unisce la vendita di gelati, sorbetti, granite, bibite dissetanti

c. ....: locale che, al servizio di caffetteria, unisce la vendita di prodotti dolciari del laboratorio annesso, che vengono consumati in loco o portati a casa

d. ....: bar intimo in cui, specie la sera, un musicista esegue musica dal vivo alle tastiere

e. ....: bar specializzato negli aperitivi, alcolici e analcolici, accompagnati da stuzzichini

f. ....: mescita specializzata in birre di varie tipologie

g. ....: tipico bar italiano dove ci si reca a consumare caffè (al banco o seduti), brioche, bevande varie, e a leggere il giornale

h. ....: bar specializzato in spuntini leggeri e veloci

i. ....: bar che da una certa ora in avanti propone musica da discoteca e offre la possibilità di ballare

l. ....: bar di lusso, specializzato in cocktail, in cui gli arredi creano piccoli salotti distinti e discreti

m. ....: bar di lunga tradizione, caratterizzato da arredi antichi e posizionato nel centro storico

n. ....: bar con sala adibita al rito del tè pomeridiano, spesso con produzione e vendita di pasticceria

o. ....: bar specializzato nella proposta di vini, al banco o al tavolo

p. ....: bar "salotto", caratterizzato da ambienti vasti ed eleganti dove attardarsi a chiacchierare consumando

q. ....: locale tradizionale, popolare con servizio di bevande alcoliche e di cucina

8. Una questione di bicchieri Il termine “bicchiere” è un iperonimo che comprende moltissimi iponimi. Scrivi sotto ciascuna immagine il nome (iponimo) corretto, scegliendolo dal seguente elenco.

bicchiere da acqua • bicchiere da bibita • calice da Bordeaux • bicchiere da brandy • bicchiere da Porto • calice da vino bianco • bicchierino da liquore • boccale da birra • calice da cocktail • flûte • bicchiere da vino rosso • bicchiere da punch • tumbler • coppa • calice da grappa

a. ....

b. ....

c. ....

d. ....

e. ....

f. ....

g. ....

h. ....

i. ....

l. ....

m. ....

n. ....

o. ....

p. ....

q. ....

9. I colori del vino Il protagonista divide il vino semplicemente in vino bianco e vino rosso; ma esiste anche il vino rosé; poi, nel caso dei vini da tavola, ci sono ulteriori precisazioni di colore, tra cui quelle elencate. Contrassegna con B gli aggettivi che, a tuo parere, precisano il colore del vino bianco, con R quelli che precisano il colore del vino rosso e con RS quelli che precisano il colore del vino rosé. Aiutati con il dizionario.

- **a.** ambrato B R RS
- **b.** bianco da uve bianche B R RS
- **c.** cerasuolo B R RS
- **d.** chiaretto B R RS
- **e.** dorato B R RS
- **f.** giallo B R RS
- **g.** granato B R RS
- **h.** paglierino B R RS
- **i.** platino B R RS
- **l.** rosa B R RS
- **m.** rubino B R RS
- **n.** verdolino B R RS

10. Le azioni del vino Leggi i seguenti verbi, che definiscono azioni legate al vino, e spiega che cosa significa ciascuno.

adulterare • allungare • degustare • imbottigliare • spillare • travasare • trincare

EMPLOYABILITY Sviluppare le competenze chiave

ACQUISIRE E INTERPRETARE L'INFORMAZIONE

11. Ascoltare e individuare i diversi punti di vista Ascolta l'insegnante: ti leggerà delle brevi dichiarazioni in cui emergono i diversi punti di vista dei personaggi dell'osteria *El Rastèll* (→ *Guida per l'insegnante*). Cerca di capire chi sta parlando.

a. Il primo personaggio che parla è ....
b. Il secondo personaggio che parla è ....
c. Il terzo personaggio che parla è ....

COMUNICARE

12. Esprimere oralmente la propria opinione Qual è la tua opinione sul locale descritto nel racconto? Ti piacerebbe andarci qualche volta? Ti piacerebbe lavorarci? Perché? Rispondi seguendo la traccia proposta.

- Quali sono le caratteristiche dell'osteria che ti piacciono?
- Quali sono le caratteristiche dell'osteria che ritieni negative?
- In quale ruolo ti piacerebbe lavorare all'osteria?
- Quali trasformazioni e migliorie apporteresti all'ambiente, se diventasse il tuo posto di lavoro?

13. Scrivere per presentarsi e per esporre la propria opinione Scrivi una lettera alle proprietarie dell'osteria e proponiti come aiutante. Spiega loro chi sei, quale ruolo potresti avere in osteria, quali aspetti delle osterie tradizionali ti piacciono, quali trasformazioni potresti apportare al locale per renderlo migliore (più moderno, più al passo con i tempi, più tecnologizzato, più redditizio ecc.). Cerca di essere convincente nel proporre la tua candidatura e chiaro nel sostenere il tuo punto di vista.

COMPETENZA DIGITALE • INDIVIDUARE COLLEGAMENTI E RELAZIONI

14. Osterie oggi Compi una ricerca in internet per capire se oggi l'osteria è una tipologia di locale ancora esistente e come e perché eventualmente si è evoluta.

PROGETTARE • COLLABORARE E PARTECIPARE • CREATIVITÀ

MINICOMPITO DI REALTÀ
Realizzare una locandina pubblicitaria

Dovete realizzare una locandina pubblicitaria destinata all'affissione per il locale *El Rastèll*.

- Dividetevi in gruppi di quattro e cercate in internet due o tre immagini che siano adatte per illustrare la locandina.
- Scrivete un testo che inviti le persone a venire a bere e a mangiare nel locale.
- Non dimenticate di inserire le informazioni di servizio (indirizzo, come arrivare, orari ecc.).
- Assemblate testo e immagini, cercando, attraverso l'impaginazione e l'uso di caratteri diversi, di ottenere un prodotto chiaro, elegante e fantasioso.
- Presentate poi i vostri lavori alla classe e scegliete per alzata di mano il più efficace.

RACCONTO

Stefano Benni

Conosco un posticino...

CARTA D'IDENTITÀ

GENERE racconto umoristico
AUTORE Stefano Benni, nato a Bologna nel 1947, è un autore capace di un'efficace critica dei costumi sociali. Ha scritto romanzi, raccolte di racconti, opere di teatro.

I ristoranti sono tanti, ce n'è per tutti i gusti. Alcuni diventano di moda, e non sempre il motivo del loro successo è comprensibile. Stefano Benni, scrittore dal noto piglio umoristico, ironizza sulla moda dei ristoranti rustici e sulla predilezione per quelli di lusso. Lo fa in modo irresistibile, ricorrendo a gustose esagerazioni, ancora attuali anche se il testo è stato scritto più di quarant'anni fa.

ASCOLTA

Il ristorante rustico è situato spesso in aperta campagna, quasi sempre nei pressi di un canale puzzolentissimo. La sua caratteristica principale è di essere semovente.[1] Se voi infatti scoprite un bel ristorantino rustico, ci mangiate bene e poi volete indicarlo agli amici, non otterrete altro risultato che farli girare per tutta una notte nel buio della campagna. Potete disegnare una mappa precisa al millimetro: potete imparare a memoria tutti i cartelli stradali, deviazioni, case gialle, insegne di caffè, stradine a U che portano al ristorante rustico: i vostri amici finiranno invariabilmente[2] nell'aia[3] di una casa di contadini, con cani ululanti che mordono il cofano della macchina e vecchiette silenziose che vi guardano arrivare come se foste una pattuglia di soldati nazisti. Il ristorante rustico, nel novanta per cento dei casi, è in una stradina non asfaltata dopo una grande curva. Ma gli abitanti del luogo, appena vi hanno visto partire, asfaltano la strada e girano la curva dall'altra parte perché non pos-

1. **semovente:** capace di muoversi, di spostarsi da solo.
2. **invariabilmente:** sempre, costantemente.
3. **aia:** area davanti alle case coloniche utilizzata per vari lavori agricoli.

siate tornare. Inoltre i ristoranti rustici amano saltare da una parte all'altra dei fiumi, e arrampicarsi sulle montagne. Non dite mai a un amico: conosco un posticino dove si mangia benissimo: dalla provinciale ci saranno due chilometri di salita, si fa tutta in seconda. In realtà, mentre parlate, il ristorante rustico sta già a nove chilometri dalla strada, in cima a uno strappo[4] quasi verticale, con macigni ad altezza d'uomo, pozzanghere velenose, rami che entrano dal finestrino e cunette con in fondo un sasso che aspetta la vostra coppa dell'olio.[5] Trattori vanno e vengono lentamente.

- Sei mai andato in un ristorante rustico lontano e difficile da raggiungere? Chi te l'aveva consigliato? Come ti sei trovato?

Come catturare un ristorante rustico? Inutile tentare di telefonare: i ristoranti rustici non hanno telefono; o se lo hanno è mimetizzato.[6] Un ristorante che si chiama Bel Colle, nell'elenco è sotto il nome del proprietario, Bagotti Lino. Se voi dite: andiamo a mangiare da Bagotti, dovete telefonare alla Trattoria della luna, o Da Pietro. Esempio: un mio amico conosce una segheria dove si mangiano le rane fritte: bisogna telefonare al Bar Buglioli, e sul posto c'è l'insegna «dalla Zia Maria, specialità tedesche», e si entra sul retro del Municipio.

Un altro trucco dei ristoranti rustici è quello di cambiare gestione con incredibile velocità. Se voi andate in un ristorante rustico per mangiare le tagliatelle della signora Pina, vi troverete di fronte una famiglia di otto napoletani che vi serve specialità di pesce.

Un altro esempio di ristorante tipico rischioso da avvicinare è quello da rane fritte. Potete andarci anche duecento volte in un anno, ma alla vostra richiesta di rane, la risposta sarà invariabilmente: «Non è ancora la stagione» o «Non è più la stagione». Mangerete quindi una costata. L'unico modo per avere le rane è di chiedere una costata: il cameriere dirà: «Mi dispiace, signore, ma questo è posto da rane».

- Conosci altri prodotti stagionali che possono influenzare l'offerta dei menu dei ristoranti?

Cosa c'è dentro un ristorante rustico? Anzitutto un ambiente rustico. Spesso si entra in una vecchia stalla abbandonata, o anche in una vera stalla dove le mucche vi rimproverano con lo sguardo a ogni boccone, o dove il cameriere vi sommerge con forconate[7] di biada[8] e se vi sedete vi tira su a calci nel culo. Questo è il culmine dello chic.[9] Un posto rustico, infatti, può essere anche chic. Dipende dalla gente che lo frequenta. Io ne conosco uno dove vanno tutte le sere principesse, attori e attrici. Ci si siede in tre su un maiale. Non c'è tovaglia, non ci sono posate. Non c'è neanche il tavolo, non ci sono camerieri. Solo ogni tanto entra un contadino (che è un famoso ex playboy[10] travestito) e tira dentro una mastella[11] di cipolle flambé. Alla fine viene presentato il conto (dalle quindici alle ventimila[12] secondo quanta acqua avete usato per spegnere le cipolle), e c'è un breve spettacolo in cui l'ex playboy munge una mucca senza svegliarla. Ancora più fine[13] è il "Bigoncio", frequentato da grossi industriali e finanzieri.[14] Qui mancano le tovaglie, non ci sono posate, non ci sono

4. **strappo:** salita ripidissima.
5. **coppa dell'olio:** parte concava del basamento di un motore automobilistico che contiene olio lubrificante.
6. **mimetizzato:** reso invisibile.
7. **forconate:** quantità di materiale che può essere sollevata con i forconi.
8. **biada:** mistura di cereali usata per nutrire il bestiame.
9. **chic:** elegante, fine (termine francese).
10. **playboy:** uomo affascinante che conduce vita mondana accompagnandosi a donne belle e famose.
11. **mastella:** mastello, grosso catino.
12. **dalle quindici alle ventimila:** si intende "lire", la moneta in circolazione in Italia prima dell'euro.
13. **fine:** elegante, raffinato.
14. **finanzieri:** professionisti del settore della finanza.

bicchieri e non c'è neanche niente da mangiare. Ci si siede in tre o quattro in cima a un autentico pagliaio rustico, si parla del più e del meno, e alla fine per diecimila lire si può mettere anche un dito nella gabbia dei conigli.

Il più di moda adesso è l'"Aldamara", un locale tipico lombardo-spagnolo, dove si mangia nel letamaio, e ogni dieci minuti passa tra i tavoli un gregge di centoventi pecore guidate da un pastore (un travestito ex playboy).

- Sei mai stato in un ristorante che ti ha colpito per la stranezza degli arredi?

Ma torniamo a noi: dunque, nel ristorante rustico, c'è l'ambiente rustico e c'è il personale rustico. Il cameriere è un omone con i baffi e il sigaro che mena[15] gran pugni sul tavolo e urla: «Voi qui mangiate quello che dico io», ed è sempre di una serietà impressionante. Oppure il cameriere è un bimbo di sei anni con una giacca bianca che lo avvolge come un sudario.[16] La sua unica attività è quella di portare avanti e indietro dei bicchieri dal vostro tavolo. Il fatto che voi vogliate ordinare lo riempie di malcelato[17] stupore e di grande emozione. Se voi chiedete: «Ci sono delle omelettes?», fa un sorriso ambiguo[18] e risponde: «Vado a vedere». Dalla faccia che fa, ne deducete che va in cucina, dove è schierata tutta la famiglia. «Allora?», chiede il padre. «Vogliono delle... omelettes» e scoppia in un riso irrefrenabile.[19] Tutta la famiglia si torce nell'ilarità.[20] La vecchia nonna si rotola nella farina della pasta in preda a convulsioni. Dopo qualche istante, uno alla volta, i componenti della famiglia spuntano dalla porta e vi guardano sghignazzando. Il bimbo più piccolo vi indica a dito. Per ultima esce la nonna, un capo pellerossa di centoventi anni, che cammina dondolando, toccando terra alternativamente con la chiappa destra e con la sinistra. Vi guarda, scuote la testa e rientra nella porta. A questo punto, imbarazzati, chiedete se il maiale è buono. «Vado a chiedere» dice ancora il cameriere, e va a un tavolo all'angolo, dove il maiale sta giocando a carte. Succede spesso, nei locali rustici. Il cameriere parlotta un po': il maiale fa larghi cenni di diniego[21] con la testa, e a un certo momento alza anche la voce. Il cameriere torna tutto compunto,[22] allarga le braccia e fa: «Il maiale è finito».

Il ristorante di lusso ha, rispetto al ristorantino tipico, il vantaggio di essere situato in centro, e quindi di essere facilmente raggiungibile. Ce ne sono di molti tipi: il primo è quello, diciamo così, classico. Si vanta di avere una lunga tradizione; è costellato[23] di diplomi di gastronomia di Amici della buona cucina, Amici della buona tavola, Accademici del vino, Cavalieri della forchetta, Lancieri del culatello, e così via. L'ambiente è in stile vecchio: grandi lampadari, specchi, statue, teste di Bacco,[24] foto di tenori[25] dagli sguardi fieri e di colossali soprano[26] tedeschi. Questo vecchio ristorante, nella guida, è segnato con tre pagine intere di forchettine, coltellini e cucchiaini.[27] I camerieri sono distinti[28] e pallidi: fanno orario dalle nove alle due,

15. mena: tira.
16. sudario: lenzuolo funebre che copre il corpo del defunto.
17. malcelato: non nascosto, evidente.
18. ambiguo: difficile da decifrare, di cui non si capisce il significato.
19. irrefrenabile: inarrestabile.
20. nell'ilarità: tra le risate.
21. cenni di diniego: movimenti che si fanno con la testa per dire no.
22. compunto: dall'atteggiamento afflitto, addolorato.
23. costellato: pieno; letteralmente il termine significa "pieno di stelle".
24. Bacco: il dio del vino degli antichi romani.
25. tenori: cantanti lirici di sesso maschile dotati di voce di registro alto.
26. soprano: cantanti liriche di sesso femminile con voce di registro acuto.
27. forchettine... cucchiaini: simboli che indicano, a seconda del loro numero, la qualità della cucina.
28. distinti: eleganti, raffinati.

poi rientrano nella bara. Il menu è in un francese rigorosissimo e ha un'apertura alare[29] di due metri. A volte questi ristoranti sono veramente troppo vecchi, e qualcuno cade in disarmo.[30] I camerieri sono pieni di tremiti e non è possibile ordinare minestra in brodo. Il più famoso di tutti era il Saint-Gobain, il locale dove si riuniva l'aristocrazia torinese per le occasioni importanti, come la partenza per una nuova crociata o una guerra d'indipendenza ben riuscita. Questo locale aveva ormai seicentoventotto anni. Il maître ne aveva centoventi e da centotré cercava di dar via una porzione di fagiano avanzata a Cavour,[31] quindi si presentava sempre ai clienti con un: «Le consiglio il nostro fagiano», ma tutti sapevano la storia e nessuno ci cascava, finché si decise di fare il fagiano monumento nazionale con un contorno di patate di travertino.[32] La specialità del ristorante erano da tempo le crêpes. Ce n'erano di buonissime con la marmellata e ce n'erano anche di enormi nei muri e sul soffitto,[33] finché un giorno il ristorante crollò e rimase in piedi solo una statua di D'Annunzio e un cameriere bravissimo con venti bicchieri a raggiera[34] in ogni mano.

Ma ci sono altri tipi di ristoranti di lusso. Molto diffuso è il ristorantino intimo, per una cenetta a due. Si mangia in piccolissimi séparé, con una musica languida[35] nell'aria. Le porzioni sono molto intime anche loro: un solo maccherone al sugo, l'ultimo metacarpo[36] di un'ala di pollo con contorno di pisello e, per dolce, una crème-caramel grande come un gettone telefonico.[37] I camerieri sono molto discreti e silenziosi e camminano con due filetti al sangue sotto le scarpe per non far rumore. In questo ristorante è d'obbligo lo champagne, che viene posto in un secchiello pieno di ghiaccio, per poi essere versato nella scarpina della dama. Il Bordeaux[38] va invece bevuto in una pantofola di pelo, e il Barolo[39] in uno scarpone da montagna. I prezzi variano dalle venti alle cinquantamila lire,[40] con punte di centomila se il ristorante è molto ben frequentato.[41] Un piatto di rigatoni costa, ad esempio, tremila lire se mangiato in un tavolo d'angolo; ma se dal vostro tavolo vedete la schiena di Tognazzi[42] il prezzo sale a cinquemila. Per seimila lire potete far alzare Strehler[43] tutte le volte che vi chiamano al telefono. Con ventimila lire potete prendere una porzione d'aragosta a metà con la Fürstenberg,[44] o una minestra di verdura tenendo Fanfani[45] sulle ginocchia.

S. Benni, *Bar Sport*, A. Mondadori, Milano 1976

• L'ambiente raffinato di un ristorante di alto livello ti intimidisce o ti affascina? Ti piacerebbe lavorarci?

• Quale preferisci fra i ristoranti descritti? Perché?

29. un'apertura alare: iperbole per indicare le grandi dimensioni del menu, come se le sue pagine fossero le ali di un grande uccello.
30. cade in disarmo: scade di livello.
31. Cavour: Camillo Benso conte di Cavour (1810-61), torinese, fu uno dei protagonisti del Risorgimento italiano e il primo Presidente del consiglio dei ministri dell'Italia unita.
32. travertino: roccia calcarea di colore biancastro.
33. ce n'erano... soffitto: l'autore gioca sulla somiglianza del termine *crêpe* con il vocabolo italiano "crepa", di tutt'altro significato.
34. a raggiera: tenendoli disposti come tanti raggi.
35. languida: sdolcinata, struggente.
36. metacarpo: osso dell'ala.
37. gettone telefonico: gettone delle dimensioni di una moneta usato fino al 2001 per azionare i telefoni pubblici.
38. Bordeaux: vino francese tra i più famosi; può essere rosso, bianco e rosé.
39. Barolo: vino rosso piemontese.
40. lire: la lira è stata la valuta italiana dal 1861 al 2002, quando è stata sostituita dall'euro.
41. molto ben frequentato: che ha come clienti persone famose o importanti.
42. Tognazzi: Ugo Tognazzi (1922-90), attore e regista cinematografico e televisivo di grande successo, protagonista di famose commedie.
43. Strehler: Giorgio Strehler (1921-97), famoso regista e uomo di teatro, fondatore e a lungo direttore del Piccolo Teatro di Milano.
44. Fürstenberg: Ira von Fürstenberg (1940), attrice italiana interprete di numerosi film degli anni sessanta e settanta.
45. Fanfani: Amintore Fanfani (1908-99), uomo politico, economista e storico italiano che ha ricoperto più volte incarichi di governo.

TU E IL TESTO Comprendere

1. Rispondi alle seguenti domande.

a. È facile, secondo l'autore, raggiungere il ristorante rustico? Per quale motivo?

b. È facile telefonare al ristorante rustico? Per quale motivo?

c. In quali casi il ristorante rustico può essere anche chic?

2. RAGIONARE Secondo te, perché la richiesta di un'omelette da parte dei clienti del ristorante rustico suscita l'ilarità dei gestori?

3. INVALSI Qual è il criterio che regola la politica dei prezzi del ristorante di lusso *molto ben frequentato* (r. 113)?

[a] far pagare in relazione alla qualità delle materie prime impiegate nella preparazione dei piatti

[b] far pagare l'originalità della presentazione dei vini e dei cibi

[c] far pagare il fatto di poter incontrare persone famose

[d] far pagare il fatto di poter gustare piatti preparati da cuochi famosi

4. INVALSI *Conosco un posticino...*: perché, secondo te, il racconto ha questo titolo?

[a] perché parla di ristoranti piccoli, non di locali con molti coperti

[b] perché con questa frase, di solito, si sconsiglia un locale a un amico

[c] perché con questa frase, di solito, si consiglia un locale a un amico

[d] il titolo non c'entra con il contenuto del racconto

LINGUAGGIO SETTORIALE Il ristorante

5. Ristoranti di tutti i tipi Leggi il seguente elenco di tipologie di ristoranti (tre sono evidenziate nel testo) e cancella l'intruso. Poi scrivi la definizione di tutti gli altri.

- ristorante classico
- ristorante d'albergo
- ristorante etnico
- ristorante di lusso
- ristorante gourmet
- ristorante rustico
- ristorante tipico
- ristorante vegetariano
- ristorante viaggiante

6. Tavolo o tavola? Completa le seguenti espressioni inserendo i termini "tavolo" o "tavola".

a. .... rettangolare

b. biancheria da ....

c. passare il proprio tempo a ....

d. è pronto in ....

e. .... da bar

f. a .... non si invecchia

g. stare a ....

h. .... da pranzo

i. parlare di qualcosa a ....

l. .... da cucina

m. .... allungabile

n. servizi da ....

7. La cucina francese Nel testo sono evidenziati termini francesi riferiti all'ambito culinario o della ristorazione in generale. Spiega il significato di ciascuno e, se esiste, forniscine la traduzione italiana. Perché il francese è una lingua molto presente nel lessico gastronomico?

champagne • crème-caramel • crêpe • flambé • maître • menu • omelette • séparé

EMPLOYABILITY Sviluppare le competenze chiave

ACQUISIRE E INTERPRETARE L'INFORMAZIONE

8. Ascoltare per trarre informazioni Ascolta la presentazione di un vero ristorante rustico, tratta da una rivista (→ *Guida per l'insegnante*). L'insegnante leggerà il testo due volte: la prima volta ascolta con attenzione, durante la seconda lettura compila una carta d'identità del locale simile a quella proposta.

▶ Hai notato? Gli aspetti dei ristoranti di campagna descritti da Benni e dall'autrice dell'articolo sono gli stessi. Nei testi dei due autori cambia, però, il "tono" della scrittura e lo scopo: nel caso dell'articolo, la funzione è invogliare chi legge a visitare il ristorante; nel caso di Benni, divertire i lettori e farli riflettere sulle tante assurdità del mondo e del modo in cui viviamo.

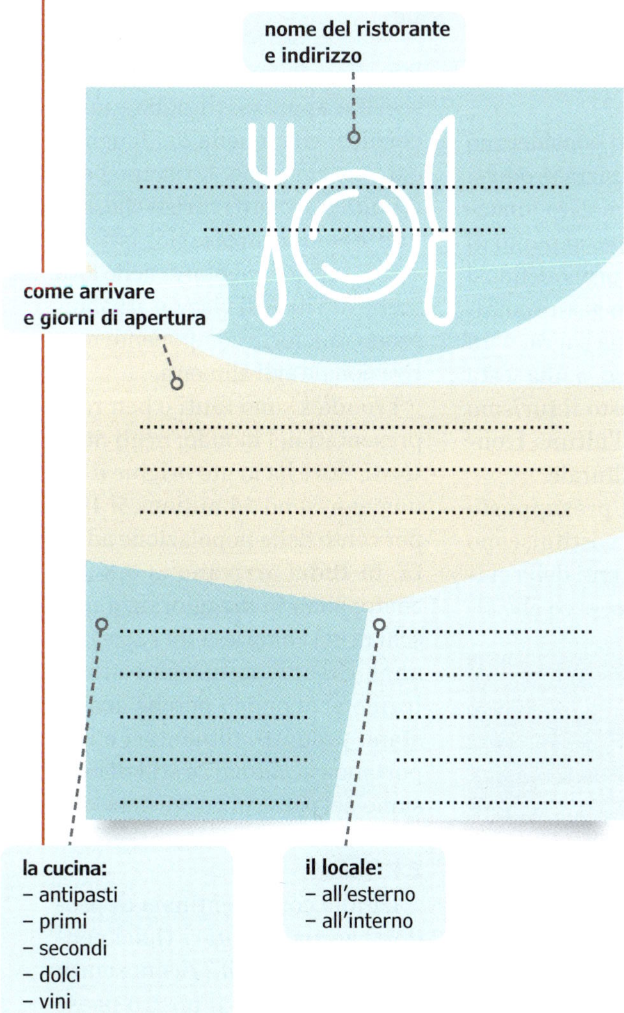

CREATIVITÀ

9. Inventare un nome Se dovessi aprire tu un ristorante rustico, come lo chiameresti? Inventa un nome che abbia la capacità di incuriosire e attirare i clienti.

....

....

COMUNICARE

10. Raccontare un'esperienza Hai mai mangiato in un ristorante tipico o in un agriturismo? Racconta la tua esperienza, descrivendo le caratteristiche di questo posto ed esprimendo il tuo giudizio su di esso. Hai a disposizione 3 minuti.

11. Produrre un testo descrittivo Presenta un ristorante che conosci compilando una scheda simile a quella proposta nell'esercizio 8. Puoi riprodurre la scheda tale e quale oppure personalizzarla, per esempio aggiungendo informazioni relative ai gestori e al cuoco.

12. Produrre un testo informativo e persuasivo Trasforma la scheda che hai realizzato per l'esercizio 10 in un articolo di rivista simile a quello letto dall'insegnante. Lo scopo del tuo articolo è far conoscere ai lettori il ristorante e invogliarli a provarlo.

13. Organizzare un evento Devi organizzare una cena in un'osteria di campagna o in un agriturismo con i tuoi compagni di squadra o di scuola. Fai una ricerca in internet per trovare almeno tre o quattro diversi locali nei dintorni: consulta i siti online, poi scrivi un'e-mail ai tuoi amici, con 3 o 4 righe di presentazione per ogni osteria o agriturismo selezionato, riportando anche l'indirizzo di ciascun sito.

Turismo "goloso": enogastronomia e territorio

Che cos'è il turismo enogastronomico?

Sempre più turisti considerano il cibo e il vino o la birra prodotti in un territorio un motivo fondamentale di attrazione, al punto di organizzare viaggi proponendosi proprio un obiettivo gastronomico: partecipare a una sagra, a un evento gastronomico, a una festa del vino ecc. È questo il turismo enogastronomico, l'ultima frontiera del turismo culturale.

Se partiamo dal presupposto che cibo e bevande costituiscono componenti importanti della cultura di un territorio, ecco che allora diventa fondamentale conoscerli e apprezzarli nella giusta cornice, cioè quella dei luoghi a cui appartengono. Lo sanno bene i *foodies*, ovvero i turisti che, pur non essendo professionisti del settore agroalimentare, nelle loro scelte di vita e di viaggio attribuiscono una forte componente motivazionale agli alimenti.

I *foodies* sono tanti e ben rappresentati nel mondo: negli Stati Uniti, dove ha avuto origine il fenomeno, sono 44 milioni, il 19,5 per cento della popolazione adulta, in Italia arrivano al 9,8 per cento; sono in maggioranza maschi di età compresa fra i 35 e i 44 anni. Creano un turismo a forte traino economico perché acquistano prodotti alimentari e importano usi culinari e stili di consumo nel paese in cui vivono.

«Mi muovo da casa se posso recarmi in posti che mi offrono buon cibo, buon vino, buona compagnia...» I turisti del terzo millennio ragionano così. Siamo pronti ad accoglierli?

E l'Italia?

L'Italia conta centinaia di prodotti agroalimentari tipici censiti e ufficialmente riconosciuti: non è strano che il nostro paese costituisca **una delle mete pre-**

ferite dai *foodies*, superando di gran lunga competitori forti come Francia e Spagna. L'Italia è il primo paese nominato dai turisti "golosi" di Stati Uniti e Germania: i tedeschi hanno poi una preferenza spiccata per la Toscana e per Roma, che si aggiudicano in terra tedesca una menzione speciale. Ma il dato più sorprendente è quello dei cinesi, che citano solo l'Italia come meta interessante da un punto di vista gastronomico al di fuori dell'Oriente: la Cina si candida quindi a essere, in un futuro non molto lontano, il più grande bacino di *food travellers* del mondo.

Quale futuro?

La sfida più difficile è quella di coniugare turismo enogastronomico e **rispetto dell'ambiente**, perché il futuro del turismo è *green*, nel senso che il pianeta potrà sopportare in futuro la pressione di grandi spostamenti umani solo a condizione che ci sia da parte di tutti (turisti, agenzie, produttori di beni materiali e immateriali) un preciso impegno per la salvaguardia dei territori.

In secondo luogo occorrerebbe passare dal semplice turismo del bere e del mangiare al **turismo del *socialeating***, sorretto dalla filosofia, antica come la nostra cultura, che mangiare è bello ma condividere il momento del pranzo o della cena lo è ancora di più. Ecco che allora si spalancherebbero le porte delle case private, che offrirebbero ospitalità a tavola o corsi di cucina, o delle aziende vinicole, che coinvolgerebbero gli ospiti nei processi produttivi del vino, dalla vendemmia all'imbottigliamento. Sono formule di turismo che hanno una grande attrattiva, ma che trovano ostacoli burocratici.

In terzo luogo bisognerebbe **valorizzare prodotti locali sconosciuti** al grande pubblico e **prodotti semplici** come il pane o la birra, che sono molto apprezzati dai viaggiatori giovani. E i *millennials* muovono un turismo molto interessante, aperto, in cui può essere proficuo investire, sia dal punto di vista delle risorse sia sotto il profilo della preparazione, della creazione delle professioni adatte a sostenerlo.

Per concludere, una riflessione: rendere attrattiva una zona dal punto di vista alimentare significa mettere sotto il riflettore anche i musei, i siti archeologici, i negozi, gli hotel ecc. Il turismo enogastronomico ha quindi bisogno di trovare una sua collocazione in una più profonda **valorizzazione del territorio** o, nel caso del nostro variegato e ricco paese, dei territori.

APPRENDIMENTO COOPERATIVO

progettare • creatività • competenza digitale

Un pieghevole multiuso
Utilizzando uno dei modelli di impaginazione presenti in word, prepara un pieghevole in cui dai notizia di un evento enogastronomico della tua zona. Cerca di essere esaustivo nella presentazione, di non dimenticare cioè nessun dato, e di costruire un prodotto accattivante, che sappia smuovere anche gli indecisi!

Paolo Rumiz

Viaggio in bicicletta

CARTA D'IDENTITÀ

GENERE diario di viaggio
AUTORE Paolo Rumiz, nato a Trieste nel 1947, è giornalista e inviato della "Repubblica". Ha scritto diversi libri di viaggio.

Da Trieste a Vienna i chilometri sono circa 600: perché non percorrerli in bicicletta? si chiedono un padre e un figlio adolescente. Detto fatto. Da qui nasce un viaggio pieno di scoperte, rigorosamente senza telefonino ma con quanto serve per compilare, un giorno dopo l'altro, un diario di viaggio che tenga compagnia e aiuti, in futuro, a rivivere le emozioni più intense.

ASCOLTA

I tedeschi la chiamano *Reisefieber*, febbre da viaggio. La riconosco subito: arriva a notte fonda, con vampate di calore, ansia e acciacchi[1] vari. Fa caldo, mi rigiro nel letto e penso che sono matto. Parto senza allenamento, non so nemmeno cosa sia un rapporto 17 × 42.[2] Perché lo faccio? Papà, aveva detto un giorno Michele, facciamo qualcosa insieme. E papà aveva detto sì, perché a cinquant'anni tutti vogliono fare qualcosa di speciale: riprendersi il proprio tempo e il proprio spazio, magari farsi un tagliandino di efficienza.[3] Oggi ho la bici, mi tocca pedalare; ma so che già domani mattina non ce la farò ad alzarmi dal letto. Ho studiato le carte al centimetro, eppure di notte quei seicento chilometri paiono una muraglia invalicabile e infinita. L'aria è ferma. Mi alzo a controllare le sacche. Spazzolino, borraccia, quadernino, cerotti, carte geografiche, magliette, documenti, soldi. Mio figlio dorme beato. È sicuro che ce la farò: dunque è matto anche lui. [...]

1. **acciacchi:** dolori e disturbi non gravi ma continui e diffusi in tutto il corpo.
2. **rapporto 17 x 42:** caratteristica tecnica della bicicletta. In alcune tipologie di bicicletta è possibile variare il rapporto fra un giro di pedali e i giri della ruota motrice in base alle esigenze del ciclista (sue condizioni fisiche, pendenza della strada ecc.).
3. **farsi... efficienza:** sottoporre a esame le proprie capacità fisiche.

Filiamo all'alba come contrabbandieri.[4] Odore di bosco: è pulita a quell'ora l'aria di città. Ultimo dubbio, prendere o non prendere il telefonino. Poi tagliamo corto: siamo uomini o commercialisti? Così lasciamo il grillo infernale, molliamo gli ormeggi,[5] e già al primo colpo di pedali si insinua in noi una leggerezza nuova. Siamo liberi, irreperibili.[6] Chi ha detto che partire è un po' morire? Qui la partenza è un'evasione, la strada una via di fuga. E noi siamo degli imboscati,[7] dei banditi allegri. L'ansia evapora, la fretta pure. I motorizzati diventano marziani, l'auto un dinosauro, sgommare una demenza.[8] Ce la faremo, bastano pochi metri per capirlo. La condizione non c'è? Chi se ne frega; verrà.

Si va, la salita comincia subito. Trecento metri di dislivello, con lo stradone ancora in penombra. Cinque metri più avanti, Michele pigia[9] sui pedali, curvo come un routard. Ha sedici anni, spalle larghe. Oggi tace, ma di solito è un comizio[10] permanente. È lui il polemista,[11] il filosofo e il politico di famiglia. Quando nacque, giurai: non mi freghi, la mia vita non cambierà. Così me lo portai ovunque, dall'età di sei mesi, come un nomade. Tenda, traversate, zaino, stelle e sacco a pelo. Per me una fatica bestia, per lui un imprinting[12] indelebile.

- Sei mai stato in viaggio senza telefonino? Come ti sei sentito?

- Hai mai fatto un viaggio in bicicletta? L'hai trovato più interessante e divertente di un viaggio in auto, in treno o in aereo? Perché?

Assistiamo stupefatti a un'inversione delle distanze. Trieste è subito lontana e Vienna già pare vicinissima. Abbiamo tagliato i ponti dietro di noi. Davanti, invece, si materializza un ponte che non c'era: porta verso l'Altrove come un filo d'Arianna,[13] ed è già in mano nostra. Sta lì, adagiato sul margine orientale delle Alpi. So che se non partissi dalla porta di casa non sarebbe lo stesso. Solo così posso proiettare le "mie" misure sul mappamondo, sentire che le distanze lunghe non sono che una sequenza di piccoli passi. E che viaggiare è solo un allargamento dell'*Heimat*.[14]

Trieste scompare dopo sei chilometri di salita e subito finiscono le ombre crude.[15] Mediterraneo addio, già si sente il fresco continentale [...]. Puntiamo a oriente, verso il sole che nasce. Verso le terre dove i treni rallentano, gli spazi si allungano, il tempo e la memoria sono diversi.

È domenica, si va veloci nelle strade vuote del mattino. Dopo cinquanta chilometri il paesaggio è già boemo.[16] Boschi magnifici, campanili a cipolla,[17] saliscendi. Abbiamo scelto di percorrere il margine orientale delle Alpi per evitare le salite, ma ci accorgeremo presto che le colline sono peggio delle montagne. Il concetto di tornante[18] è inesistente, le rampe vanno su per la massima pendenza. E noi, che

4. **contrabbandieri:** persone che commerciano illegalmente e quindi si muovono solitamente di notte.
5. **molliamo gli ormeggi:** partiamo; l'espressione appartiene al gergo marinaresco e significa togliere funi, catene e ancore (gli "ormeggi") che tengono la nave attraccata nel porto per poter salpare.
6. **irreperibili:** non raggiungibili (non avendo con sé il telefono).
7. **imboscati:** persone che sono scappate e si nascondono nei boschi.
8. **demenza:** sciocchezza, stoltezza.
9. **pigia:** schiaccia per accelerare.
10. **comizio:** riunione pubblica in cui un oratore espone il proprio punto di vista.
11. **polemista:** persona che discute su tutto, assumendo spesso atteggiamenti verbalmente aggressivi.
12. **imprinting:** forma di apprendimento tipica degli animali; qui il termine significa "formazione, educazione che lascia il segno".
13. **filo d'Arianna:** filo che conduce alla meta; secondo la mitologia greca, Arianna, figlia del re di Creta, donò a Teseo un filo con cui l'eroe greco riuscì a uscire dal labirinto dopo aver ucciso il Minotauro.
14. ***Heimat*:** parola tedesca che indica la patria, il territorio in cui si è nati e a cui si è legati da vincoli di famiglia e di cultura.
15. **crude:** nette, che si stagliano precise sotto il sole intenso del Mediterraneo.
16. **boemo:** della Boemia; la Boemia è una regione geografica dell'Europa centrale che per la maggior parte si estende nella Repubblica Ceca.
17. **a cipolla:** tipica forma dei campanili di età barocca dell'Europa centrale.
18. **tornante:** tracciato stradale che con una curva a gomito riesce a superare un forte dislivello senza essere troppo ripido.

invece di risalire i fiumi alpini prenderemo tutte le valli di traverso, scollineremo[19] non una ma infinite volte.

Non è ancora mezzogiorno, e già si annuncia la capitale dello stato Lilliput.[20] Lasciamo la strada maestra,[21] ci buttiamo sotto un tiglio, accanto alle risorgive[22] di un monastero. Netto l'anticipo sulla tabella di marcia:[23] il premio è la prima birra. Il sole è alto, la collottola ustionata,[24] la voglia di continuare scarsa, dolorini dappertutto. La birra chiama omelette al formaggio, l'omelette un dolce alle mele, il dolce il caffè, e il caffè la voglia di dormire nella segale[25] in un coro di cicale.

- Anche per te il viaggio si associa a esperienze alimentari?

Se non ci fossero i monti attorno, potremmo essere nella Polonia del Nord, in Masuria:[26] acque, boschi, case basse, malinconia lacustre.[27] La media[28] crolla, ma chi se ne frega. Bighelloniamo[29] tra i villaggi della piana lubianese,[30] ci lasciamo portare dalla corrente fino al primo ponte sulla Sava,[31] [...] ancora gonfia di acque alpine. [...]

In un delizioso alberghetto, dopo cena, scopriamo che per il viaggiatore lento il viaggio continua anche di notte. La bici è una macchina dei pensieri, lavora ventiquattr'ore su ventiquattro. Anche il sogno è "on the road".[32] Vedi montagne, temporali, grilli, bambini, discese nel vento, nuvole, fiumi, ponti, nebbie, abbaiare di cani. E l'andare delle gambe che diventa moto perpetuo.[33] La mente è lì che lavora, ma il corpo se ne va per conto suo, inghiottito in un abisso, in un sonno assoluto. Per descriverlo, la Mitteleuropa[34] ha parole più efficaci dell'italiano. *Spavati, Schlafen.*[35] Contengono tutta la pesantezza animale della fatica. [...]

Si riparte nelle brume,[36] la valle si stringe, pioviggina. Da qui il paesaggio è tutto nuovo per noi. Sulla Sava, vecchi ponti in legno da Grande Guerra,[37] con il tetto a spioventi e scudi antivento. Facciamo merenda sotto quello di Spodnjj Log,[38] solitario, sospeso tra i boschi, l'acqua, la ferrovia e la strada. Odore di limo[39] e legno di rovere;[40] a ogni passaggio le travi parlano; la luce riflessa dall'acqua balugina[41] sul fondo del ponte, lo muove. [...] un colpo di vento fa volar via le copie delle carte al cinquantamila.[42] Finiscono nel fiume, destinazione Mar Nero. Fa niente: ci sarà più avventura.

- Preferisci i viaggi "fai da te" o quelli organizzati?

19. scollineremo: supereremo valichi e passi.
20. stato Lilliput: Lilliput è l'isola immaginata dallo scrittore irlandese Jonathan Swift nel romanzo *I viaggi di Gulliver* (1726): in essa vivono abitanti alti 20 centimetri. L'autore chiama così la Slovenia perché ha una piccola estensione.
21. maestra: principale.
22. risorgive: sorgenti di acqua dolce che affiorano nei terreni pianeggianti.
23. tabella di marcia: prospetto in cui si programmano le scadenze delle varie fasi di un'attività; nel caso di un viaggio si indica la meta di ciascun giorno e il tempo previsto per compiere il tragitto.
24. la collottola ustionata: la parte retrostante del collo bruciata dal sole.
25. segale: cereale molto diffuso nell'Europa centrale.
26. Masuria: regione pianeggiante e ricca di laghi della Polonia nord-orientale.
27. lacustre: tipica del lago.
28. media: il numero medio di chilometri da percorrere in una giornata stabilito prima della partenza nella tabella di marcia.
29. Bighelloniamo: perdiamo tempo andando in giro senza meta.
30. piana lubianese: pianura intorno a Lubiana, la capitale della Slovenia.
31. Sava: fiume che attraversa Lubiana e Zagabria e sfocia poi nel Danubio, che a sua volta sfocia nel Mar Nero (r. 72).
32. on the road: "sulla strada", espressione inglese che deriva dal titolo, *On the road* appunto, di un famoso romanzo autobiografico del 1951 dello scrittore statunitense Jack Kerouac (1922-69), che racconta i propri viaggi in automobile attraverso gli Stati Uniti.
33. moto perpetuo: movimento che non si arresta mai.
34. Mitteleuropa: Europa centrale.
35. *Spavati, Schlafen*: "dormire" rispettivamente in serbo e in tedesco.
36. brume: nebbie.
37. Grande Guerra: la Prima guerra mondiale.
38. Spodnjj Log: piccolissimo villaggio sloveno.
39. limo: sedimento delle acque del fiume.
40. rovere: tipo di quercia.
41. balugina: appare e sparisce velocemente.
42. al cinquantamila: scala secondo cui un centimetro sulla carta corrisponde a 500 centimetri nella realtà.

Pedaliamo sotto la pioggia, l'acqua ci ammanta[43] di silenzio, accende la moviola della memoria.[44] Ripenso a mio padre nato in Argentina, al suo mandolino, ai suoi racconti patagonici.[45] Anche lui amava la bici; oggi siamo tre generazioni in viaggio. Partiva con gli sci legati al telaio,[46] il mio vecchio, con un pattuglione[47] di amici che scalavano in allegria le prime Alpi Giulie.[48] Cantava anche, per dare il ritmo. Aveva un cuore lento. Poi dormiva nei fienili e partiva all'alba, sotto le ultime stelle, verso i canaloni[49] e le rocce sulle creste portando nello zaino solo un'arancia e un po' di formaggio.

P. Rumiz, *È Oriente*, Feltrinelli, Milano 2003

- Ti piace ascoltare i tuoi genitori o altri parenti quando raccontano i viaggi compiuti in gioventù? Che effetto ti fa?

43. **ci ammanta:** ci copre come un manto.
44. **moviola della memoria:** l'espressione indica il riandare con la memoria a eventi passati analizzandoli con calma. La moviola propriamente è un apparecchio per il montaggio di un film che consente di fermare l'immagine o di far procedere i fotogrammi al rallentatore o a ritroso.
45. **patagonici:** della Patagonia, una regione dell'Argentina e del Cile meridionali.
46. **telaio:** struttura metallica della bicicletta.
47. **pattuglione:** gruppo (termine militare).
48. **Alpi Giulie:** ultimo tratto orientale delle Alpi, fra Italia e Slovenia.
49. **canaloni:** solchi profondi sui fianchi dei monti.

TU E IL TESTO Comprendere

1. INVALSI Quali sono i temi di queste pagine di diario di viaggio? Cancella gli intrusi.

i preparativi prima della partenza • i paesaggi visti dalla bici • le sensazioni che si accompagnano al pedalare • le persone incontrate durante il tragitto • i ricordi • le riflessioni fatte di notte, durante il riposo • la paura di non arrivare

2. INVALSI Indica se le seguenti affermazioni sono vere o false.

- **a.** Benché abbia sessant'anni, il padre ha una forma fisica migliore di quella del figlio. V F
- **b.** I due viaggiatori dormono sempre in tenda. V F
- **c.** Spesso i due viaggiatori compiono deviazioni. V F
- **d.** Anche il padre dell'autore amava viaggiare in bicicletta. V F
- **e.** La strada da percorrere è tutta pianeggiante, fra laghi e fiumi. V F

3. Rispondi alle seguenti domande.

- **a.** Il protagonista la sera prima di partire è sereno o preoccupato? Perché?
- **b.** Quale sensazione provano i due viaggiatori al primo colpo di pedali?
- **c.** Da quale città partono i due viaggiatori? Qual è la meta?
- **d.** Qual è il primo stato in cui arrivano padre e figlio? Come lo chiama l'autore e perché?
- **e.** Che cosa succede alle carte lungo la Sava? Qual è la reazione dei due viaggiatori?

4. Che cos'è il *grillo infernale* (r. 16)? Perché l'autore lo chiama così?

5. Spiega con parole tue il senso della frase *I motorizzati diventano marziani, l'auto un dinosauro, sgommare una demenza* (rr. 20-21).

6. RAGIONARE Perché l'autore dice, a un certo punto, *Assistiamo stupefatti a un'inversione delle distanze. Trieste è subito lontana e Vienna già pare vicinissima* (rr. 30-31)? Si tratta di un'impressione o della realtà? E se è un'impressione, da che cosa è dettata?

LINGUAGGIO SETTORIALE Il viaggio

7. In viaggio Il *routard* (r. 25) è un viaggiatore che si muove in autonomia (cioè organizzandosi da solo il viaggio), con un budget piuttosto ridotto, spesso a piedi o con mezzi pubblici. Ma ci sono altri termini che identificano i vari tipi di viaggiatore. Scrivi il significato di quelli elencati; se sei in difficoltà consulta il dizionario.

autostoppista • ciclista • escursionista • globe-trotter • motociclista • pellegrino • viandante

8. Percorsi e tragitti Nel seguente elenco di termini si mescolano tre serie di sinonimi: sottolineale in tre modi diversi.

cammino • destinazione • distacco • itinerario • meta • partenza • percorso • punto d'arrivo • separazione • tragitto • traguardo • traversata

9. Orientarsi Associa ciascuno strumento utile a orientarsi contenuto nell'elenco alla relativa definizione.

atlante stradale • bussola • carta nautica • carta stradale • cartina • mappa • navigatore satellitare • stradario

a. ....: carta che rappresenta la rete stradale di una regione
b. ....: rappresentazione dettagliata, in piano, di un territorio
c. ....: carta geografica ripiegabile o di piccole dimensioni, specialmente inserita in un testo
d. ....: carta con i fari, gli ancoraggi, le profondità ecc. utile per la navigazione
e. ....: elenco alfabetico delle strade con indicazione per trovarle
f. ....: strumento che indica il nord
g. ....: piccolo computer montato a bordo di un veicolo stradale che, utilizzando un metodo di orientamento satellitare, visualizza la carta della zona che si sta percorrendo e segnala il percorso migliore per raggiungere la meta
h. ....: raccolta di carte stradali rilegate in volume

10. Vita da campeggio I seguenti termini (alcuni dei quali sono evidenziati nel testo) appartengono al campo semantico del campeggio tranne due. Sottolineali.

badile pieghevole • borraccia • branda • bussola • canadese • coltellino svizzero • fornello da campo • frigorifero portatile • gonfiatore a soffietto • manubrio • materassino • minibar • sacco a pelo • tenda • torcia

EMPLOYABILITY Sviluppare le competenze chiave

COMUNICARE • IMPARARE A IMPARARE

11. In sella Divisi in coppie cercate, in internet o in biblioteca, almeno 15 pubblicazioni sul turismo in bicicletta. Redigete poi una rassegna bibliografica, cioè un elenco ragionato dei libri che avete trovato, e presentatela oralmente ai compagni.

> ▶ **Attenzione! I libri si citano così: autore, titolo del libro, casa editrice, città e anno di pubblicazione.**

12. SCRITTURA CREATIVA **Diario di viaggio** Fingete di essere partiti anche voi con l'autore e suo figlio e scrivete un diario che registri gli avvenimenti di almeno tre giorni di viaggio. Potete procurarvi una cartina e continuare il loro viaggio inventando altre tappe oppure ripercorrere le tappe di cui parla il testo narrando i fatti da un altro punto di vista. L'importante è rispettare le caratteristiche di forma del diario di viaggio: avvenimenti narrati brevemente giorno per giorno, in prima persona.

RACCONTO

Marco Lodoli

Noi, i ragazzi in gita scolastica

CARTA D'IDENTITÀ

GENERE racconto umoristico
AUTORE Marco Lodoli, nato a Roma nel 1956, è scrittore, giornalista, insegnante, sceneggiatore; nel libro da cui è tratto il testo parla del mondo della scuola.

È giusto portare i ragazzi in gita? Tutti gli insegnanti del consiglio di classe dicono di sì. Peccato che poi, al momento di rendersi disponibili come accompagnatori, accampano mille scuse.

Tocca sempre al vecchio professore di lettere dare la propria disponibilità. Di gite ne ha viste tante, al punto di riuscire a prevedere che cosa accadrà...

ASCOLTA

Il momento più penoso dei consigli di classe è quando bisogna stabilire quale insegnante accompagnerà i ragazzi in gita.

Prima quasi tutti si sono dichiarati favorevoli a questa tre giorni a Venezia o a Firenze, perché è un momento di crescita culturale – dice la professoressa di storia dell'arte; perché renderà la classe più compatta e amica – dice il professore di matematica; perché sono situazioni come queste, più libere e creative, che fanno fare uno scatto in avanti agli studenti – afferma la preside: serve un po' di bastone, ma soprattutto serve tanta carota. Solo un vecchio professore di lettere fa notare che forse la classe non meriterebbe un premio, questa distrazione, visto che i voti sono bassi e il comportamento spesso indegno, che ci sono stati casi di grave insubordinazione[1] e persino una rissa in un cambio d'ora. Ma poi anche lui si arrende e accetta l'inevitabile gita fuori porta. Resta quindi da decidere chi guiderà la spedizione, serve un volontario, un eroe. E qui casca l'asino.

Qui tutti i professori si dichiarano, ma a malincuore, sia chiaro! totalmente indisponibili. C'è chi ha tre figli a cui badare, chi ha un padre malato – sono dieci

- Ti sei mai confrontato con i tuoi insegnanti sull'argomento "gita"? Che cosa ne pensano loro? Che cosa ne pensi tu?

1. **insubordinazione:** rifiuto di obbedire alle autorità e alle regole.

anni che questo vecchio padre è malato, non muore mai –, chi sta traslocando, chi deve concludere un breve saggio sulle tombe etrusche di Cerveteri – dieci anni che va avanti questo benedetto saggio e non se ne vede la fine. Insomma, tira e molla, minaccia e prometti, la gita rischia di svanire nel nulla per la mancanza di un accompagnatore.

Alla fine è il vecchio professore di lettere che, supplicato, omaggiato, incalzato,[2] accetta l'incarico. Lui sa bene cosa accadrà, indovina il futuro perché conosce il passato, ma stoicamente[3] si affida al destino.

Arriva il giorno della partenza, l'appuntamento è davanti alla scuola alle sei e trenta di mattina. Piove a dirotto, sembra che tutto il cielo venga giù, e puntuali alle sei e trenta ci sono solo il vecchio professore di lettere e l'autista del pullman con la barba non fatta, la cicca all'angolo della bocca e il suo bestione rosso parcheggiato storto sul piazzale. Il prof si presenta e subito avverte nell'alito dell'autista una inquietante puzza di vino. L'autista è torvo,[4] scostante e forse traballa un poco, mugugna mi raccomando, nel mio pullman ci si comporta bene, non si grida, non si fuma, non si fa casino. I ragazzi arrivano con molta calma, alla spicciolata,[5] in un lasso di tempo di un paio d'ore. Sono eccitatissimi, molle caricate al massimo, ridono senza motivo, si danno grandi pacche sulla schiena, scaraventano valigie e zaini nell'antro[6] del bagagliaio.

Appello: ci sono tutti, anzi no. Manca Marchetti Felice. Al telefonino non risponde, a casa nemmeno, e il tempo passa e la pioggia scroscia e i ragazzi, sistemati sui sedili del pullman, amici amici ma insistono per partire, e chi se ne frega di Marchetti. Il bell'addormentato si sveglia con comodo e appare alle nove e un quarto tra gli insulti, le maledizioni e le risate. È stato il primo problema, ma ne seguiranno altri ben più gravi.

Alla prima sosta all'autogrill, Bianconi Flavio, un bisteccone da cento chili completamente rasato, prova a rubare tre cd di Gigi d'Alessio[7] e un coniglio di peluche alto un metro e cinquanta, ma viene bloccato proprio all'uscita, e il professore deve discutere parecchio per evitare che venga chiamata la polizia, scusarsi, umiliarsi, andare via con la coda tra le gambe e Bianconi sottobraccio che ridacchia.

Il viaggio prosegue tra assopimenti[8] generali e trance[9] collettive generate dalla musica tecno a palla. In molti provano a ballare nel corridoio del pullman, l'autista bestemmia e sbanda, si trova un compromesso su Tiziano Ferro e i Negramaro.[10]

L'albergo a venti minuti da piazza San Marco in realtà è appena fuori Portogruaro:[11] è un edificio desolato, invaso in questi giorni da scolaresche provenienti da diversi punti dell'Italia. Tra napoletani, milanesi e romani scattano subito le prime tensioni, coretti da curva e sguardi provocatori. Il vecchio professore cerca di ristabilire la calma, assegna le stanze, invita tutti i suoi alunni a comportarsi degna-

- Sei già andato in gita con la tua classe? Anche la vostra partenza è stata così difficile?

2. **incalzato:** spinto, pressato.
3. **stoicamente:** eroicamente, con la dignità e la forza d'animo raccomandate dall'antica filosofia stoica.
4. **torvo:** cupo, minaccioso.
5. **alla spicciolata:** pochi per volta.
6. **antro:** cavità oscura.
7. **Gigi d'Alessio:** cantautore melodico napoletano.
8. **assopimenti:** momenti di sonnolenza.
9. **trance:** stato psicofisico di estasi, caratterizzato da sovreccitazione o insensibilità.
10. **Tiziano... Negramaro:** il primo è un cantautore italiano; i Negramaro sono un gruppo pop rock formatosi nel 2001. Il loro nome deriva da un vino prodotto nella zona d'origine dei componenti del gruppo, il Salento.
11. **Portogruaro:** centro che fa parte della città metropolitana di Venezia.

mente: ma intanto due ragazzi sono già stati attaccati da un febbrone da cavallo, vomitano e mormorano parole senza senso. Un altro ha perso soldi e documenti, un altro non trova più la sua valigia e singhiozza in un angolo della hall, vuole tornare subito a casa, vuole la mamma.

La prima notte non passa mai. Nessuno ha la benché minima voglia di mettersi a dormire, è un viavai infinito e tumultuoso[12] per i corridoi, sono porte che sbattono, urla, gavettoni, alcuni tentativi di imbucarsi nelle stanze occupate dalle ragazze di un liceo di Barletta e altri di sottrarre le bottiglie di vodka al bar dell'albergo. Il professore argina come può quel furore dionisiaco,[13] insegue, sgrida, prega. Alle cinque finalmente tutto tace.

• Riconosci nel racconto comportamenti e "drammi" tipici di una gita scolastica?

Alle otto della mattina, orario stabilito per iniziare a muoversi verso Venezia, i ragazzi sono vegetali che tendono al minerale, si muovono appena, sbadigliano di continuo, ma dopo una mezz'ora cominciano a riprendere vita e colore. Per loro questi sono i giorni più belli dell'anno, forse i più belli mai vissuti: di Tiziano e Giorgione,[14] dei Frari[15] e della Giudecca[16] non gli importa quasi nulla, ma stare tutti insieme lontani da casa, dagli sguardi dei genitori, dai divieti e dalle solite opprimenti abitudini è meraviglioso. Hanno discusso per mesi sulla meta, hanno persino litigato, ma in fondo se il viaggio fosse solo il giro a oltranza del Raccordo Anulare[17] e tre notti in un motel sulla Pontina[18] sarebbe uguale. Ciò che conta è mettersi alla prova in un ambiente diverso, divertirsi tanto ma anche emozionarsi nelle notti che partono goliardiche[19] e continuano in mille discorsi seri, decisivi come sono i discorsi a sedici anni. Ciò che conta è capire se si regge la pressione del gruppo, se si riesce a dimostrare di valere qualcosa di più di quanto si vede in classe. Capire quanto costa diventare se stessi.

I tre giorni a Venezia passano in un lampo, ma restano dentro a ogni ragazzo come una stagione d'amore e morte. Ogni minuto accade qualcosa di importante, che segna e trasforma.

Il professore di lettere lo sa, lo ha già visto tante volte. Vede un amore che nasce su un vaporetto, lui che s'avvicina a lei, lei che sorride, e tutto è come sempre e tutto è nuovo, come sempre. Vede chi intuisce il proprio fallimento, fatto di paura e gregariato.[20] Vede chi si perde per le calli,[21] perché vuole perdersi, andare avanti da solo. Vede chi osserva un quadro con occhi diversi, e per la prima volta, e con un certo sgomento,[22] scopre la bellezza. E qualcuno, sul far della sera, gli rivolge domande che non stanno nel programma scolastico: lei com'era alla mia età, professore, che si aspettava dalla vita, che cercava? Come mai, professore, io mi sento tanto solo? È una tre giorni di verità e strappi profondi.

• Pensi anche tu, come l'autore, che le gite siano occasioni in cui si cresce?

12. **tumultuoso:** agitato e rumoroso.
13. **argina... dionisiaco:** frena, calma come può quello stato di esaltazione; propriamente il furore dionisiaco era lo stato di ebbrezza incontrollata dei seguaci del dio Dioniso, l'antico dio greco del vino, durante i riti.
14. **Tiziano e Giorgione:** pittori veneti del Cinquecento che contribuirono ad abbellire Venezia.
15. **Frari:** la basilica dei Frari è una grande chiesa di Venezia ricca di opere d'arte.
16. **Giudecca:** isola del centro storico di Venezia.
17. **Raccordo Anulare:** autostrada libera da pedaggio che circonda Roma come un anello.
18. **Pontina:** strada regionale che collega Roma a Terracina.
19. **goliardiche:** scherzose.
20. **gregariato:** condizione del gregario, cioè del soldato semplice o del ciclista che non emerge e si mette al servizio di un altro per farlo vincere.
21. **calli:** nome comune delle vie di Venezia.
22. **sgomento:** timore e turbamento.

Anche il vecchio professore di lettere si sente fragile: è riuscito a contenere ribellioni e ubriachezze moleste, ma tutta quella giovinezza lo turba. Anche lui si fa domande che non stanno né in cielo né in terra, ma che lo agitano. Quand'è che ho smesso di credere a me stesso, a quello che faccio, agli anni che passano di corsa? Quand'è che sono invecchiato? Perché mi allarma la professoressa di quella classe di Barletta?

Venezia sta lì, splendida e indifferente come un dépliant, ragazzi e professori si fanno le foto in piazza San Marco, tra i piccioni. Un giorno le riguarderanno, e diranno com'ero giovane e stupido, com'ero stanco, come tutto mi aspettava al varco,[23] come sono stati decisivi quei giorni, quella gita fuori dal mondo.

M. Lodoli, *Noi, i ragazzi in gita scolastica*, in *Il rosso e il blu. Cuori ed errori nella scuola italiana*, Einaudi, Torino 2009

23. **mi aspettava al varco:** mi attendeva per sorprendermi, per mettermi alla prova.

TU E IL TESTO Comprendere

1. Quali sono le motivazioni in base alle quali i docenti e la preside sostengono la necessità della gita? Cercale e sottolineale nell'elenco seguente.

i ragazzi imparano le lingue • la gita rende la classe più unita • la gita è un'occasione culturale • la gita è un'occasione di apprendimento libera e creativa • la gita costringe i ragazzi a prendersi delle responsabilità

2. RAGIONARE Chi, dopo tante defezioni, si rende disponibile ad accompagnare i ragazzi in gita? Perché, secondo te?

3. Rispondi alle seguenti domande.

a. Perché si parte in ritardo?
b. Che cosa succede la prima notte?
c. Quali diverse reazioni hanno gli studenti di fronte alle opere d'arte?
d. Quali sono gli avvenimenti che il professore vede verificarsi in gita, rendendola un'occasione unica e irripetibile? Elencane cinque.

4. INVALSI Indica se le seguenti affermazioni sono vere o false.

a. La meta della gita è Barletta. V F
b. La gita dura tre giorni. V F
c. Alcuni ragazzi si ammalano appena arrivati a destinazione. V F
d. L'albergo si trova nel centro della città ed è pieno di scolaresche. V F

5. Spiega il significato dei seguenti modi di dire: *serve un po' di bastone, ma soprattutto serve tanta carota* (r. 8), *casca l'asino* (rr. 13-14), *tira e molla* (r. 19), *andare via con la coda tra le gambe* (r. 46), *febbrone da cavallo* (r. 55).

LINGUAGGIO SETTORIALE Il bagaglio

6. Tutti in gita Fra i seguenti sinonimi di "gita" scegli quello più adatto a sostituire la parola nel contesto del brano. Poi rispondi alla domanda.

breve viaggio • escursione • passeggiata • scampagnata • tour • visita

Qual è il nome più appropriato e ufficiale della gita scolastica?

7. Borse per tutte le stagioni Nel testo si parla di valigie e di zaini. Sottolinea nel seguente elenco l'iperonimo, cioè il nome di significato più vasto che contiene tutti gli altri, poi scrivi il significato di ciascun termine.

bagaglio • borsa • borsone • sacca • sporta • trolley • valigia • ventiquattrore • zaino

8. E i bagagli dove li metto? Associa ciascun termine dell'elenco alla relativa definizione.

a. ☐ bagagliaio
b. ☐ portabagagli
c. ☐ stiva

1 ampio locale nella parte bassa della nave o nell'aereo usato per merci o bagagli
2 vano più o meno grande di un mezzo di trasporto atto ad accogliere il bagaglio
3 dispositivo che ha lo scopo di sostenere e fissare i bagagli su un veicolo

EMPLOYABILITY Sviluppare le competenze chiave

ACQUISIRE E INTERPRETARE L'INFORMAZIONE

9. Leggere e rispondere Leggi il seguente testo, tratto da un sito internet dedicato alle gite scolastiche, e rispondi alle domande.

«La gita, uno dei rituali scolastici più amati dagli studenti, si rivela spesso come momento di discrepanza tra la funzione educativa della scuola e i risultati che si riescono ad ottenere sul campo: viene vissuta come un tempo esclusivamente di svago invece di essere un'esperienza di apprendimento "non-formale". Il viaggio in generale, e in particolare il viaggio di istruzione, dovrebbe essere occasione di conoscenza di sé, dell'altro, di sé e dell'altro in relazione; comporta la conoscenza dei luoghi, della cultura, della memoria, della storia e del vissuto dell'altro. Il viaggio è soprattutto costruzione del senso di un percorso, di un processo formativo che si innesta a pieno titolo nel curriculum della scuola, diventandone segmento importante. Anzi è esso stesso curricolo, in grado di instaurare legami con molteplici temi e spingendo a un ripensamento delle mappe disciplinari.» *Aitr.org, associazione italiana turismo responsabile*

a. Perché c'è una *discrepanza*, cioè una mancanza di coerenza, tra la funzione della gita e il modo in cui viene vissuta? Trova la risposta nel testo.

b. Quali occasioni formative offre la gita?
c. In che senso il viaggio di istruzione è un *processo formativo*?

COMUNICARE

10. Argomentare oralmente Immagina di dover convincere i tuoi insegnanti, contrari alla gita di classe, dell'utilità di organizzarne una. Trova almeno 5 argomenti validi per persuadere gli insegnanti del suo valore.

PROGETTARE • COLLABORARE E PARTECIPARE

MINICOMPITO DI REALTÀ
Regole per una gita di successo

In gruppi di tre scrivete un decalogo ideale della gita, ovvero le dieci regole fondamentali che è necessario rispettare perché il viaggio di istruzione abbia uno svolgimento soddisfacente e un esito positivo per tutti. Attenzione: è fondamentale sforzarsi di formulare regole che non siano solo proibizioni ma anche proposte di azione (non solo *Vietato questo e quello*... ma anche *È bello, o giusto, fare così e così*...). Confrontate i decaloghi che avete elaborato e arrivate a formularne uno condiviso da tutta la classe.

pria casa e la meta desiderata è un criterio apprezzabile di una pratica di turismo responsabile. In ogni caso, sul posto, bando all'automobile: si va a piedi, in bici, con i mezzi pubblici.

Il turista green inoltre si fa ospitare in strutture che risparmiano l'energia nelle scelte energetiche (pannelli fotovoltaici) e che si inseriscono in modo armonico e integrato nel territorio, mangia cibi locali che non hanno attraversato il globo per arrivare sulla sua tavola, evita di disturbare gli animali, non lascia tracce del proprio [illegible] cerca di [illegible] posto, si traduca in un rapporto duraturo e fruttuoso.

Dove va?

[illegible]

[illegible]

[illegible] di turismo in quota [illegible] in Alto Adige [illegible] [illegible] Gran Paradiso [illegible], la [illegible] di 62 [illegible] percorribile in [illegible]
- la Blue Lagoon Spa, in Islanda, che usa le acque della locale centrale geotermica per trattamenti di bellezza;
- [illegible] ne Park della Malesia, nel [illegible] la [illegible] [illegible] [illegible] delle barriere coralline e [illegible] [illegible] [illegible] [illegible] [illegible] Naturalmente questi sono [illegible] pi di [illegible] [illegible] [illegible] in Europa e nel mondo, le me-

te che soddisfano criteri di responsabilità e sostenibilità.

E in Italia?

In Italia esistono già molte esperienze e percorsi già appositamente studiati: nel Parco nazionale del Gran Paradiso è attivo il progetto "A piedi tra le nuvole": bench [illegible] strada asfaltata raggiunge il Colle di Nivolet a 2600 metri di altitudine, i visitatori sono invitati a raggiungere la meta a piedi, in bici o con navette appositamente organizzate;

[illegible] Val di [illegible] [illegible] [illegible] a dorso d'asino, in una valle in cui tutti – [illegible] allevatori, operatori, [illegible] [illegible] [illegible] [illegible] rismo sostenibile;

[illegible] la Via [illegible]

[illegible]

[illegible] [illegible] [illegible] [illegible]

nelle [illegible], che si estende [illegible] di [illegible] [illegible] [illegible] [illegible] un percorso [illegible] [illegible] nel Parco dei Nebrodi, in Sicilia, tra le province di Messina, [illegible] e Catania, [illegible] [illegible] naturale, [illegible] [illegible] [illegible] sono [illegible] [illegible] occasione per [illegible] [illegible] [illegible] [illegible] [illegible] la conoscenza [illegible] [illegible] nell'ambiente [illegible] per [illegible] che il [illegible] [illegible] [illegible] [illegible]

[illegible]

[illegible] e [illegible] [illegible]

[illegible] e realizzare [illegible]

SEZIONE 3

Cittadini digitali

Che cosa vuol dire essere un cittadino digitale?

Il modo in cui oggi comunicate, studiate, esercitate la cittadinanza è **diverso** da quello che hanno sperimentato, alla vostra età, i vostri nonni o genitori. Vivete in un **mondo connesso**, disponete di **strumenti** che vi consentono di entrare in contatto con un gran numero di persone e di informazioni in tempi molto limitati. Per poter usare al meglio le possibilità e gli strumenti che le tecnologie offrono bisogna però **diventare competenti**.

Nelle pagine che seguono vi proponiamo **alcuni percorsi** che vi aiuteranno a usare internet e le nuove tecnologie in maniera più autonoma, competente e sicura.

1 L'impronta digitale

Che cosa c'è da sapere

■ Grazie ai nuovi dispositivi digitali e alla rete internet abbiamo creato **nuovi luoghi** in cui abitare ed entrare in contatto con altre persone. Le azioni che compiamo con questi strumenti e in questi ambienti digitali parlano di noi, compongono la nostra "**impronta digitale**".

■ In questo percorso rifletteremo su questo aspetto fondamentale.

L'elaborazione delle informazioni

■ Prima di affrontare questo percorso, però, valuta le tue competenze digitali per quanto riguarda l'**elaborazione delle informazioni** completando il **test** a pagina seguente. La società contemporanea, infatti, è definita "società dell'informazione" poiché un grado significativo di attività si concentra sulla creazione, la distribuzione, l'utilizzo e il riutilizzo delle informazioni per mezzo delle tecnologie dell'informazione e della comunicazione (TIC).

■ Per quanto riguarda quest'area, il **Quadro delle Competenze Digitali per i Cittadini - DigComp 2.1** prevede **tre competenze** specifiche:

Navigare, ricercare e filtrare dati, informazioni e contenuti digitali

- Definire le proprie esigenze di informazione, ricercare dati, informazioni e contenuti in ambienti digitali, accedervi e navigare tra essi.
- Creare e aggiornare personali strategie di ricerca.

Valutare dati, informazioni e contenuti digitali

- Analizzare, confrontare e valutare criticamente credibilità e affidabilità delle fonti di dati, informazioni e contenuti digitali.

Gestire dati, informazioni e contenuti digitali

- Organizzare, archiviare e recuperare i dati, le informazioni e i contenuti in ambienti digitali.
- Organizzare ed elaborare dati in un ambiente strutturato.

Test

Quanto so elaborare le informazioni?

RICORDATI che questo non è un compito in classe. Rispondi sinceramente, senza preoccuparti di quello che non sai.

PER OGNI AFFERMAZIONE:
- rispondi **sì** se si descrive un argomento che conosci o un'azione che sai fare
- rispondi **no** se non conosci ciò di cui si parla

utente BASE

- So cercare informazioni online utilizzando un motore di ricerca. sì no
- So che non tutte le informazioni online sono affidabili. sì no
- So salvare o memorizzare file o contenuti (per esempio testi, immagini, musica, video, pagine web) e recuperare queste informazioni una volta salvate o archiviate. sì no

utente AUTONOMO

- So utilizzare diversi motori di ricerca per trovare le informazioni. Uso filtri per la ricerca (per esempio, cerca solo immagini, video, mappe). sì no
- Paragono fonti diverse per valutare l'attendibilità delle informazioni. sì no
- Classifico le informazioni in modo metodico utilizzando i file e le cartelle per individuarle più facilmente. sì no
- Faccio il backup di informazioni o file che ho memorizzato. sì no

utente AVANZATO

- So usare strategie di ricerca avanzata (per esempio utilizzando operatori di ricerca) per trovare informazioni affidabili in internet. sì no
- So usare i feed web (come RSS) per essere aggiornato sui contenuti che mi interessano. sì no
- So valutare la validità e la credibilità delle informazioni utilizzando una serie di criteri. sì no
- Sono a conoscenza di nuovi progressi nella ricerca di informazioni, archiviazione e recupero. sì no
- So salvare le informazioni trovate in internet in diversi formati. sì no
- So utilizzare i servizi cloud di storage delle informazioni. sì no

IN QUALE LIVELLO TI COLLOCHI?

- [ ] Ho selezionato alcune opzioni del livello base.
- [ ] Ho selezionato alcune opzioni del livello base e/o dei livelli autonomo e avanzato.
- [ ] Ho selezionato tutte le opzioni del livello base.
- [ ] Ho selezionato tutte le opzioni del livello base e alcune opzioni dei livelli autonomo e/o avanzato.

ATTENZIONE! Per rientrare nel livello base devi consolidare la tua competenza fino a poterne selezionare tutte le opzioni.

Complimenti!
Sei un utente BASE
Continua a consolidare e a far crescere la competenza per incrementare il tuo livello.

- [ ] Ho selezionato tutte le opzioni dei livelli base e autonomo.
- [ ] Ho selezionato tutte le opzioni dei livelli base e autonomo e alcune del livello avanzato.

Complimenti!
Sei un utente AUTONOMO
Continua a consolidare e a far crescere la competenza per incrementare il tuo livello.

- [ ] Ho selezionato tutte le opzioni dei livelli base, autonomo e avanzato.

Complimenti!
Sei un utente AVANZATO
Continua a consolidare e a far crescere la competenza digitale.

RICORDA SEMPRE: per essere competenti è necessario non smettere mai di imparare e aggiornarsi!

IL MIO LIVELLO NEL TEST SULL'ELABORAZIONE DELLE INFORMAZIONI

IN DATA ....

È ....

SCHEDA OPERATIVA

La tua impronta

Forse non ti sei mai soffermato sul fatto che le nostre azioni nell'ambiente digitale possono portare conseguenze nella vita di tutti i giorni. È importante, invece, acquisire la consapevolezza che il nostro modo di abitare la rete, di lasciare "impronte digitali" influenza la nostra reputazione, ovvero la considerazione di cui godiamo nella società.

1. CHE COSA SIGNIFICA "LASCIARE UN'IMPRONTA"?

Per rispondere a questa domanda prova a scrivere almeno due frasi in cui normalmente si usa questa espressione. Confronta poi le tue proposte con quelle dei compagni.

....

....

....

L'IMPRONTA ECOLOGICA

- Si parla di "impronta" anche nel campo ambientale. Tutti noi lasciamo un'impronta ecologica a seconda del nostro stile di vita, di come rispettiamo, proteggiamo e tuteliamo l'ambiente.
- Nell'Area DigComp "4. Sicurezza" è inserita la competenza 4.4 Tutelare l'ambiente (essere consapevoli dell'impatto ambientale delle tecnologie digitali e del loro uso).

2. CHE TIPO DI IMPRONTE LASCI?

Come nella vita di tutti i giorni, dunque, anche navigando in rete è possibile lasciare delle impronte che raccontano qualcosa di noi, di chi siamo. Nel momento in cui sul web condividi le tue foto, inserisci un post o un intervento, anche tu lasci qualcosa di te che gli altri possono vedere, anche a distanza di tempo.

Rifletti anzitutto su te stesso. Che tipo di informazioni lasci in rete? Per rispondere a questa domanda rispondi ai seguenti quesiti.

A Pubblichi le tue foto o i tuoi video online?

Pubblico le mie foto e i miei video online:

☐ mai ☐ raramente ☐ spesso

Seleziono le foto e/o i video da pubblicare tra quelli:

☐ in cui sono ritratto/a solo/a
☐ in cui mi piace il paesaggio
☐ in cui sono in compagnia di altre persone
☐ in cui sono ritratto/a in modo buffo
☐ in cui alcune persone ritratte risultano buffe/divertenti
☐ altro ....

Prima di pubblicare una foto e/o un video online:

- ☐ mi chiedo che cosa penserò tra 5 anni riguardando la foto che ho pubblicato
- ☐ mi chiedo quale immagine di me stesso/a sto trasmettendo
- ☐ se nella foto sono ritratte altre persone chiedo loro un'autorizzazione o/e le informo
- ☐ altro ....

B Annota che cosa si può leggere o vedere di te in rete.

FOTOGRAFIE

- ☐ autoritratti (selfie)
- ☐ foto di famiglia
- ☐ foto di amici
- ☐ foto di persone sconosciute
- ☐ paesaggi
- ☐ eventi
- ☐ monumenti
- ☐ altro ....

Nella maggioranza dei casi sei tu l'autore o hai condiviso foto di altri?

....

VIDEO

- ☐ video personali
- ☐ video di e/o con amici
- ☐ video di incontri in famiglia
- ☐ altro ....

Nella maggioranza dei casi sei tu l'autore o hai condiviso video di altri?

....

MUSICA

- ☐ brani musicali creati da te
- ☐ brani musicali eseguiti da te
- ☐ brani musicali eseguiti dai tuoi amici
- ☐ brani musicali di artisti vari

Nella maggioranza dei casi sei tu l'autore o hai condiviso brani musicali di altri?

....

Sono presenti in rete foto, video o brani musicali che tu hai realizzato e che altri hanno condiviso?

- ☐ sì
- ☐ no

Se sì, ti hanno chiesto l'autorizzazione prima di condividere?

- ☐ sì
- ☐ no

La condivisione da parte di altri di tue creazioni:

- ☐ ti fa sempre piacere
- ☐ ti è indifferente
- ☐ ti infastidisce
- ☐ altro ....

MESSAGGI

Nei social network discuti di:

- ☐ sport
- ☐ libri, fumetti, cinema, serie TV
- ☐ musica
- ☐ persone di cui hai una conoscenza diretta
- ☐ persone di cui hai una conoscenza indiretta
- ☐ altro ....

Ti sei mai pentito/a di un messaggio che hai postato online?

- ☐ sì, perché ....
- ☐ no, perché ....

Sono presenti online post diretti a te o che parlano di te?

- ☐ sì
- ☐ no

Ti è mai capitato di sentirti offeso/a o turbato/a da un messaggio postato da altri?

- ☐ sì, perché ....
- ☐ no, perché ....

COPYRIGHT

Quando condividi in rete una tua produzione (testo, video, foto ecc.) indichi la licenza con cui la rendi disponibile?

- ☐ sì
- ☐ no
- ☐ non so che cosa si intenda per copyright

Prima di utilizzare e/o condividere in rete la produzione (testo, video, foto ecc.) di un altro soggetto ti informi sulla licenza con la quale è stata rilasciata dall'autore?

- ☐ sì
- ☐ no
- ☐ non so che cosa si intenda per copyright

C Quando posti una fotografia, un video, un intervento...

Hai mai pensato che stai lasciando una tua impronta?

- ☐ ci penso sempre e questo influenza il mio comportamento online
- ☐ ci penso sempre ma questo non influenza il mio comportamento online
- ☐ ci penso qualche volta e questo influenza il mio comportamento online
- ☐ ci penso qualche volta ma questo non influenza il mio comportamento online
- ☐ non ci penso mai

Pensi che chi "abita il web" presti attenzione alla propria impronta digitale?

- ☐ certamente sì
- ☐ qualche volta
- ☐ no, perché ....

D Secondo te lasciare impronte nella rete a quali possibili rischi espone?

- ☐ non ci si espone a nessun rischio
- ☐ si rischia di danneggiare la propria reputazione online
- ☐ si può offrire agli altri un'immagine di se stessi non rispondente al vero
- ☐ si lasciano impronte digitali che, nonostante la normativa vigente, non è semplice cancellare

2 La sicurezza online

Che cosa c'è da sapere

■ Per diventare un cittadino digitale competente, uno dei temi principali su cui più bisogna riflettere e vigilare è quello della **sicurezza**. L'ambiente digitale infatti è ricco di pericoli che, spesso, vengono ignorati o sottovalutati.

■ In questo percorso rifletteremo sulle esperienze negative che si possono vivere navigando in rete o usando le nuove tecniche di comunicazione e affronteremo uno dei problemi centrali della sicurezza online, quello della privacy.

Proteggersi e tutelarsi online

■ Prima di affrontare questo percorso, però, valuta la tua competenza digitale nell'**ambito della sicurezza** completando il **test** a pagina seguente.

■ Per quanto riguarda la sicurezza, il **Quadro delle Competenze Digitali per i Cittadini - DigComp 2.1** prevede **quattro competenze** specifiche:

Proteggere i dispositivi

- Proteggere strumenti e contenuti digitali, comprendere rischi e minacce in ambienti digitali.
- Conoscere misure di sicurezza e di protezione e tenere in debito conto affidabilità e privacy.

Proteggere i dati personali e la privacy

- Proteggere i dati personali e la privacy in ambienti digitali.
- Sapere in che modo utilizzare e condividere dati personali proteggendo se stessi e gli altri da eventuali danni.
- Essere a conoscenza che i servizi digitali utilizzano una "Privacy policy" per informare su come i dati personali sono utilizzati.

Tutelare la salute e il benessere

- Saper evitare rischi e minacce al benessere fisico e psicologico durante l'utilizzo di tecnologie digitali.
- Essere in grado di proteggere se stessi e altri da possibili pericoli in ambienti digitali (per esempio cyberbullismo).
- Essere a conoscenza delle tecnologie digitali per il benessere e l'inclusione sociale.

Tutelare l'ambiente

- Essere consapevoli dell'impatto ambientale delle tecnologie digitali e del loro uso.

Test

Quali competenze ho in materia di sicurezza online?

RICORDATI che questo non è un compito in classe. Rispondi sinceramente, senza preoccuparti di quello che non sai.

PER OGNI AFFERMAZIONE:

- rispondi **sì** se si descrive un argomento che conosci o un'azione che sai fare
- rispondi **no** se non conosci ciò di cui si parla

utente BASE

- So prendere accorgimenti fondamentali per proteggere i miei dispositivi (per esempio utilizzando antivirus e password). sì no
- So che non tutte le informazioni online sono affidabili. sì no
- So che le mie credenziali (username e password) possono essere rubate. sì no
- So che non devo rivelare informazioni private online. sì no
- So che l'eccessivo utilizzo di tecnologia digitale può influenzare negativamente la mia salute. sì no
- Prendo le misure fondamentali per il risparmio energetico. sì no

utente AUTONOMO

- Ho installato i programmi di sicurezza sul dispositivo che uso per accedere a internet (per esempio antivirus, firewall), li utilizzo e li aggiorno regolarmente. sì no
- Uso diverse password per accedere a dispositivi e servizi digitali e le modifico periodicamente. sì no
- So identificare i siti web o messaggi di posta elettronica che possono essere utilizzati per truffa. So identificare una e-mail di phishing. sì no
- So modificare la mia identità digitale e tenere traccia della mia impronta digitale. sì no
- Comprendo i rischi sanitari connessi all'uso della tecnologia digitale (per esempio ergonomia, rischio di dipendenza). sì no
- Comprendo l'impatto positivo e negativo della tecnologia sull'ambiente. sì no

utente AVANZATO

- So controllare la configurazione e i sistemi di sicurezza dei dispositivi e/o delle applicazioni che uso. sì no
- So che cosa fare se il computer è infettato da un virus. sì no
- So configurare o modificare le impostazioni del firewall e di sicurezza dei miei dispositivi digitali. sì no
- So come crittografare le e-mail o i file. Posso applicare filtri per le e-mail (spam). sì no
- Per evitare problemi di salute (fisica e psicologica), faccio un uso ragionevole delle tecnologie dell'informazione e della comunicazione. sì no
- Ho un parere informato sull'impatto delle tecnologie digitali sulla vita di tutti i giorni e sull'ambiente. sì no

IN QUALE LIVELLO TI COLLOCHI?

- ☐ Ho selezionato alcune opzioni del livello base.
- ☐ Ho selezionato alcune opzioni del livello base e/o dei livelli autonomo e avanzato.
- ☐ Ho selezionato tutte le opzioni del livello base.
- ☐ Ho selezionato tutte le opzioni del livello base e alcune opzioni dei livelli autonomo e/o avanzato.
- ☐ Ho selezionato tutte le opzioni dei livelli base e autonomo.
- ☐ Ho selezionato tutte le opzioni dei livelli base e autonomo e alcune del livello avanzato.
- ☐ Ho selezionato tutte le opzioni dei livelli base, autonomo e avanzato.

ATTENZIONE! Per rientrare nel livello base devi consolidare la tua competenza fino a poterne selezionare tutte le opzioni.

Complimenti!
Sei un utente BASE
Continua a consolidare e a far crescere la competenza per incrementare il tuo livello.

Complimenti!
Sei un utente AUTONOMO
Continua a consolidare e a far crescere la competenza per incrementare il tuo livello.

Complimenti!
Sei un utente AVANZATO
Continua a consolidare e a far crescere la competenza digitale.

RICORDA SEMPRE: per essere competenti è necessario non smettere mai di imparare e aggiornarsi!

IL MIO LIVELLO NEL TEST SULLA SICUREZZA

IN DATA ....

È ....

SCHEDA OPERATIVA

Tutelare la salute e il benessere online

Con sempre maggiore frequenza si diffondono notizie su esperienze negative vissute dai cittadini in ambiente digitale.

TI È MAI CAPITATO?

Hai mai vissuto situazioni di disagio determinate da "attacchi" condotti attraverso strumenti digitali? Descrivi la tua esperienza.

A Ho vissuto una o più esperienze che mi hanno creato disagio

frequentando una piattaforma di social network

☐ sì
☐ no

in particolare

☐ Facebook® ☐ Twitter® ☐ Instagram® ☐ altro ....

utilizzando un'applicazione di messaggistica istantanea

☐ sì
☐ no

in particolare

☐ WhatsApp® ☐ Snapchat® ☐ Messenger® ☐ altro ....

B Sono stato/a vittima di un "attacco" di:

☐ cyberbullismo (sono stato/a oggetto di attacchi riguardanti il mio aspetto fisico, il mio modo di vestire o comportarmi, la mia famiglia, il mio rendimento scolastico, la mia religione, la mia sessualità ecc.)

☐ sexting (ho ricevuto messaggi a sfondo sessuale: testi, video, foto ecc.)

☐ grooming (adulti che non conosco hanno cercato di mettersi in contatto con me per scambiare foto, messaggi o proporre incontri provocandomi un senso di disagio)

C Conosco l'identità dei miei aggressori.

☐ sì
☐ no

D Ho superato questa situazione di disagio:

☐ chiedendo aiuto ai miei genitori ☐ chiedendo aiuto ai miei amici e/o compagni di classe
☐ chiedendo aiuto ai miei docenti ☐ chiedendo aiuto a ....

E Sono ancora in difficoltà e non so come comportarmi:

- ☐ perché ho paura dei miei aggressori
- ☐ perché mi sento in colpa per quello che accade o me ne vergogno
- ☐ non so a chi rivolgermi

F Non sono stato/a vittima di un "attacco" ma ne sono a conoscenza. Un/a mio/a amico/a ha subìto un attacco di:

- ☐ cyberbullismo
- ☐ sexting
- ☐ grooming
- ☐ altro ....

G Penso che il modo migliore di aiutarlo/a sia consigliargli/le:

- ☐ di chiedere aiuto a un docente
- ☐ di chiedere aiuto ai suoi genitori
- ☐ di chiedere aiuto a un/a amico/a
- ☐ di affrontare da solo/a l'aggressore
- ☐ altro ....

IL TELEFONO AZZURRO

- **Hai bisogno di aiuto e non sai a chi rivolgerti?** Utilizza la **Helpline di Telefono Azzurro**. Il servizio è riservato, gratuito e sicuro.
- La **linea di ascolto 1.96.96** e la **chat di Telefono Azzurro (www.azzurro.it)** accolgono **richieste di ascolto e di aiuto** da parte di bambini/e e ragazzi/e fino ai 18 anni o di adulti che intendono confrontarsi su situazioni di disagio o di pericolo in cui si trova un minorenne.
- Entrambe forniscono un aiuto su: uso sicuro di internet e dei social network, adescamento online/grooming, pedopornografia, cyberbullismo, sexting, pornografia e sessualità online degli adolescenti, gioco d'azzardo online, violazione della privacy, furto di identità in rete, esposizione a contenuti nocivi online, dipendenza da internet, esposizione a siti violenti, razzisti, che invitano al suicidio o a comportamenti alimentari scorretti (pro-anoressia e pro-bulimia), dipendenza da shopping online, videogiochi online non adatti ai ragazzi.

3 Per un uso consapevole della rete

Che cosa c'è da sapere

■ Poiché consentono di condividere con un numero molto alto di persone informazioni private, i social network spesso mettono a rischio la **privacy** degli utenti. Solo con un uso consapevole dei nuovi mezzi di comunicazione è possibile tutelare la propria vita privata e quella altrui.

■ In questo percorso rifletteremo sul modo in cui Facebook gestisce la privacy, per poi analizzare, più in generale, il rapporto fra i social network e la sicurezza.

Comunicazione e collaborazione

■ Prima di affrontare questo percorso, però, valuta la tua competenza digitale nell'**ambito della comunicazione** completando il **test** a pagina seguente.

■ Per quanto riguarda quest'area, il **Quadro delle Competenze Digitali per i Cittadini - DigComp 2.1** prevede **sei competenze** specifiche:

Interagire con le tecnologie digitali

- Interagire attraverso l'uso di varie tecnologie digitali e identificare il mezzo di comunicazione digitale appropriato per un determinato contesto.

Condividere con le tecnologie digitali

- Condividere dati, informazioni e contenuti digitali con altri utilizzando appropriate tecnologie digitali.
- Agire come intermediario.
- Conoscere le pratiche di citazione e attribuzione.

Impegnarsi nella cittadinanza con le tecnologie digitali

- Partecipare alla vita sociale attraverso l'utilizzo di servizi digitali pubblici e privati.
- Cercare opportunità per il proprio miglioramento e per la cittadinanza partecipativa attraverso adeguate tecnologie digitali.

Collaborare attraverso le tecnologie digitali

- Utilizzare strumenti digitali e tecnologie per processi di collaborazione, per la co-costruzione e la co-creazione di risorse e conoscenze.

Netiquette

- Essere consapevoli delle norme di comportamento e know-how mentre si utilizzano tecnologie digitali e si interagisce in ambienti digitali.
- Adattare le strategie di comunicazione a un pubblico specifico ed essere consapevoli di diversità culturali e generazionali negli ambienti digitali.

Gestire l'identità digitale

- Creare e gestire una o più identità digitali, essere in grado di proteggere la propria reputazione, occuparsi dei dati prodotti mediante l'uso di diversi strumenti digitali, ambienti e servizi.

Test

Quanto so comunicare e collaborare in rete?

RICORDATI che questo non è un compito in classe. Rispondi sinceramente, senza preoccuparti di quello che non sai.

PER OGNI AFFERMAZIONE:

- rispondi **sì** se si descrive un argomento che conosci o un'azione che sai fare
- rispondi **no** se non conosci ciò di cui si parla

utente BASE

- So comunicare utilizzando il telefono cellulare, VoIP (per esempio Skype®), e-mail o chat utilizzando le funzionalità di base (per esempio messaggi vocali, sms, e-mail). sì no
- So condividere file e contenuti con semplici strumenti. sì no
- So che posso utilizzare le tecnologie digitali per interagire con alcuni servizi (come governi, banche, ospedali). sì no
- Sono a conoscenza di siti di social networking e strumenti di collaborazione online. sì no
- Sono consapevole del fatto che, quando si utilizzano strumenti digitali, vengono applicate alcune regole di comunicazione (per esempio la condivisione delle informazioni personali). sì no

utente AUTONOMO

- So utilizzare le funzioni avanzate di diversi strumenti di comunicazione (per esempio utilizzando VoIP e la condivisione di file). sì no
- So usare strumenti di collaborazione e contribuire a condividere documenti/file che qualcun altro ha creato. sì no
- So utilizzare alcune funzionalità di servizi online (per esempio servizi pubblici, lo shopping online). sì no
- Trasmetto o condivido la conoscenza con gli altri online (per esempio attraverso strumenti di social networking o in comunità online). sì no
- Conosco e utilizzo le regole della comunicazione online ("netiquette"). sì no

utente **AVANZATO**

- Uso una vasta gamma di strumenti di comunicazione (posta elettronica, chat, sms, messaggistica istantanea, blog, micro-blog, reti sociali) per la comunicazione online. sì no
- So creare e gestire i contenuti con strumenti di collaborazione (per esempio calendari elettronici, sistemi di gestione del progetto, di correzione in linea, fogli di calcolo online). sì no
- Partecipo attivamente a spazi online e utilizzo diversi servizi online (per esempio servizi pubblici, e-banking, lo shopping online). sì no
- So utilizzare le funzioni avanzate di strumenti di comunicazione (per esempio videoconferenza, condivisione di dati, condivisione di applicazioni). sì no

IN QUALE LIVELLO TI COLLOCHI?

- ☐ Ho selezionato alcune opzioni del livello base.
- ☐ Ho selezionato alcune opzioni del livello base e/o dei livelli autonomo e avanzato.
- ☐ Ho selezionato tutte le opzioni del livello base.
- ☐ Ho selezionato tutte le opzioni del livello base e alcune opzioni dei livelli autonomo e/o avanzato.
- ☐ Ho selezionato tutte le opzioni dei livelli base e autonomo.
- ☐ Ho selezionato tutte le opzioni dei livelli base e autonomo e alcune del livello avanzato.
- ☐ Ho selezionato tutte le opzioni dei livelli base, autonomo e avanzato.

ATTENZIONE! Per rientrare nel livello base devi consolidare la tua competenza fino a poterne selezionare tutte le opzioni.

Complimenti!
Sei un utente BASE
Continua a consolidare e a far crescere la competenza per incrementare il tuo livello.

Complimenti!
Sei un utente AUTONOMO
Continua a consolidare e a far crescere la competenza per incrementare il tuo livello.

Complimenti!
Sei un utente AVANZATO
Continua a consolidare e a far crescere la competenza digitale.

IL MIO LIVELLO NEL TEST SU COMUNICAZIONE E COLLABORAZIONE

IN DATA ....

È ....

RICORDA SEMPRE: per essere competenti è necessario non smettere mai di imparare e aggiornarsi!

Social network e privacy

Come avrai sicuramente notato, quando utilizziamo un servizio online ci viene chiesto di accettarne le condizioni di utilizzo. Spesso, tuttavia, non dedichiamo molta attenzione alle informazioni e richieste che ci vengono rivolte. Essere cittadini digitali competenti, però, significa anche sapere quali sono i termini di queste condizioni. Prima di utilizzare un servizio è importante consultare la normativa sui dati, così da poter prendere decisioni in modo consapevole.
Inizia la tua raccolta di informazioni dalla home page di Facebook come utente non iscritto. Scorri la pagina fino a visualizzare il footer (ovvero la parte bassa della pagina) e i vari link in esso collocati. Seleziona il link "Privacy" per rispondere alle domande che seguono.

1. LE CONDIZIONI DI UTILIZZO DI FACEBOOK

A Privacy

Che genere di informazioni raccoglie Facebook?

- ☐ attività che ho eseguito e informazioni da me fornite
- ☐ attività eseguite e informazioni fornite dalle altre persone
- ☐ informazioni sui pagamenti
- ☐ informazioni sul dispositivo
- ☐ informazioni di siti web e app che usano i servizi Facebook
- ☐ informazioni di partner terzi
- ☐ aziende di Facebook

Con chi sono condivise queste informazioni?

- ☐ persone con cui condividi contenuti e comunichi
- ☐ persone che vedono i contenuti condivisi su di te da altre persone
- ☐ app, siti web e integrazioni di terzi sui servizi Facebook o che ne fanno uso
- ☐ condivisione dei contenuti con le aziende di Facebook
- ☐ nuovo titolare
- ☐ servizi pubblicitari, di misurazione e analisi (solo informazioni non personali)
- ☐ fornitori, fornitori di servizi e altri partner

Nell'esercizio che segue, descrivi il tuo comportamento in merito agli impegni che Facebook chiede ai propri utenti all'atto di iscrizione.

VUOI APPROFONDIRE? Nella sezione "Privacy" cerca il link "Condizioni". Qui troverai la "Dichiarazione dei diritti e delle responsabilità". Leggi con attenzione il punto 4 "Registrazione e sicurezza dell'account".

B Registrazione e sicurezza dell'account

Per la registrazione e per la sicurezza del proprio account, l'utente si impegna a:

Non fornire informazioni personali false su Facebook.

- [ ] Non utilizzo Facebook ma sono pronto/a a rispettare questo impegno.
- [ ] Non utilizzo Facebook ma non sono pronto/a a rispettare questo impegno.
- [ ] Utilizzo Facebook e rispetto questo impegno.
- [ ] Utilizzo Facebook e non rispetto questo impegno pur essendone a conoscenza.
- [ ] Utilizzo Facebook e non rispetto questo impegno perché prima di adesso lo ignoravo.

Non creare un account per conto di un'altra persona senza autorizzazione.

- [ ] Non utilizzo Facebook ma sono pronto/a a rispettare questo impegno.
- [ ] Non utilizzo Facebook ma non sono pronto/a a rispettare questo impegno.
- [ ] Utilizzo Facebook e rispetto questo impegno.
- [ ] Utilizzo Facebook e non rispetto questo impegno pur essendone a conoscenza.
- [ ] Utilizzo Facebook e non rispetto questo impegno perché prima di adesso lo ignoravo.

Non creare più di un account personale.

- [ ] Non utilizzo Facebook ma sono pronto/a a rispettare questo impegno.
- [ ] Non utilizzo Facebook ma non sono pronto/a a rispettare questo impegno.
- [ ] Utilizzo Facebook e rispetto questo impegno.
- [ ] Utilizzo Facebook e non rispetto questo impegno pur essendone a conoscenza.
- [ ] Utilizzo Facebook e non rispetto questo impegno perché prima di adesso lo ignoravo.

Non condividere la propria password.

- [ ] Non utilizzo Facebook ma sono pronto/a a rispettare questo impegno.
- [ ] Non utilizzo Facebook ma non sono pronto/a a rispettare questo impegno.
- [ ] Utilizzo Facebook e rispetto questo impegno.
- [ ] Utilizzo Facebook e non rispetto questo impegno pur essendone a conoscenza.
- [ ] Utilizzo Facebook e non rispetto questo impegno perché prima di adesso lo ignoravo.

Non consentire ad altre persone di accedere al proprio account o di eseguire qualsiasi altra azione che potrebbe metterne a rischio la sicurezza.

- [ ] Non utilizzo Facebook ma sono pronto/a a rispettare questo impegno.
- [ ] Non utilizzo Facebook ma non sono pronto/a a rispettare questo impegno.
- [ ] Utilizzo Facebook e rispetto questo impegno.
- [ ] Utilizzo Facebook e non rispetto questo impegno pur essendone a conoscenza.
- [ ] Utilizzo Facebook e non rispetto questo impegno perché prima di adesso lo ignoravo.

Non usare Facebook prima dei 13 anni.

- ☐ Non utilizzo Facebook ma sono pronto/a a rispettare questo impegno.
- ☐ Non utilizzo Facebook ma non sono pronto/a a rispettare questo impegno.
- ☐ Utilizzo Facebook e rispetto questo impegno.
- ☐ Utilizzo Facebook e non rispetto questo impegno pur essendone a conoscenza.
- ☐ Utilizzo Facebook e non rispetto questo impegno perché prima di adesso lo ignoravo.

SITI E NUMERI UTILI

- Facebook in collaborazione con Telefono Azzurro, The Jed Foundation e The Clinton Foundation ha realizzato la guida "Aiuta un amico in difficoltà" consultabile gratuitamente in rete nella sezione "Safety" dalla piattaforma del social network.
- Se hai bisogno di aiuto, a livello personale o per aiutare un amico, puoi contattare:
  - Telefono Azzurro (per adolescenti minorenni): **www.azzurro.it**; tel. **1.96.96**
  - Telefono Amico: **www.telefonoamico.it**; tel. **199.284.284**

2. LA SICUREZZA SU FACEBOOK

Utilizzando un motore di ricerca cerca online il "Centro per la sicurezza - Facebook".
Individua e seleziona il link "Strumenti". In questa sezione sono presenti **tre voci**: Sicurezza, Protezione dell'account, Protezione delle informazioni personali.

A Sicurezza

Per garantire il benessere degli utenti la maggior parte delle piattaforme di social networking consente di "bloccare" e/o segnalare comportamenti che arrecano disturbo e/o offesa. Quali sono secondo te i "poteri" di un utente Facebook? Leggi le affermazioni elencate. Sono vere o false?

Verifica la correttezza delle tue risposte consultando la sezione "Sicurezza" di Facebook.

i "poteri" di un utente Facebook	secondo me l'affermazione è	la mia risposta è
Come utente posso bloccare una persona per rimuoverla dagli amici e impedirle di iniziare conversazioni con me o di vedere ciò che pubblico sul mio profilo.	V F	☐ corretta ☐ non corretta
Le persone che blocco non possono più taggarmi, invitarmi a eventi o gruppi o aggiungermi agli amici.	V F	☐ corretta ☐ non corretta
Il blocco è reciproco, perciò anch'io non potrò vedere i contenuti che pubblicano o iniziare conversazioni con loro.	V F	☐ corretta ☐ non corretta

B Protezione dell'account

Una password sicura è il primo passo per proteggere un account. Quali sono secondo te le regole per scegliere una password adeguata? Leggi i consigli elencati, quindi prova a rispondere.

Verifica la correttezza delle tue risposte consultando la sezione "Protezione dell'account" di Facebook.

consigli per proteggere un account	Facebook fornisce lo stesso suggerimento?	la mia risposta è
Usa password difficili da individuare. Assicurati che contengano almeno 6 caratteri e una combinazione di numeri e lettere.	☐ sì ☐ no	☐ corretta ☐ non corretta
Usa una password diversa per ogni account. In questo modo, se qualcuno scopre una tua password, non potrà accedere a tutti i tuoi account.	☐ sì ☐ no	☐ corretta ☐ non corretta
Condividi le password solo con persone di cui ti fidi.	☐ sì ☐ no	☐ corretta ☐ non corretta

C Protezione delle informazioni personali

I tag permettono di associare una persona a un post o a una foto. Dal momento che "essere taggati" non è sempre piacevole, come è possibile proteggere i propri dati? Quali sono secondo te i "poteri" di un utente Facebook per controllare i tag? Leggi le affermazioni elencate. Secondo te sono vere o false?

Verifica la correttezza delle tue risposte consultando la sezione "Protezione delle informazioni personali" di Facebook.

i "poteri" di un utente Facebook	secondo me l'affermazione è	la mia risposta è
Attraverso il controllo dei tag l'utente può scegliere se approvare o rifiutare i tag aggiunti ai propri post.	V F	☐ corretta ☐ non corretta
Il controllo del diario consente di scegliere se rendere visibili i post in cui si è stati taggati.	V F	☐ corretta ☐ non corretta

Ricorda

- È molto importante che tu rifletta attentamente su che cosa rendere pubblico in rete, per rispettare e difendere la tua reputazione digitale.
- È necessario che tu protegga le credenziali d'accesso a servizi online a tuo nome; intrusi potrebbero rubarti l'identità e pubblicare messaggi, video, foto e danneggiare così la tua reputazione.
- È indispensabile che tu abbia cura della reputazione digitale di altri soggetti: non pubblicare messaggi, video, foto che possano violarne la privacy o danneggiarne la reputazione.

CLIL

COMPITO DI REALTÀ

→ imparare a imparare
→ comunicare

L'inglese in rete

La lingua della rete è l'**inglese**. Per accedere in modo completo alle risorse disponibili online, dunque, una buona connessione non basta: devi anche allenare le tue competenze linguistiche.

1. TRADUCI

Sul sito www.commonsensemedia.org scegli uno dei poster in inglese contenuti nella sezione "Classroom posters" (www.commonsensemedia.org/educators/posters) e **traducilo in italiano**. Se non ti senti sufficientemente sicuro/a, per cominciare seleziona un poster breve. Vedrai che tradurre ti aiuterà a migliorare il tuo inglese e ad acquisire maggiore sicurezza: in breve tempo riuscirai così a cimentarti con testi più lunghi e complessi.

2. RIFLETTI

Una volta terminata la prima traduzione, **rispondi alle domande** qui di seguito.

A Hai trovato difficoltà in questo compito?

☐ sì; la difficoltà che ho riscontrato è ....

☐ no

B Hai trovato l'attività interessante?

☐ sì, perché ....

....

☐ no, perché ....

....

C Esplorando questo sito hai notato differenze con quelle italiane precedentemente consultate?

☐ sì; la differenza che ho notato è ....

☐ no; tra il sito in inglese e le risorse italiane ho trovato queste somiglianze: ....

....

Ricorda

- Uno dei problemi principali, quando navighi in internet o usi i nuovi mezzi di comunicazione, è quello della sicurezza.
- Sul problema della sicurezza, la rete offre molti spunti di riflessione: per informarti, dunque, un buon punto di partenza è rappresentato proprio da internet.
- Conoscere il nuovo lessico legato al mondo digitale è il primo modo per riconoscere i pericoli in cui ti puoi imbattere sul web.

COMPITO DI REALTÀ

→ imparare a imparare
→ comunicare
→ collaborare e partecipare

Realizzare un glossario del lessico digitale

Negli ultimi anni, in seguito alla sempre maggiore diffusione di internet e dei nuovi strumenti di comunicazione, tutta una serie di **termini ed espressioni legati al mondo digitale** sono diventati di uso comune. Di queste nuove parole, spesso derivate dall'inglese, non sempre si conosce il significato preciso. Un ottimo esercizio per "chiarirsi le idee", e per chiarirle agli altri, è creare un **glossario**.

1. CREA IL TUO GLOSSARIO

Nella tabella riportata qui di seguito sono elencati i principali termini del mondo digitale. A partire dai testi presenti su www.generazioniconnesse.it, prova a scrivere una loro **definizione** (usando al massimo 30 parole) e a individuare una parola chiave o un'espressione capace, da sola, di sintetizzare il termine preso in considerazione.

HASHTAG

- Un hashtag è una sorta di etichetta (tag) che ha la funzione di rendere più facile per gli utenti trovare messaggi su un tema o un contenuto specifico. Per creare o utilizzare un hashtag è sufficiente posizionare il carattere hash (#), in italiano "cancelletto", davanti a una parola o a una frase (senza spazi).

LEMMA	CONTENUTO DA CONDIVIDERE
ADESCAMENTO ONLINE o GROOMING	definizione *È quando un adulto, fingendosi un ragazzo, crea un falso profilo...* parola chiave #*falsiragazzi*
BLOG	definizione .... parola chiave #..........
CITTADINANZA DIGITALE	definizione .... parola chiave #..........
COMPETENZA DIGITALE	definizione .... parola chiave #..........
CYBERBULLISMO	definizione .... parola chiave #..........
DEVICE	definizione .... parola chiave #..........

LEMMA	CONTENUTO DA CONDIVIDERE
E-LEARNING	definizione .... parola chiave #..........
MOTORE DI RICERCA	definizione .... parola chiave #..........
OFFLINE	definizione .... parola chiave #..........
ONLINE	definizione .... parola chiave #..........
POLICY DI E-SAFETY	definizione .... parola chiave #..........
PRIVACY	definizione .... parola chiave #..........
RISCHI ONLINE	testo: .... parola chiave: # ....
SETTORE EDUCATIONAL	definizione .... parola chiave #..........
SEXTING	definizione .... parola chiave #..........
SOCIAL NETWORK	definizione .... parola chiave #..........
SOFTWARE LIBERO	definizione .... parola chiave #..........
SOFTWARE PROPRIETARIO	definizione .... parola chiave #..........
TABLET	definizione .... parola chiave #..........
TECNOLOGIE DIGITALI o TIC	definizione .... parola chiave #..........
WI-FI	definizione .... parola chiave #..........

2. CONDIVIDI IL TUO GLOSSARIO

Una volta completato il glossario, **condividilo** col maggior numero di persone possibile.
In questo modo la tua ricerca risulterà veramente utile, in quanto permetterà anche ai tuoi amici e ai tuoi familiari di apprendere maggiori informazioni su argomenti importanti.
Per diffondere al meglio la tua ricerca puoi usare la **messaggistica istantanea** o un **blog**.

A Dall'analogico al digitale via messaggistica istantanea

Che cosa ti serve? Foglio, pennarelli, smartphone, connessione internet. Utilizza un foglio A4 per ricopiare il testo che hai elaborato e corredalo di un disegno appropriato. Con lo smartphone **fotografa** il tuo elaborato e **condividilo** con un/a tuo/a amico/a utilizzando un'applicazione di messaggistica istantanea. Per una maggiore diffusione del tuo lavoro, con l'aiuto del docente potresti creare un gruppo e condividere le risorse prodotte.

B Digitale via blog di classe

Crea un **contenuto digitale** utilizzando i testi del glossario che hai redatto. Per farlo puoi usare uno dei numerosi servizi web che consentono, gratuitamente o a pagamento, di realizzare progetti grafici per rendere più accattivante la comunicazione su blog e social network.
Per rendere più efficace il tuo testo accompagnalo con un'immagine.
Condividilo infine online (attraverso il sito web della scuola, il blog di classe o un social network).

UN SITO PER CREARE CONTENUTI DIGITALI

- Per creare il contenuto digitale puoi usare il sito **www.canva.com**. Questo sito offre un ambiente per la creazione di progetti grafici utilizzando contenuti gratuiti e/o a pagamento.
- Gli strumenti a disposizione sono di facile impiego: con un po' di pratica non avrai difficoltà a selezionare modelli, inserire testi e immagini, scaricare in locale o condividere online il tuo lavoro nel formato che preferisci.

COMPITO DI REALTÀ

→ progettare
→ collaborare e partecipare
→ creatività

Come difendersi dal cyberbullismo

Arrivati a questo punto, tu e i tuoi compagni siete pronti a produrre un documento audiovisivo che affronti la questione della sicurezza online. Non ti chiediamo ovviamente di girare un film, bensì un breve spot di 3 minuti in cui gli attori saranno allievi, genitori e docenti.
Il titolo dello spot sarà *Mi difendo dal cyberbullo* e avrà l'obiettivo di far conoscere il servizio della polizia delle comunicazioni (www.commissariatodips.it).

1. CREA UNO SPOT

Con l'aiuto del docente, lavorando a gruppi, gira il tuo video. Per farlo, devi scrivere una **sceneggiatura**, scegliere gli **attori** e spiegare loro cosa fare. Una volta girato il video, ottenuto da parte di tutti gli "attori" il consenso a diffonderlo online, **pubblicalo** sul blog di classe o sul sito web della scuola in modo che possa essere facilmente condiviso.

2. RIFLETTI SUL LAVORO APPENA SVOLTO

A **Racconta quali sono stati gli aspetti più interessanti del lavoro realizzato.**

....

....

....

B **Perché? (max 30 parole)**

....

....

....

C **Quali sono state le difficoltà che hai incontrato? In che modo le hai superate?**

Le difficoltà che ho incontrato sono...	Le ho superate così...	Non le ho superate perché...
....	....	....
....	....	....
....	....	....
....	....	....

D **Autovalutati!**

Dai un voto al prodotto realizzato: ..../10

Dai un voto al processo produttivo che hai adottato: ..../10

Referenze iconografiche

Sezione 1
p. 33 (*in alto*) vvoe/Fotolia **p. 74** Maria Sbytova/123RF **p. 79** Kurhan/123RF **p. 85** rawpixel/123RF **p. 89** Syda Productions/Fotolia

Sezione 2
p. 92 Alberto Pizzoli/AFP/Getty Images **p. 95** George Dolgikh/Shutterstock **p. 96** (*in alto*) SunKids/Shutterstock **p. 97** (*a sinistra*) Robyn Mackenzie/Shutterstock; (*a destra*) norikko/Shutterstock **p. 98** Dalibor Sevaljevic/123RF **p. 104** Maksym Narodenko/123RF **p. 105** (*a sinistra*) marco mayer/123RF; (*a destra*) szefei/123RF **p. 106** dolgachov/123RF **p. 107** (*a sinistra*) andreahast/123RF; (*a destra*) ppi09/Fotolia **p. 108** (*a sinistra*) Romariolen/Shutterstock; (*in alto a destra*) Guzel Gashigullina/Shutterstock **p. 109** (*in alto a sinistra*) Awakening/Getty Images; (*al centro*) Alessandro Cristiano/123RF; (*in basso a sinistra*) pasiphae/123RF; (*a destra*) Jiri Hera/Shutterstock **p. 110** Rawpixel Ltd/Alamy Stock Photo **p. 118** toshket/Fotolia **p. 119** (*in alto a sinistra*) Godong/Corbis; (*in alto a destra*) Marina Pissarova/123RF; (*in basso*) Andrey Smirnov/Fotolia **p. 120** (*in alto*) etorres/Shutterstock; (*in basso*) espies/Shutterstock **p. 121** Directphoto Collection/Alamy Stock Photo **p. 125** Joker/Gudrun Petersen/Getty Images **p. 127** (*in alto a sinistra*) Africa Studio/Shutterstock; (*in alto al centro*) Hermes/Getty Images; (*in alto a destra*) Jeffrey Greenberg/UIG/Getty Images; (*in basso*) racorn/Shutterstock **p. 128** james steidl/Photos.com **p. 129** finestworks/123RF **p. 134** (*in alto*) Tyler Olson/Shutterstock; (*in basso*) Wavebreak Media Ltd/123RF **p. 135** David Silverman/Getty Images **p. 143** (*in alto a sinistra*) David Silverman/Getty Images; (*in alto a destra*) Education Images/UIG/Getty Images; (*in basso*) AB Visual Arts/Shutterstock **p. 144** Andreas Solaro/AFP/Getty Images **p. 148** (*a sinistra*) Africa Studio/Shutterstock; (*a destra*) 68/Ocean/Corbis **p. 149** Smith Collection/Gado/Getty Images **p. 150** (*in alto*) Andia/UIG/Getty Images; (*a destra*) Evgeny Karandaev/Shutterstock; (*in basso a sinistra*) Elnur Amikishiyev/123RF **p. 151** (*in alto a sinistra*) Awakening/Getty Images; (*in alto a destra*) Maurizio Sellini/SIME; (*in basso*) Salvio Parisi/SIME **p. 152** Daniel Simon/Westend61/Getty Images **p. 155** Fotolia/Voyagerix **p. 156** WIN-Initiative/Getty Images **p. 156** dpa picture alliance/Alamy Stock Photo **p. 160** Andrey Kiselev/Fotolia **p. 161** (*a sinistra*) Education Images/UIG/Getty Images; (*a destra*) A J Withey/Moment/Getty Images **p. 162** Mostovyi Sergii Igorevich/Shutterstock **p. 163** (*in alto*) Renata Apanaviciene/Shutterstock; (*al centro*) Feel good studio/Shutterstock; (*in basso*) John Bracegirdle/Alamy Stock Photo

Sezione 3
p. 184 Claudio Divizia/Fotolia

Hanno scritto:
Simona Brenna la *Sezione 2*, tranne la scheda *Cibo di qualità? Italiano, naturalmente*
Marilena Caimi i capitoli 1, 2, 3 della *Sezione 1*;
Pierluisa Seregni i capitoli 4, 5, 6 della *Sezione 1*.

La *Sezione 3* è tratta da materiali di **Sandra Troia.**
La scheda *Cibo di qualità? Italiano, naturalmente* è a cura di **Gianni Gini.**
Il dossier *Che cos'è l'Alternanza scuola-lavoro* è a cura di **Michele Devastato** e **Claudio Guzzi.**

Il volume è stato realizzato da:

Camilla Saraceno
progettazione editoriale

Marina Bardini
progettazione grafica e copertina

Rossella Frigerio
redazione

Marina Bardini, Garon (Cremona), Francesca Rinetti
impaginazione

Cecilia Lazzeri
ricerca iconografica

Massimiliano Martino
controllo qualità

In copertina
disegni di Giorgio Bacchin, Maria Chiara Banchini, Fausto Bianchi, Anna Cola, Bertrand Nadal, Gabriele Pino, Laura Ralli

Font ad alta leggibilità
biancoenero®
di biancoenero edizioni, disegnata da Riccardo Lorusso e Umberto Mischi.
Docenti e studenti possono avere gratuitamente la font per usi non commerciali.
Per informazioni: biancoeneroedizioni.com

www.pearson.it

9788869104657B

LIBRI DI TESTO E SUPPORTI DIDATTICI
Il sistema di gestione per la qualità della Casa Editrice è certificato in conformità alla norma **UNI EN ISO 9001:2008** per l'attività di **progettazione, realizzazione e commercializzazione di: • prodotti editoriali scolastici, dizionari lessicografici, prodotti per l'editoria di varia ed università • materiali didattici multimediali off-line • corsi di formazione e specializzazione in aula, a distanza, e-learning.**

Member of CISQ Federation
RINA
ISO 9001:2008
Sistema Qualità Certificato

Stampato per conto della casa editrice
presso L.E.G.O. S.p.A. Lavis (TN)

Ristampa 4 5 6 — Anno 21 22